江河大势

1949年国共和平谈判

罗平汉 著

上海人民出版社 学林出版社

前言

1949 年对于中国，是一个改天换地的年代，一个旧政权覆灭、新政权诞生的年代，也是一个万物更新的年代。

这年 1 月 31 日，平津战役结束，此役共歼灭国民党军 52 万余人，加上此前的辽沈、淮海战役，共歼灭国民党军 154 万余人，国民党政权赖以生存的主要军事力量基本被摧毁。三大战役的胜利，预示着国民党的反动统治即将结束，中国革命在全国的胜利已经为期不远。

两年多前，全面内战刚刚爆发的时候，美国记者安娜·路易斯·斯特朗问毛泽东："共产党能支持多久？"毛泽东回答："就我们自己的愿望说，我们连一天也不愿意打。但是如果形势迫使我们不得不打的话，我们是能够一直打到底的。"① 当时，全国人民反对内战，但是，蒋介石一意孤行坚持内战政策，中国共产党不得不以革命战争应对反革命战争，对蒋介石的内战只能奉陪到底，但这个"底"究竟是何时，难以有具体的时间进度，只能估计战争将是长期的。直至 1947 年 2 月，毛泽东在延安召开的中共中央政治局会议上，一面强调中国革命的新高潮即将到来，一面又提出革命胜利的时间，还要准备相当长，五年到十五年。② 此后，毛泽东和中共中央估计从根本上打倒蒋介石，从全面内战爆发算起，大致需要五年的时间。

① 《毛泽东选集》第四卷，人民出版社 1991 年版，第 1192 页。
② 中共中央文献研究室编，金冲及主编：《毛泽东传（1893—1949）》，中央文献出版社 1996 年版，第 789 页。

革命的胜利比预料来得快。1948年11月，辽沈战役结束，人民解放军的总兵力上升到300余万人，而国民党军的总兵力下降到290万人。人民军队的数量超过反革命军队的数量，这在中国革命历史上还是第一次，预示着从根本上打倒蒋介石的时间，不需要原来预计的那样长。这年11月14日，毛泽东为新华社撰写的关于中国军事形势的评论明确指出："原来预计，从一九四六年七月起，大约需要五年左右时间，便可能从根本上打倒国民党反动政府。现在看来，只需从现时起，再有一年左右的时间，就可能将国民党反动政府从根本上打倒了。"①

随着战略决战的展开，国民党的失败已成定局，人民解放军完全有能力用不长的时间通过战争的方式，消灭国民党的残余武装力量，实现全国的解放。在这样的背景下，国民党统治集团的一些人不甘心失败，企图通过"和谈"的方式，保住其半壁江山。于是，国民党的桂系势力发动所谓的和平攻势，以此逼使蒋介石下台，他们取而代之。此时的蒋介石内外交困，不得不再次使用以退为进之策，宣布"下野"，其总统职务由副总统李宗仁代理。

李宗仁是靠所谓和平运动上台的，深知继续战争只能加速国民党的失败，因而在代理总统后，表示愿意以中共提出的八项条件为基础进行和谈，并派出南京政府代表团来北平，于1949年4月1日起与中共代表团进行谈判。4月15日，中共代表团在尽可能地采纳南京政府代表团提出的意见之后，提出了八条二十四款的《国内和平协定（最后修正案）》，宣布4月20日为最后签字日期。

李宗仁上台后，虽然对和谈颇为热心，但国民党政府的实权操纵在蒋介石及其亲信手中，桂系内部的白崇禧等人又以为其基本力量尚在，有与共产党讨价还价的本钱，和谈不过是其实现"划江而治"图谋的手段。4月20日，南京政府最

---

① 《中共中央负责人评论中国军事形势》，《人民日报》1948年11月16日。

后决定拒绝在《国内和平协定（最后修正案）》上签字。随后，人民解放军发动渡江战役，迅速进军全国尚未解放的地区，继续以革命战争的方式推翻国民党反动派的统治，解放全中国。

对于1949年春国共之间围绕和平问题展开的斗争，以及同年4月中共代表团与南京政府代表团在北平开展的谈判情况，以往的党史著述或多或少地有过介绍，但似乎少见有专门性的相关成果。这本小册子拟在学界已有研究的基础上，再做一些梳理与分析，试图对这一历史过程有所再现。

目录/CONTENTS

第三章

蒋介石求和　中共开出和谈八条件

第四章

桂系的试探与中共的应对

第五章

和谈的启动与破裂

第一章

争取和平避免内战

抗日战争胜利之时，老百姓渴望休养生息，中国共产党顺应民意，明确提出和平、民主、团结三大口号，基本方针是全力争取国内和平，避免大规模内战的发生，并为此付出了巨大的努力，作出了许多让步。但蒋介石为了维护其专制统治，却处心积虑准备发动内战。人民企盼的和平局面未能实现，中国共产党不得不以革命战争应对蒋介石的反革命战争。

一、对国内和平的乐观估计

1937 年全民族抗战爆发后，以国共合作为基本特征的抗日民族统一战线之所以形成，是因为在强敌入侵、中华民族处于生死存亡的关键时刻，需要一切爱国的政治力量团结起来共同御敌，国共合作是民心所向、大势所趋，而中国共产党为了推动抗日民族统一战线和全民族抗战局面的形成，作了重大政策调整。

然而，令蒋介石万万没有想到的是，全民族抗战开始后，随着八路军、新四军开赴抗日前线、创建敌后抗日根据地，中国共产党的力量不但没有如他所预期的被削弱，反而得到了大发展，中国共产党的国内国际影响也空前扩大。因此，抗战进入相持阶段后，蒋介石在仍旧勉强维持抗战的同时日渐走向防共反共，处心积虑地想解决共产党问题，为此先后发动了三次反共高潮。只是由于大敌当

★《解放日报》有关各界人士和海外侨胞要求结束国民党一党专政，成立联合政府的报道

前，国际国内有许多的力量反对他的内战政策，他还不敢贸然发动大规模内战，但在他看来，共产党问题的严重性已经超过了日本对中国的侵占，成为他的心头大患。

1945年，中国人民打败了日本侵略者，取得了近代以来反侵略战争的第一次完全胜利。这时，经过长期战乱的人们不希望再发生战争，可是蒋介石认为，经过抗日战争，他的军队有了500万之众，武器装备在美国的帮助之下有了很大的改善，部队的战斗力也在抗战中得到了较大的提高，而趁着抗战的胜利，他自己有着前所未有的威望，决意要用战争的方式解决共产党问题。只是，由于在抗战的过程中，国民党军队退守西南地区，如要将部队开赴内战前线尚需时日。于是，他一方面派出军队迅速抢占地盘甚至发动对解放区的进攻，另一方面又于8月14日、20日和23日打着和平建国的旗号，三次电邀毛泽东去重庆"共同商讨""国际国内各种重要问题"，并同意召开政治协商会议，以此为其大规模内战争取时间。

蒋介石的用意自然很毒辣。如果毛泽东不接受邀请，他就可以肆无忌惮地发动内战，并将战争的责任推到共产党身上；如果毛泽东接受邀请，他可以漫天要价并来个城下之盟。中国共产党虽然清楚蒋介石假和平、真内战的意图，但作为一个为国家和人民负责任的党，深知经过长期的战争之后，广大人民对和平的渴望。因此，抗战胜利之时，与蒋介石集团处心积虑准备发动战争相反，中国共产党确立的基本方针是全力争取和平，尽力避免战争。

在 8 月 23 日召开的中共中央政治局扩大会议上，毛泽东明确指出："现在情况是抗日战争的阶段已经结束，进入和平建设阶段。""我们现在新的口号是：和平、民主、团结（过去的口号是抗战、团结、进步）。"正式提出了"和平、民主、团结"三大口号。毛泽东认为，和平是有可能取得的，因为中国人民需要和平，苏、美、英等国也需要和平，不赞成中国打内战。中国过去是大敌当前，现在是疮痍满目，前方各解放区损失严重，人民需要和平，我们党需要和平。国民党暂时也不能下决心打内战，因为它的摊子没有摆好，兵力分散。在会议结束前，毛泽东又指出："今天的方针是七大定下来的，七大的方针就是反对内战。当前内战的威胁是存在着的，但国民党有很大困难，至少今年不会有大内战，故和平是可能的。我们要准备有所让步以取得合法地位，利用国会讲坛去进攻。我们很需要这样一个时期来教育全国人民，来锻炼我们自己。"[1]

8 月 25 日，中共中央发表对目前时局的宣言，阐明中共对国内和平等问题的基本方针，强调抗战胜利后，"新的和平建设时期开始了"，"中国共产党认为在这个新的历史时期中，我全民族面前的重大任务是：巩固国内团结，保证国内和平，

---

[1]　中共中央文献研究室编：《毛泽东年谱（1893—1949）》（修订本）下卷，中央文献出版社 2013 年版，第 10—11 页。

★ 1945年8月25日，中共中央发表对目前时局宣言（纸质，24.8厘米×31.2厘米），提出和平、民主、团结三大口号，号召全国人民为独立、自由、富强的新中国而奋斗

实现民主，改善民生，以便在和平民主团结的基础上，实现全国的统一，建设独立自由与富强的新中国，并协同英、美、苏及一切盟邦巩固国际间的持久和平"，"必须坚持和平、民主、团结，为独立、自由与富强的新中国而奋斗！"宣言还要求国民党政府立即实施"承认中国解放区的民选政府和抗日军队，撤退包围与进攻解放区的军队，以便立即实现和平，避免内战"等若干紧急措施，以奠定今后和平建设的基础。①

同一天，刘伯承、邓小平、陈毅、林彪等21名在延安的高级将领，乘美军观察组的飞机离开延安。行前，毛泽东对他们说："我们的口号是和平、民主、团

---

① 中共中央文献研究室、中央档案馆编：《建党以来重要文献选编（一九二一——一九四九）》第22册，中央文献出版社2011年版，第655—657页。

结，首先立足于争取和平，避免内战。我们提出的条件中，承认解放区和军队为最中心的一条。中间可能经过打打谈谈的情况，逼他承认这些条件。今后我们要向日本占领地进军，扩大解放区，取得我们在谈判中的有利地位。"①

由于蒋介石连发三电邀请毛泽东去重庆，中共中央经过讨论，决定派毛泽东、周恩来和王若飞为代表立即赴重庆同国民党谈判。8月26日，中共中央向全党发出通知，说明和平谈判的基本方针：准备给以必要的不伤害人民根本利益的让步，以击破国民党的内战阴谋，取得政治上的主动地位，取得国际舆论和国内中间派的同情，换得我党的合法地位和和平局面。但是让步是有限度的，以不伤害人民根本利益为原则。因此，如果出现和平发展的局面，应当努力学会合法斗争的一切方法；但如果在作出让步之后国民党还要发动内战，就有理由采取自卫战争，击破其进攻。中共中央提醒全党："不论何时，又团结，又斗争，以斗争之手段，达团结之目的；有理有利有节；利用矛盾，争取多数，反对少数，各个击破等项原则，必须坚持，不可忘记。"② 中共中央的态度很明确，努力争取和平，但必须对国民

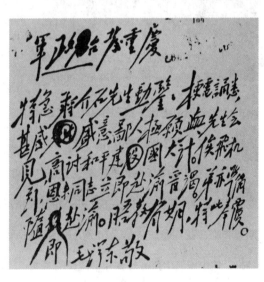

★ 毛泽东的电文手稿。1945年8月14日、20日、23日，蒋介石连续三次电邀毛泽东去重庆，共同商讨"国际国内各种重要问题"。8月24日，毛泽东复电蒋介石，接受赴渝邀请

① 中共中央文献研究室编：《毛泽东年谱（1893—1949）》（修订本）下卷，中央文献出版社2013年版，第13页。

② 中共中央文献研究室、中央档案馆编：《建党以来重要文献选编（一九二一——一九四九）》第22册，中央文献出版社2013年版，第659页。

★ 重庆谈判期间毛泽东与蒋介石等人的合影。前排左1：赫尔利，后排左起：蒋经国、张群、吴国桢

党的内战政策采取针锋相对的方针。谈是为了和平，自卫战争也是为了将蒋介石打到谈判桌前。

8月28日，在蒋介石代表张治中及美国驻华大使赫尔利的陪同下，毛泽东和周恩来、王若飞前往重庆，与国民党进行谈判，由刘少奇代理中共中央主席。当天，刘少奇在送别毛泽东一行后，同出发去东北工作的人员讲话，也明确指出："中国抗日战争结束后，应该是和平建设阶段，但是中国有内战危险，需要斗争。我们要动员全党全军全中国人民团结起来，反对内战，为实现和平、民主、团结这三大口号而斗争。这是我们的方针。"[①]

9月13日，毛泽东和周恩来、王若飞在重庆首次招待在渝外国记者。毛泽东发表谈话说：目前双方保证不向外公布会谈情形，但希望会谈成功。"全国人民都期望和平，我到重庆来尽一切努力以达到和平。我们共产党人希望会谈将有良好结果，使中国能由抗战转到和平建设的时期。"[②] 虽然这是毛泽东对中外记者说的，但这话绝对不是官样文章和外交辞令，是当时中共中央的真实想法。

经过四十多天的谈判，尽管在军队改编和解放区问题上国共双方意见差距甚

---

① 中共中央文献研究室编：《刘少奇年谱（1898—1969）》上卷，中央文献出版社1996年版，第481页。
② 中共中央文献研究室编：《毛泽东年谱（1893—1949）》（修订本）下卷，中央文献出版社2013年版，第23页。

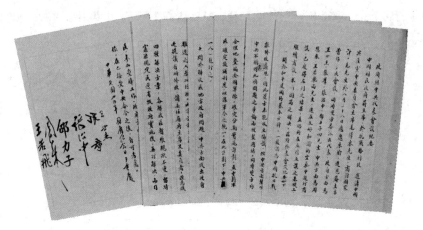

★ 1945 年 10 月 10 日，国共双方代表王世杰、张群、张治中、邵力子、周恩来、王若飞签订了《政府与中共代表会谈纪要》（即"双十协定"）

大，但毕竟双方代表签订了《政府与中共代表会谈纪要》，即《双十协定》（又称《双十协议》），提出要"长期合作，坚决避免内战，建设独立、自由和富强的新中国"。可以说这是重庆谈判取得的最重要的成果。

重庆谈判之后，中国共产党对和平民主充满期待。关于和平建设过渡阶段的形势和任务，10 月 20 日，毛泽东在为中共中央起草致各中央局、区党委，各兵团首长的电报中指出："目前开始的六个月左右期间，是为抗日阶段转变至和平建设阶段的过渡期间。今后六个月的斗争，是我们在将来整个和平阶段中的政治地位的决定关键。""和平、民主、团结、统一，这是我党既定方针，也是国民党被迫不得不走的道路。""我党必须认识清楚，必须坚持又团结又斗争，以斗争之手段达到团结之目的这一方针，毫不动摇地争取目前的胜利，以便有利地转到和平发展的新阶段。"①10 月 25 日，毛泽东在抗大七分校作报告，欢送即将上前方去的学员。毛泽东说："我们总的任务，是为全国和平而奋斗，把敢于进攻我们的反

---

① 中共中央文献研究室编：《毛泽东文集》第四卷，人民出版社 1996 年版，第 40—41 页。

动派打垮下去，取得和平。"① 可以说，抗日战争胜利后，中共中央的基本态度是尽最大的努力争取国内和平的实现。

不错，在抗战胜利后，针对蒋介石侵占解放区和削弱人民军队的企图，毛泽东曾明确提出，在解放区的问题上，必须坚持"针锋相对，寸土必争"的方针，并曾强调"人民的武装，一枝枪、一粒子弹，都要保存，不能交出去"②。而且在抗战胜利不久，面对国民党军的挑衅进攻，进行了一系列的自卫反击战。如 1945 年 9 月至 10 月晋冀鲁豫军区歼敌 3 万余人的上党战役，10 月下旬至 11 月上旬再由该军区歼敌亦达 3 万人的邯郸（平汉）战役，同年 10 月中旬到 12 月中旬晋察冀军区和晋绥军区歼敌 1.2 万人的绥远（平绥）战役，同年 10 月至次年 1 月中旬山东野战军在华中野战军配合下歼敌 5 万余人的津浦路徐（州）济（南）战役等。但是，这些战役都是针对国民党军的挑衅进攻，不得不进行的自卫反击。歼敌不是目的，而是争取和平的手段，即以军事斗争求得和平。抗日战争的硝烟刚停息，蒋介石就要点起内战烽火，指挥国民党军队向解放区发动进攻，中国共产党不得不进行自卫以打击蒋介石的嚣张气焰，使其回到和平的轨道上来。因此，抗战胜利后一段时间，虽然国民党不断向解放区进攻，解放区军民被迫进行自卫反击，但战争还是局部性的。

根据《双十协定》，1946 年 1 月 10 日，有国民党、中国共产党、中国民主同盟、中国青年党以及无党派代表参加的政治协商会议在重庆召开。同一天，中共代表和国民党代表正式签订停战协定，双方同日下达于 1 月 13 日午夜生效的停战令。毛泽东在停战令中指出："本党代表和国民政府代表对于停止国内军事冲突

---

① 中共中央文献研究室编：《毛泽东年谱（1893—1949）》（修订本）下卷，中央文献出版社 2013 年版，第 42 页。

② 《毛泽东选集》第四卷，人民出版社 1991 年版，第 1161 页。

之办法、命令及声明，业已成立协议，并于本日公布在案。凡在中国共产党领导下之一切部队，包括正规军、民兵、非正规军及游击队，以及解放区各级政府，共产党各级委员会，均须切实严格遵行，不得有误。全中国

★ 1946 年 1 月 31 日，政治协商会议通过的各项决议案

人民在战胜日本侵略者之后，为建立国内和平局面所作之努力，今已获得重要之结果。中国和平民主新阶段，即将从此开始。"[①] "和平民主新阶段"的提出，表明了中国共产党对国内和平的真切企盼。

重庆政治协商会议历时 22 天，于 1946 年 1 月 31 日闭幕。因为参加政治协商会议的国民党代表总体上是国民党内的主和派，在中共方面作了较大让步、以民盟为代表的第三方面也反对战争的情况下，会议通过了政府组织案、国民大会案、和平建国纲领、军事问题案、宪法草案案等五项协议。加之停战令之后，除东北外，关内基本上停止了军事冲突。因此，政治协商会议闭幕之时，中共中央对国内和平局面的出现一度表现出相当的期待。

1946 年 2 月 1 日，中共中央发出由刘少奇主持起草、毛泽东修改审定的《关于目前形势与任务的指示》，指出："重庆政治协商会议，经激烈争论之后，已获得重大结果。""由于这些决议的成立及其实施，国民党一党独裁制度即开始破坏，在全国范围内开始了国家民主化。这就将巩固国内和平，使我们党及我党所创立

[①] 中央档案馆编：《中共中央文件选集》第 16 册，中共中央党校出版社 1992 年版，第 15 页。

的军队和解放区走上合法化。这是中国民主革命一次伟大的胜利。从此中国即走上了和平民主建设的新阶段。"① 这是一份发给高级干部的内部指示，从中可以看出此时中共中央对于和平民主新阶段表现出相当的乐观。

中共中央和中共领导人此时对国内和平表现乐观的情绪也是有理由的。在政治协商会议上，中共方面虽然作了很大让步，但团结了以民盟为代表的第三方面，并且政协协议对国民党的一党专政和蒋介石的个人独裁以及他的内战政策有着明显的限制。

在抗战后期，为限制国民党的一党专政，中国共产党曾提出改组国民党的一党政府，成立各党各派参加的联合政府主张。因此，毛泽东在 1945 年 4 月中共

★ 1946 年 2 月 3 日，延安各界召开了庆祝和平民主大会

---

① 中共中央文献研究室、中央档案馆编：《建党以来重要文献选编（一九二一——一九四九）》第 23 册，中央文献出版社 2011 年版，第 104 页。

七大上所作的书面政治报告题目就叫《论联合政府》，并对成立联合政府的必要性和具体步骤有过详细的论述。建立联合政府并不是推翻国民党政府，而是结束国民党的一党专政和蒋介石的个人独裁，将国民党的一党政府改组为各党各派参加的民主的联合政府。在重庆谈判中，为了争取人民军队的地位和解放区权益，中共方面不再坚持建立联合政府而是提出参加政府。建立联合政府与参加政府有很大的区别。前者

★《论联合政府》

是对国民党一党专政的否定，因为在联合政府里，不能国民党一党说了算；后者则是派人去国民党的政府中去做官，在这样的政府里，国民党有可能仍起到主导作用，仅是一种改良性的举措。而政协协议则提出："国民政府鉴于抗日战争业已结束，和平建设应即开始，为邀集各党派代表与社会贤达举行政治协商会议，共商国是，以期迅速结束训政，开始宪政，特制定本纲领以为宪政实施前施政之准绳，并邀集各党派人士暨社会贤达参加政府，本于国家之需要与人民之要求，协力一心，共图贯彻。"①这等于是接受了中国共产党原来提出的成立联合政府的主张。

由于中国是长期遭受封建专制统治的国家，特别是近代以来，对外没有民族独立，对内没有民主自由，因此中国革命不可能采取和平的合法手段进行。特别是自从 1927 年大革命失败之后，中国共产党懂得了武装斗争的重要性，开启了武装夺取政权的历程。党的历史始终是与武装斗争相联系的，先是进行了长达十年

---

① 卓兆恒等编：《政治协商会议资料》，四川人民出版社 1981 年版，第 273 页。

的土地革命战争，继而又开展八年之久的全民族抗战，党的绝大多数干部是从武装斗争中成长起来的，对于武装斗争已经积累了比较丰富的经验。现在，"和平民主建设的新阶段"即将到来，意味着今后革命斗争的主要方式，将从熟悉的武装斗争转向不熟悉的非武装斗争特别是议会斗争，这对广大干部来说无疑有一个适应的过程。中共中央为此指示全党："中国革命的主要斗争形式，目前已由武装斗争转变到非武装的群众的与议会的斗争，国内问题由政治方式来解决。党的全部工作，必须适应这一新形势。"①

在指示中，中共中央还提醒全党："我党即将参加政府，各党派亦将到解放区进行各种社会活动，以至参加解放区政权，我们的军队即将整编为正式国军及地方保安队、自卫队等。在整编后的军队中，政治委员、党的支部、党务委员会等即将取消，党将停止对于军队的直接指导（在几个月之后开始实行），不再向军队发出直接的指令，我党与军队的关系，将依照国民党与其军队的关系。"中共中央还要求全党做好从武装斗争转变到非武装的群众斗争和议会斗争的准备，努力学习和运用合法斗争的形式，实现上层统一战线与下层统一战线工作的配合，"把党的工作推进到全国范围去，推进到一切大城市去，并在广大范围内，参加全国经济建设，使国家工业化的工作"。②

从这个指示不难看出，中共方面对国内和平的期待和对和平民主新阶段的渴望。这是对党内各级干部的指示而非公开发表的宣言，这也充分说明，当时中共方面对国内和平是抱着极大的诚意的，真心希望抗战胜利之后中国进入和平民主建设的新阶段，并且做出了军队改编、进行议会斗争的准备。

① 中共中央文献研究室、中央档案馆编：《建党以来重要文献选编（一九二一——一九四九）》第 23 册，中央文献出版社 2011 年版，第 105 页。

② 中央档案馆编：《中共中央文件选集》第 16 册，中共中央党校出版社 1991 年版，第 62—66 页。

在中共中央发出《关于目前形势与任务的指示》的同一天，刘少奇在延安干部会议上作关于时局问题的报告。报告对形势的估计同样表现出很乐观。刘少奇说，目前的时局已经开创了一个新的局面。重庆的政治协商会议已获得了重大的成果。政协会议通过的决议案基本上是好的。这些决议案，在政治协商会议上通过、成立以及它的实行，就会做到在全国范围内使国民党的一党独裁开始破坏，全国民主化开始实现，使我们中国变为一个民主化的国家，进一步巩固国内和平，并且使我们的党及我们党所建立的军队及解放区在全国范围内走向合法化。这是中国民主革命的历史上一次伟大的胜利。从此中国就走上和平民主建设的新阶段。① 毛泽东也在2月9日接见美联社记者时说：政协会议成绩圆满，令人兴奋。今后当然还有困难，但相信各种障碍都可以扫除。总的方面，中国走上民主舞台的步骤已经部署完成。各党当前任务，最主要的是在履行政治协商会议的各项决议，组织立宪政府，实行经济复兴。共产党于此准备出力拥护。对于政治的及经济的民主活动，将无保留，出面参加。②

这时，中共中央还开始着手参加国民政府的准备，并且商量好了参加政府的具体人选。2月6日，刘少奇主持中共中央政治局会议，讨论周恩来关于国府委员及宪章审议委员人选的请示电。会议一致通过后，中共中央即复电中共谈判代表团，同意周恩来、董必武、吴玉章、秦邦宪、何思敬五人为宪草审议委员的中共方面人选；国府委员中共人选仍照周恩来在延安所提毛泽东、林柏渠、董必武、吴玉章、周恩来、刘少奇、范明枢（山东解放区著名开明绅士，时任山东省参议会参议长）、张闻天等八人，如范明枢不能去则提彭真；同意以周恩来、林伯

---

① 中共中央文献研究室编：《刘少奇年谱（1898—1969）》下卷，中央文献出版社1996年版，第16页。
② 中共中央文献研究室编：《毛泽东年谱（1893—1949）》（修订本）下卷，中央文献出版社2013年版，第57页。

渠、董必武、王若飞分任行政院副院长、两部部长及不管部部长。考虑到即将参加政府的工作，而抗战胜利后当时的国民政府已经从重庆"还都南京"，为了工作方便，中共领导人此时还曾有把中共中央从延安迁到离南京较近的苏皖解放区首府淮阴的打算。这年2月2日，中共中央致电陈毅，指出必须巩固华中现有地区，因中央机关将来可能迁淮阴办公。随后，毛泽东也不止一次提出中共中央搬迁淮阴的问题，理由无疑是参加政府后往来南京方便。

二、"求得有利于我之和平"

然而，中国共产党期待的"和平民主建设的新阶段"并没有真正到来，迎来的是蒋介石的背信弃义与倒行逆施。政协会议刚闭幕，蒋介石就使用流氓手段破坏政协协议与国内和平。

2月10日，重庆发生较场口事件，国民党特务以暴力捣毁各民众团体在较场口广场举行的庆祝政协成功大会，与会的知名人士郭沫若、李公朴、施复亮等竟被打伤，大会被迫中止。

2月21日上午，北平国民党特务以所谓"冀省难民还乡请愿团"名义，纠集逃亡地主、特务、流氓等千余人，在东四牌楼一带举行反共示威，散发反共传单。当天下午，这些人又包围北平军事调处执行部办公处所在地协和医院，闯入并捣毁军事调处办公室，殴打中共办事人员，守门宪警竟不加阻拦，使暴徒扬长而去。

第二天，在国民党特务操纵和煽动下，重庆沙磁区部分学校学生七千余人进行反苏、反共游行，随后捣毁《新华日报》营业部及民主同盟机关报《民主报》营业部，打伤《新华日报》职员四人及《民主报》职员五人。此后数日内，成都、昆明的《新华日报》营业分销处，也相继被国民党特务暴徒捣毁。

这年 3 月 1 日至 17 日，国民党召开六届二中全会，国民党内的主战派公然声称要共产党"放弃割据之政权""放弃武力夺取政权之野心"，叫喊"不应以种种问题束缚领袖"。这次会议否定了政治协商会议通过的宪法修改原则。4 月 1 日，蒋介石在中共和主要中间党派拒绝参加的情况下召开的国民参政会上，公然宣布不承认政治协商会议各项协议的约束力，并声称在东北 9 省（当时国民党政府将东北划分为辽宁、安东、辽北、吉林、松江、合江、黑龙江、嫩江、兴安等 9 个省级行政单位）的主权接收没有完成之前，没有什么内政问题可言。

总的来说，1946 年上半年的国内局势是：一方面，国民党军队不停地向解放区进行蚕食进攻；另一方面，除东北外，关内大规模的军事冲突还没有发生，由国民党、共产党和美国三方组成的军事调处执行部也不停地派人到各冲突地区进行调处。

1945 年 11 月 26 日，美国扶蒋反共的代表人物、驻华特使赫尔利被迫辞职。11 月 27 日，美国政府任命前陆军参谋长马歇尔作为总统特使，来华"调处"国共关系。12 月 15 日，马歇尔启程来华。

1946 年 1 月 1 日，马歇尔与周恩来会谈，提出国、共、美三方各派出一个人，组成委员会即三人小组，负责处理有关停战、恢复交通和受降事宜，取得一致协议方式，每方都有否决权，一切决议须送国、共最高当局核准后始生效。1 月 5 日，国共双方就此达成协议，美方代表马歇尔，国民党方面的代表先为张群后为张治中，共产党方面的代表为周恩来。1 月 10 日，三人小组达成了《关于停止国内冲突的命令和声明》，国共双方分别颁发了停战令。

为了监督停战令的执行，周恩来和张群还签署了《建立军事调处执行部的协议》，规定由国民党、中共与美国三方各派一人，在北平成立军事调处执行部，简

★ 1946年1月10日，中共代表周恩来（左）与国民党政府代表张群（中），签署《关于停止国内冲突的命令和声明》，同时公布了双方于1月5日达成的《关于停止国内军事冲突的办法》的协议。双方还颁布了于1月13日午夜生效的停战令。右为美国总统特使、美国调处代表马歇尔

称军调部。中共代表为第十八集团军参谋长叶剑英，国民党政府代表为国民政府军事委员会军令部第二厅厅长郑介民，美方代表为美国驻华代表饶伯森。军调部下设若干个调处小组，负责调处国共军事冲突。

但是，由于美国政府从反共意识形态出发，其扶蒋抑共的根本立场没有变，貌似站在中立的角度调处国共争端，实则不希望共产党力量的发展，偏袒甚至纵容蒋介石的反共内战政策。蒋介石也利用这段时间抓紧全面内战的准备，将大后方的军队源源不断地运送到华北与东北，加紧进行大举进攻解放区的准备，和平民主发展的可能性正在迅速消逝。随着蒋介石破坏政协决议和停战协定的行动不断加快，中共中央认为和平民主新阶段已经到来的乐观情绪也迅速消退，认识到蒋介石专制独裁的本性并没有改变，战争的危险有超过和平的可能，要求全党在全力争取和平的同时，认真做好应对内战爆发的准备。

3月15日，中共中央政治局召开会议，讨论国际国内时局问题。毛泽东在发言中指出：蒋介石的主张有两条：第一条是一切革命党全部消灭之；第二条是如果一时不能消灭，则暂时保留，以待将来消灭之。蒋介石的这两条，"第一条很清楚。第二条是人们容易忘记的，稍为平静一点就忘了。二月一日到九日就忘了，较场口事件一来就又记得了"。他还说："我们的军队是要缩编的，但不是缩

编得越少越好，一些同志不知道这些，需要说清楚。"① 主持会议的刘少奇在作总结时肯定了毛泽东的分析，提出中共方面的态度是："打起来，有了准备；不打，更好。"②

同一天，中共中央发出《关于目前时局及对策的指示》，要求"除开审慎应付东北问题外，华北、华中各地应即提起警觉，密切注意顽方动态，并在军事上作必要准备，加强整训，加强侦察，严防反动派突然袭击。如果反动派发动进攻时，必须能够在运动中坚决、彻底、干净、全部消灭之"。同时要求各地将减租、生产两件大事抓紧推动，以"造成解放区不可动摇的群众基础与物质基础"。③

3月18日，中共中央发出《关于坚决反对国民党反动派破坏政协决议的指示》，提醒各战略区主要负责人："最近时期一切事实证明，蒋介石反苏、反共、反民主的反动方针，一时不会改变的，只有经过严重斗争，使其知难而退，才有作某些较有利于民主的妥协之可能。""停战协定、政协决议、整军方案我们是不愿其破坏的。但反动派必欲破坏，只要使人民了解这是由国方破坏的，而不是由我方破坏的，那对于中国的前途，也会是有好处的。因此，我们不破坏它们，但我们决不怕反动派破坏，我们反对分裂、反对内战，但我们不怕分裂、不怕内战，我们在精神上必须有这种准备，才能使我们在一切问题上立于主动地位。"④

虽说"不怕分裂、不怕内战"，但中国共产党还是不希望全面内战的发生。当时，停战令下达和政治协商会议召开之后，关内停止了大规模的军事冲突，但关外的东北却出现了大打的局面，原因是蒋介石不承认中国共产党在东北的武装力

---

① 中共中央文献研究室编：《毛泽东文集》第四卷，人民出版社 1996 年版，第 97—98 页。

② 转引自中共中央文献研究室编，金冲及主编：《毛泽东传（1893—1949）》，中央文献出版社 1996 年版，第 755 页。

③④ 中央档案馆编：《中共中央文件选集》第 16 册，中共中央党校出版社 1991 年版，第 93—94 页、第 97—98 页。

量的存在（因此，日本投降后，进军东北的八路军、新四军都没有使用原番号，而是一开始称东北人民自治军，后又称东北民主联军），坚持停战令不包括东北，并且企图利用苏联红军撤出东北之机占领整个东北。1946年3月中旬起，苏军开始从东北的大中城市撤离，中共方面曾从苏军手中接收了安东（今丹东）、抚顺、本溪、辽阳、四平等南满地区的部分城市。于是，国民党军南向本溪、北向四平发动猛烈进攻。

四平地处松辽平原中部腹地，辽宁、吉林和内蒙古三省区交界处，位于东北两大重要城市沈阳和长春中间，战略地位十分重要。1946年1月，曾任国民党军训练部炮兵总监的刘翰东，率百余人以国民党政府辽北省主席名义接收四平，成立了国民党的辽北省政府。3月13日，苏军从四平撤离。这时，国民党正规军尚在沈阳一带集结，四平的守备兵力相对薄弱，东北民主联军决定趁机拿下四平这个重要的战略要地，集中了主力部队和地方部队6000余人，分别从西、东、北三个方向实现对四平的合围。17日4时，总攻开始，至当日下午5时结束战斗，除少量敌人逃脱外，包括国民党辽北省主席刘翰东在内的守敌2000余人被俘。

这时，中共中央十分看重四平的得失，认为四平保卫战的胜败，不仅关系到东北民主联军能否保卫北满根据地，更是关系到和与战的全局，如果守住四平，就可能制止蒋介石的全面内战，如果四平失守，全面内战不可避免。3月24日，中共中央电示东北局及东北民主联军总司令林彪、西满军区司令员黄克诚和政治委员李富春："我党方针是用全力控制长哈及中东全线，不惜任何牺牲反对蒋军进占长、哈及中东路，而以南满西满为辅助方向。""黄李部动员全力坚决控制四平街地区，如顽军北进时彻底歼灭之，决不让其向长春前进。"①3月26日，中共

---

① 《毛泽东军事文集》第三卷，军事科学出版社、中央文献出版社1993年版，第153页。

中央又致电东北局：应宣布四平为八路军、新四军或民主联军所占领，我东北三省政府应正式执行职务。"在两方尚未停战前应如此处理，才能打击顽方的威风，提高我方的声势。也只有如此处理，才能逼使国民党不得不和我们和平合作。如不敢承认我军占领四平，则表示我军软弱，对和平不会有益。现应用一切努力保障四平在我手。"[1]

从 4 月 16 日起，国民党军 10 个整师，其中包括全美械化装备的新 1 军、新 6 军和青年军第 207 师（相当于军），从南面、西南、西北三方面向四平进行猛烈的包围进攻，东北民主联军开始进行长达一个月的四平保卫战。为了保卫四平，东北民主联军亦急令东满、南满、西满、北满各军区的主力火速赶赴四平参战，市区的守军由原来的两个团增加至 5 个团，参加整个四平保卫战的总兵力曾达 14 个师（旅）15 万人，占当时东北民主联军总兵力的一半以上。

中共中央十分重视四平保卫战。4 月 26 日，毛泽东在为中共中央起草给林彪并告彭真的电报中说："马歇尔已提出停战方案，有停战之可能。望加强四平守备力量，鼓励坚守，挫敌锐气，争取时间。"他在第二天为中共中央起草给林彪的电报中，更是提出要"化四平街为马德里"[2]。5 月 1 日，毛泽东在给林彪的电报中又说："东北战争，中外瞩目。蒋介石已拒绝马歇尔、民盟和我党三方同意之停战方案，坚持要打到长春。因此，我们必须在四平、本溪两处坚持奋战，将两处顽军打得精疲力竭，消耗其兵力，挫折其锐气，使其以六个月时间调集的兵力、武器、弹药，受到最大消耗，来不及补充，而我则因取得长、哈，兵力资材可以源

---

① 中共中央党史和文献研究院编：《刘少奇年谱　第二卷》（增订本），中央文献出版社 2018 年版，第 198 页。

② 中共中央文献研究室编：《毛泽东年谱（1893—1949）》（修订本）下卷，中央文献出版社 2013 年版，第 74 页。西班牙内战时，共和国军队与叛军于 1936 年 11 月至 1939 年 3 月进行了激烈的马德里保卫战。

源补充，那时便可能求得有利于我之和平。"① 中共领导人当时希望通过四平保卫战的胜利争取时间，并在谈判桌上取得有利地位，实现国内和平。

敌我双方激战一个月之久的四平保卫战，以东北民主联军歼敌 1.6 万人，但自身也伤亡了 8000 余人而宣告结束。5 月 19 日，东北民主联军主动撤出四平。

蒋介石在占领四平之后，气焰一时十分嚣张，自以为国民党军兵强马壮，完全有能力通过战争的方式消灭共产党及其领导的武装力量，全面内战已愈发难以避免。尽管如此，中共中央的基本立场仍然是全力争取和平，哪怕这种和平是短暂的。

5 月 21 日，中共中央发出党内通知，指出："必须使全国性内战爆发的时间尽可能推迟，方对我有利。如不能推迟半年，即推迟三个月、两个月以至一个月的时间爆发，亦将使我之准备比较充分。因此，我在目前对时局的基本方针，是避免挑衅，拖延时间，积极准备。"② 6 月 7 日，中共中央在致电林彪、彭真、罗荣桓时又指出："我党基本方针应是在不丧失基本利益下实现和平，长期战争于我不利。"③ 6 月 13 日，中共中央又在致华东局负责人饶漱石以及林彪、彭真、周恩来、叶剑英的电报中说："我党方针是竭力争取和平，争取于十五天内保持平静，争取延长停战时间，变暂时停战为长期停战"；"同时我东北全军应积极准备再战，并应准备长期战争"。④

①④ 中共中央文献研究室编：《毛泽东年谱（1893—1949）》（修订本）下卷，中央文献出版社 2013 年版，第 77 页、第 91 页。

② 中共中央文献研究室、中央档案馆编：《建党以来重要文献选编（一九二一——一九四九）》第 23 册，中央文献出版社 2011 年版，第 268 页。

③ 中共中央文献研究室编：《毛泽东年谱（1893—1949）》（修订本）下卷，中央文献出版社 2013 年版，第 90 页。

与中共方面全力争取和平相反，蒋介石一意孤行非打内战不可。为给发动全面内战制造借口，国民党方面还向中共方面提出无法接受的条件。如国民党谈判代表先是提出以东北民主联军退出长春作为停战条件，当东北民主联军从长春撤退后，他们又提出在谈判中美方应有"最后决定权"。6月21日，中共政协代表团向国民党政府提出长期停战、恢复交通、整军复员、重开政协等四项建议，并在此基础上继续谈判，希望最后阻止国民党政府已经部署就绪的全面内战的爆发，但遭国民党拒绝。

在这样的情况下，中共中央不得不在全力争取和平的同时，进行应对国民党全面内战的准备。6月19日，中共中央致电各战略区主要负责人："观察近日形势，蒋介石准备大打，恐难挽回。大打后，估计六个月内外时间，如我军大胜，必可议和；如胜负相当，亦可能议和；如蒋军大胜，则不能议和。因此，我军必须战胜蒋军进攻，争取和平前途。"并且强调："我大打必须在蒋大打之后，以示衅由彼启。"[1]6月25日，毛泽东在为中共中央起草致南京中共代表团的电报中又说："我党方针是争取长期全面和平；如不可能则争取再延长休战时间"，"大概半年之后又可能和"。[2]可见，此时中共中央对于内战的态度是：在蒋介石的大举进攻面前，为了人民的利益，为了保卫解放区，不能不进行自卫战争，而且必须争取战争的胜利，唯有如此才能使蒋介石停止战争，最终实现国内和平。与蒋介石之间的仗不得不打，但不是用战争的方式打倒蒋介石，而只是打痛蒋介石，使其回到和平的轨道上来。

从1945年8月日本投降到1946年6月底全面内战爆发前的这段时间里，中

---

① 中共中央文献研究室编：《毛泽东文集》第四卷，人民出版社1996年版，第121—122页。

② 中共中央文献研究室编：《毛泽东年谱（1893—1949）》（修订本）下卷，中央文献出版社2013年版，第93—94页。

国共产党一直在千方百计地争取国内和平。这不是共产党人惧怕战争，而是国家和人民在经过长期的战争之后需要休养生息，广大人民不希望战争。但是，战争能否最终避免，从根本上讲不取决于共产党而取决于国民党蒋介石集团。一是蒋介石在抗战胜利后处心积虑地要用战争的方式解决共产党问题，以实现他所谓的军令政令统一；二是从力量对比上，共产党的武装力量人数、装备都弱于国民党，经过抗日战争人民军队虽然有了很大发展，但总体上敌强我弱的基本态势并没有改变，人民军队的力量还没有强大到足以制止蒋介石发动内战的程度。

三、"一觉醒来，和平已经死了！"

全面内战爆发之前，虽然蒋介石以咄咄逼人之势要发动大规模战争，但中国共产党内上下都不希望国共之间的战争由小打变成大打。

全面内战爆发之际，李富春（时任中共中央西满分局书记、西满军区政治委员）和黄克诚（时任西满军区司令员）于1946年6月28日给中共中央写了一份关于国内国际形势的报告，其中提出：经过几年抗战，人民的势力得到空前的发展与壮大，但还没有形成几个省区联成一片的根据地，尚缺少一个更有实力、更坚强的中心，目前也不可能得到来自国际革命势力的援助。中国整个反革命势力在抗战中削弱了，但反革命的中心势力蒋介石CC派反而在抗战后加强了，嫡系军队增多，特务网遍布全国，官僚资本有所发展，又得到美国空前的军事、政治、经济的援助。反革命势力虽然也面临着严重的困难，例如经济恐慌、内部矛盾、人民不满等，但目前均不足以致其死命。今后数年内，在美国的强大援助下反革命派还可能克服困难，加强军事、政治、经济各方面的力量。因此，我党应采取力求保存力量，等待时机的方针。

★ 美国飞机空运大量国民党军，抢占各大城市和交通要道

　　李富春和黄克诚提出三种对策供中共中央考虑：一是让步以达和平；二是拖延以待时机；三是坚决打下去以分胜负。目前和战已到最后关头，拖延下去的可能性很少，只能走一、三两条路。如采取第一个让步以达和平的方针，若能求得全师而退，保存干部，保存部分军队和部分解放区，求得全国范围部分民主改革，还是让步以求和平为宜。蒋介石不会因为中共让步而放下屠刀，但打下去胜利把握不大，如打得好则可能打打停停，求得长期坚持以待国内外形势的根本变化。①

　　李富春和黄克诚都是资历很深的中共高级领导干部，是在多年的残酷战争中走出来的领导人，他们提出这样的建议并非惧怕战争，而是有现实考量的。经过抗日战争，中国共产党的力量固然得到很大发展，但国民党的力量与过去相比也有了很大发展。全民族抗战爆发前，蒋介石能够真正统治到的只有长江中下游地区。其他地区，如东北，原来在奉系军阀统治下，1928 年底张学良虽然宣布"易帜"，服从南京国民政府领导，但实际仍处于半独立状态，1931 年九一八事变后为日本所侵占；华北则在冯玉祥的西北军和阎锡山的晋军的控制下，九一八事变后日本不断向华北地区渗透，南京政府实际对华北从未有过有效的管理；其他如西南、西北地区及两广地区，长期为国民党地方实力派所掌握。经过八年全民族

① 《胡乔木回忆毛泽东》，人民出版社 1994 年版，第 430—431 页。

抗战，地方实力派受到很大削弱，国民党在全国的统治有了加强，抗战胜利使蒋介石的威望有了很大的提高。抗战过程中，蒋介石得到了大量的美援，部队的武器装备有了很大的改善，抗战胜利后又接收了近百万投降日军的装备。这也使蒋介石觉得自己有能力有办法用武力解决共产党问题。

用毛泽东当时的秘书胡乔木后来的话，"这份报告的观点和所反映出的疑虑在当时带有普遍性"①。这也从一个侧面反映当时中共党内对全面内战的态度。7月6日，毛泽东就这份报告作出批示，一方面认为报告提出的许多观点是合乎实际的，是好的；另一方面又认为"缺点是对美帝国主义及蒋介石的困难条件估计不足，同时对国际国内人民民主力量所具备的顺利条件也估计不足"。毛泽东强调："对美蒋的压力与要求，我们应当有所让步，但主要的政策不是让步而是斗争。如果我党既有相当的让步，而对其无理压迫与无理要求又能出以坚决的斗争，则其结果比较付出更多更大的让步反而要好些；如无坚决斗争精神，则结果将极坏。"② 面对蒋介石挑起的全面内战，毛泽东和中共中央也只得以革命战争回应反革命战争。但是，直到此时，中国共产党的态度仍然是用战争的方式使蒋介石回到和平的轨道上，让蒋介石接受和平，而不是以战争的方式打倒蒋介石。

1946年6月26日，国民党20余万大军大举围攻在鄂东豫南地区的仅有6万人的中原解放军，这是国民党发动全面内战的信号。尽管如此，中共方面仍在努力争取和平。7月7日，中共中央发表纪念"七七"九周年宣言。宣言强调"在今天的严重时机，为了挽救祖国的独立和平与民主，我们谨向国内外各方作以下的紧急呼吁"：（一）无例外、无条件、无限期地停止冲突、停止运兵、停止建筑工事、停止征兵。（二）重开政治协商会议，实行上届政治协商会议的一切决议。

---

① 《胡乔木回忆毛泽东》，人民出版社1994年版，第431页。
② 中共中央文献研究室编：《毛泽东文集》第四卷，人民出版社1996年版，第146页。

（三）实行复员裁兵，裁减军费。（四）要求美国停止干涉中国内政，停止助长中国内战，撤退一切在华海陆空军。宣言同时也正告蒋介石集团："如果贪得无厌的反动派一定要挑战，那么，就让我们准备着把一切敢于挑战的反动派打回去！"[1]

7月12日，国民党军又以5个整编师12万余人，向野战军人数仅为3万余人的苏中解放区大举进攻。自此，内战全面爆发。

此时国民党军总数达430万人，其中正规军86个整编师、248个整编旅（抗战胜利后国民党军开始进行整编，整编后的师相当于原来的军，整编旅相当于原来的师）约200万人，这其中用于进攻解放区为193个旅160万人，占其正规军的80%。此时人民解放军（全面内战爆发时，中国共产党领导的武装力量名称不统一，有的仍称八路军，新四军，有的以地方冠名称某某野战军或某某解放军，在东北则先称东北人民自治军后称东北民主联军，本书为了表述方便，统称为人民解放军）总数仅127万人，其中野战军（相当于国民党军的正规军）61万人，其装备亦远不如国民党军。凭借国民党军在数量上和装备上的优势，蒋介石相信能够用军事手段在短期内解决中共问题。

8月6日，美国新任驻华大使司徒雷登转达蒋介石提出的五项条件，并表示中共只有接受这些条件才能进行政治谈判。这五项条件是：（一）让出苏皖边区；（二）让出胶济线；（三）让出承德与承德以南；（四）东北在10月15日前退至黑龙江省、兴安省及嫩江等省与延吉；（五）鲁、晋两省须退出6月7日后占领地区。这五项条件必须在一个月至六个月内实行，否则，停战、改组政府都无从谈起。接受这五项条件就等于共产党方面向国民党投降，理所当然地遭到了中共方面的拒绝。

---

[1]《中国共产党中央委员会为"七七"九周年纪念宣言》，《人民日报》1946年7月7日。

全面内战爆发后，中国共产党不能不全力应对这场蒋介石强加的战争，但当时提出的口号是"武装自卫"，即开展自卫战争。这个口号表明中共方面虽然被迫应战，但目的仍然是制止战争、恢复和平。

面对蒋介石以其庞大的兵力向各解放区发动的全面进攻，毛泽东为人民解放军制定了不计较一城一地的得失，以集中优势兵力歼灭敌人有生力量为目标的作战方针。战争的头4个月中，人民解放军共歼灭国民党正规军32个旅，连同非正规军在内共约30万人，挫败了蒋介石的嚣张气焰，但也不得不放弃了一部分解放区。中原解放军分路突围后，虽然保存了主力，并牵制了国民党军30个旅的兵力，但中原解放区实际已为国民党军所占领；在华中，从这年9月开始，国民党军加强淮北战场的兵力，并自宿迁、睢宁地区南攻，于9月19日占领了苏皖解放区首府淮阴；在晋察冀和晋绥，人民解放军于8月28日放弃了热河省会承德，9月13日又放弃了绥东重镇集宁，并于9月16日撤离了围攻大同的部队。由于没有打下大同，又放弃了集宁与承德，使晋察冀解放区首府张家口东西两面受敌。

9月4日，国民党政府参谋总长陈诚公开发表谈话，宣布国民党军将进攻张家口。10日，蒋介石手令其北平行辕及第十一、第十二战区部署对张家口的进攻。张家口是晋察冀解放区的政治军事中心，蒋介石公然进攻张家口，表明其已决心同共产党进行最后的破裂。

9月11日，周恩来与马歇尔商谈，建议重新召开已休会3个月的军事三人小组会议，讨论停战问题。拖到9月19日，马歇尔回复说，国民党方面拒绝召开军事三人小组会议，而是提出要召开非正式五人小组会议讨论政府改组问题，这实际上是拒绝停止向张家口的进攻。9月30日，周恩来致马歇尔并转国民党政府代表备忘录一件，其中声明："如果政府不立即停止对张家口及其周围的一切军事行动，中共不能不认为政府业已公然宣告全面破裂，并以后放弃政治解决方针，其因此而造成的一切严重后果，当然全部责任均应由政府方面负之。"① 但蒋介石仍拒绝停止对于张家口的进攻。为了表明中共方面在这个问题上的严正态度，10月9日，周恩来在致马歇尔的备忘录中重申："现在只有立即无限期地停止进攻张家口，并将进攻部队撤至原防，才足表示政府愿意重开谈判，避免破裂。否则，一切严重后果应由政府方面负其全责。"②

10月11日，国民党军不顾中共方面的再三警告和各界人士的强烈反对侵占张家口。中共方面此前一再强调，国民党军倘不停止进攻张家口，就是和平的全面破裂。10月10日，中国民主同盟秘书长梁漱溟曾从南京赶来上海，想把周恩来劝回南京（此前的9月18日，为抗议国民党拖延和破坏国共谈判，周恩来离开南京飞抵上海），同国民党方面继续进行和谈，为了肯定第三方面为和平所作的努力，周恩来对于梁漱溟的劝说并未坚决拒绝。为此，梁漱溟感到国共和谈有转圜的余地。11日晚，梁漱溟乘夜行列车从上海回到南京，第二天早上到南京站时，看到早报上已经登载了国民党攻下张家口的消息，大为失望，并向记者们惊叹地说："一觉醒来，和平已经死了！"③

在国民党军占领张家口的当天下午，被"胜利"冲昏头脑的蒋介石，即违背政协决议，下令于11月12日召开所谓国民大会。10月16日，蒋介石发表声明，提出八项条件，其中第八条为：在共产党同意以上各条后，即下停止冲突令，在下令之同时，共产党应宣布参加"国民大会"，并提出代表名单。这八条的中心内

① 中共中央文献研究室、中央档案馆编：《建党以来重要文献选编（一九二一——一九四九）第23册，中央文献出版社2013年版，第459—460页。
② 中共中央文献研究室、中共南京市委员会编：《周恩来一九四六年谈判文选》，中央文献出版社1996年版，第674页。
③ 中共中央统战部编：《解放战争时期第二条战线（爱国民主统一战线卷）》，中共党史出版社1993年版，第52页。

容是要挟中共宣布参加"国大"，并提出代表名单。如果共产党交出了名单，就表明国民大会合法化了，而按照1946年1月政治协商会议的决议，应当是先改组政府，由改组后的联合政府召开国民大会。蒋介石此举是对政协决议的赤裸裸的破坏，理所当然为中共所拒绝。

10月17日，中共中央发表时局声明，历述中国共产党为了实现国内和平，曾在1945年10月10日的会谈纪要，1946年1月10日的停战协定，同月31日的政协五项决议，2月25日的整军方案，3月27日的东北停战协议，6月的和平谈判，6月谈判失败后的关于在停战条件下参加改组政府商谈的表示，10月初的关于只要国民党军停止进攻张家口即可开始军事政治商谈的表示中，作了八次重大的让步，但均为国民党与美国方面所破坏与拒绝。声明指出：鉴于第三方面的斡旋，中共仍愿作最后最大的让步，即在恢复本年1月13日停战令生效时的军事位置及实现1月31日政协一切决议的先决条件下进行和平谈判。

在中共中央时局声明发表后，国民党中央宣传部部长彭学沛、中央党部秘书长吴铁城等相继发表谈话，声言全国版图均应在国民党政府管辖之下，恢复1月13日停战令位置为"不可能"。随后，中共代表团一再表示，绝不参加由国民党一党包办、违背政治协商会议决议的所谓国民大会。

1946年10月19日，周恩来在上海鲁迅逝世十周年纪念会上的演说中指出："只要和平有望，仍不放弃和平的谈判，即使被逼得进行全面自卫抵抗，也仍是为争取独立、和平、民主、统一。"[①]10月26日，周恩来在同马歇尔谈话时指出：张家口被占，国民党政府宣布召开"国大"，说明全面破裂的局面已定。这是蒋方造成的。中共主张停战，已尽了最大努力。

---

① 《周恩来选集》上卷，人民出版社1980年版，第240页。

为了多拉几个第三方面的人参加所谓"国大"，11月11日下午，蒋介石宣布"国大"延期3天召开。11月15日上午，由国民党一手包办的"国民大会"召开，除了国民党外，只有中国青年党、中国民主社会党的代表和少数无党派人士参加。这个"国民大会"的召开，等于是蒋介石彻底堵死了由各党各派与其共建联合政府之路，不但为中国共产党所坚决反对，也遭到了中国民主同盟等中间党派的拒绝。就这样，和谈的大门最后由国民党关上了。

11月16日，周恩来举行中外记者招待会，发表《对国民党召开"国大"的严正声明》及讲话，指出国民党一手包办的"国大""最后破坏了政协以来的一切决议及停战协定与整军方案，隔断了政协以来和平商谈的道路"。进攻解放区的血战方殷，美国政府援蒋内战的政策依然未变。中共"愿同中国人民及一切真正为

★ 1946年11月15日至12月25日，国民党在南京召开了违背政协决议、一党包办的"国民大会"（即"制宪国大"）

民主而努力的党派，为真和平真民主奋斗到底"。随后，周恩来在同马歇尔会谈时又说：由于"国大"的召开，国民党已经关上了谈判的大门。我及中共代表团将不得不返回延安。董必武留在南京，中共在南京、北平、重庆均留一些工作人员。周恩来指出：蒋介石想用武力解决一切，我们不会屈服。中国的人心向背是决定一切的。11月19日，周恩来率中共代表团离开南京返回延安。

在国民党关闭谈判大门、国共关系面临完全破裂的情况下，为了挽救时局、重开谈判，中共方面决定做最后的努力。12月3日，周恩来在延安致函马歇尔，表示尽管国民党一党包办之"国大"既开，政协决议已被蒋介石破坏无遗，国共两方谈判之基础遂亦不复存在。"唯我方为适应全国人民之和平民主要求，认为只要国方能立即解散正在开会之非法'国大'，恢复一月十三日停战令下时之驻军位置，则双方谈判仍可重新开始。"[①]12月28日，周恩来发表同新华社记者的谈话，再次表明中共对于重开谈判的态度。此时的蒋介石还沉浸在占领张家口和召开"国民大会"的喜悦之中，认为不必再为内战寻找借口，武力是解决问题的最好方式，中共方面的提议自然为国民党方面所拒绝。

随着国民党一手操纵的国民大会的召开，表明以蒋介石为首的国民党集团完全不顾民意，决心将反共反人民的内战进行到底。因此，通过与其谈判实现国内和平的道路已经完全被蒋介石堵塞，中国共产党只能以革命战争

★ 1946年12月25日"国民大会"通过的《中华民国宪法》

---

① 中共中央文献研究室、中共南京市委员会编：《周恩来一九四六年谈判文选》，中央文献出版社1996年版，第700页。

应对蒋介石的反革命战争，通过战争的方式解决国共问题，从而实现中国的永久和平。

四、国共关系的完全破裂

1946 年 11 月 19 日，周恩来率中共代表团的邓颖超、李维汉等人从南京回到延安，历时一年多，国共之间的重庆、南京谈判宣告结束。中共中央很清楚，蒋介石对和平毫无诚意，一心一意要打内战，用战争手段消灭共产党和占领解放区，和谈只是他发动战争的烟幕，但哪怕只有一丝的希望，也应当努力地争取。然而，随着国民党占领张家口和国民党一手操控的所谓"国大"的召开，蒋介石撕下了他的最后一块遮羞布，完全突破了共产党在战与和问题上的底线，共产党也就只能下定决心用人民解放战争的方式来打倒蒋介石。

全面内战爆发后，国民党军虽然一度占领了解放区部分地区，但大量的有生力量被人民解放军歼灭，在战场上不但无法达到消灭共产党的目的，而且使人民解放军越战越强。在国民党统治区，蒋介石为了获取美国政府对其内战政策的支持，不惜丧失国家权益，而驻扎在中国的美国士兵竟然做出打死上海三轮车夫、强暴北京大学女生等暴行，从而引发了国统区人民广泛的反美爱国斗争和反内战斗争。在这样的情况下，蒋介石又开始放出和谈空气。1947 年 1 月 7 日，曾代表国民党参与重庆谈判和参加过政治协商会议的王世杰访问马歇尔，转告蒋介石的意见说，国民政府的当务之急是立即改组政府和恢复交通。国民党中央宣传部部长彭学沛也对记者发表谈话，大讲所谓政府对停止冲突及改组政府的具体办法，并称甚愿与中共竭诚商谈，以期和平统一早日实现。随后，国民党政府副主席兼立法院院长孙科也发表书面谈话，提出各党派负责代表再来举行一次圆桌会议。

★ 北平学生的抗暴游行。1946 年 12 月 24 日，北平发生美国士兵强暴北京大学先修班一女学生的暴行。国统区各大城市的学生相继罢课游行，抗议美军暴行，要求美军撤出中国

1 月 15 日，蒋介石假戏真演，交给美国驻华大使司徒雷登一份重开谈判的四点方案：（一）政府希望派代表团前往延安，或请中共代表团到南京继续商谈，或者由他建议举行所有各党派圆桌会议。（二）政府和共产党应立即各自发布停火令，并共同商讨实施停火令的有效办法。（三）政府愿意恢复讨论整编军队和恢复交通的实施计划，计划将以前三人小组的原则为依据。（四）政府希望和共产党立即达成协议，以便公正而合理地解决争议地区的政治控制问题。蒋介石要求司徒雷登和共产党在南京的代表接触，但不要提出这四项建议，如果共产党提出具体方案，就说明政府已初步确定派张治中组成代表团，代表政府和中共讨论一切重大问题。第二天，司徒雷登即把国民党派张治中赴延安的决定，通知中共驻南京办事处。

尚留在南京的董必武了解这一情况后立即报告了中共中央。中共中央很清楚

"目前美蒋所提和谈，如过去一切和谈一样，全属欺骗性质，因其军事失败，企图取得休息时间，整军再战，我们切不可上当"①。接到董必武的报告后，中共中央当即复电指出：

一、蒋方、司徒已通知你们恢复和谈，并派张治中来延安，根据目前形势，恢复和谈只利于蒋方重整军队再度进攻，并利于三国莫斯科会议美方好作交代，粉饰太平。故我们对于美、蒋的所谓恢复和谈认为全是欺骗，绝不信任。我们的方针，应使这种有利于美、蒋的完全欺骗性的和谈恢复不成，让美、蒋只能靠国大原班人马开其圆桌会议，改组政府，将一切王牌打去，彻底暴露其原形，以便我们在这半年内外取得转变局势的胜利，而更有力地推动蒋管区的斗争。

二、因此，对司徒的通知的回答，仍是坚持恢复（1946年）1月13日位置与取消蒋宪另开制宪会议两条。如他们同意，则先由董洽谈，不要来延安。如不同意，则徒劳往返，绝不要来。如他提出其他条件，亦由董当面拒绝之，望本此意将美、蒋代表挡住不来，并公开揭露美蒋欺骗性质。

三、周评马歇尔声明已发表（1947年1月7日，马歇尔发表离华声明，1月10日，周恩来发表《评马歇尔离华声明》，引者），望本此意与民盟及第三方面多作解释，要他们勿空谈和平。须知不恢复1月13日位置，不废除蒋宪，不但和平绝无保障，而且事实上都助美、蒋欺骗人民。现在是美、蒋日益孤立的时候，我们要领导群众向前，决不可落后于群众。对于美国不必马上破裂，但美帝国主义并不那么可怕，学生们高呼"美军滚出中国去"，连

① 中共中央文献研究室编：《毛泽东年谱（1893—1949）》（修订本）下卷，中央文献出版社2013年版，第160页。

马歇尔也不得不考虑撤兵，这就是理亏气馁的明证。

　　四、对于美方调停，此时形式上我们虽然尚不公开正面反对，但实际上拒绝之。我们的人不要经常到司徒那里去跑，不要使美国人感到我们现在还需要他们调停。

中共谈判代表团发言人王炳南随之将中共中央的答复通知司徒雷登，坚持过去所提的两项条件，指出如果国民党同意，和谈可以在南京继续举行，否则即使派人到延安，也无补于事。①

　　1月17日，周恩来代表中共中央发表谈话，明确指出：国民党当局对于中共中央两项要求置之不理，证明其所谓和谈完全是骗局。它的企图是求得休息时间，以便重新进攻，它现在需要"和谈"。我们对于所谓"和谈"，完全丧失信任。②

　　1月20日，国民党中宣部发表所谓《政府对和平商谈之愿望及其经过之说明》，公布了改组政府的四项方案，即蒋介石提出的四条。中共中央也以中宣部部长陆定一的名义，对国民党中宣部的声明加以驳斥，指出："国民党中宣部声明的全部内容，是拒绝中共恢复和谈的两个条件，即拒绝取消蒋介石伪宪与恢复去年一月十三日军事位置，而捏出所谓'和平方案'四条。这四条已于二十三日由蒋介石经美方转交南京中共办事处，所以是蒋

★ 在南京的中共代表团办事处证章
（金属质地，直径2.2厘米）

① 钱之光：《抗战胜利后的中共南京和上海办事处》，《革命回忆录（19）》，人民出版社1986年版，第130页。

② 中共中央文献研究室编：《周恩来年谱（1898—1949）》（修订本），中央文献出版社1998年版，第735页。

介石的提案。就蒋介石这一行动本身来看，就可以知道所谓'和谈'完全是欺骗，所谓四条是用来拒绝真正和谈的先决条件的。既然不要真正可以保障和平实现民主的先决条件，又有什么诚意可言，又有什么和谈可言？"[①] "我们不要民族独立、国内和平与民主自由则已，如果还要独立和平民主，则一定要蒋介石实现取消伪宪与恢复去年一月十三日军事位置两条，不达目的决不能休止，一切欺骗都是无用的。"[②]

1月29日，美国驻华使馆发表声明，宣布美方退出军事三人小组及军事调处执行部。第二天，国民党政府亦宣布解散军事三人小组和军调部，随后又逼迫军调部的中共代表叶剑英和工作人员撤离北平，并限令中共在南京、上海和重庆的工作人员于3月5日前全部撤退。2月6日，司徒雷登通知中共驻南京办事处，声称美国政府将协助中共人员回到"共党区域"，直至3月5日为止，即中共人员最迟于3月5日撤退完毕，否则他们不负任何责任。

2月1日，毛泽东主持召开中共中央政治局会议，分析国内形势，讨论毛泽东为中共中央起草的关于时局与任务的指示，即《迎接中国革命的新高潮》。这份指示指出："为着取得休息时间补充军队，重新进攻，为着向美国取得新的借款和军火，为着缓和人民的愤怒，蒋介石又在施行新的骗术，要求和我党恢复所谓和谈。我党的方针是不拒绝谈判，借以揭露其欺骗。"[③]

毛泽东在说明中特地讲到实现国内和平的可能性问题。他说："将来还有没有和平的可能呢？我们的文件没有堵死和平的可能，也不拒绝同国民党谈判。但是，美国要和蒋介石共同统治中国，蒋介石要独裁，而人民一定要反帝反封建，这三条都是确定了的，没有疑问的。为什么还可能有和平呢？如果我们再消灭蒋

①② 《陆定一文集》上卷，人民出版社1992年版，第398页、第402页。
③ 《毛泽东选集》第四卷，人民出版社1991年版，第1215页。

军五十个旅，蒋介石就迫切需要休息，以便再战。我们呢？要看高潮的势头和人力物力的情况，如果也需要休息，以便继续进攻，也可以和他进行谈判。在这种情况下，双方有半年到一年的休战时间是可能的，这种休战只是一种临时的步骤，并不涉及原则性的问题。所谓原则性的问题，就是反帝反封建。我们采取这种步骤是为了保障革命的胜利。在去年的停战中，我们的五师及江南是吃了亏的，军队受损失，人民受摧残。但这种停战在军事上或政治上都是必需的。当时如不停战就没有理，蒋介石也是如此，美国也觉得如此，这就产生了短期的停战。而这种性质的停战在将来也还可能发生，所以在文件中没有否定和平的可能。"[①]

为了把和谈最后破裂的责任加于中共方面，国民党企图逼使中共自动撤退南京、上海、重庆三个地方的人员。为此，中共中央于2月21日致电董必武和王炳南：蒋、美逼我们自动撤退京、沪、渝联络机关，"是想从反面证明我们关死谈判之门。因此，我们方针，坚持保留京、沪、渝联络机关，表示决不由我关死谈判之门，但谈判先决条件，必须实行两项最低要求，断无价钱可讲。你们应本此向第三方面及群众广泛解释"[②]。2月26日，中共中央又致电董必武、吴玉章等：办事处"坚持非赶不走原则，到处揭穿蒋之恐吓手段，以鼓励进步群众乃至中间人士与蒋斗争的勇气"，同时也作最坏打算。即万一京、沪、渝三处人员均被赶走或甚至被封闭、被捉起来，我们仍能保持若干据点，进行联络工作。[③]

2月27日、28日，国民党政府派军警包围中共驻南京、上海、重庆办事处，限令3月5日前撤离全部人员，同时封闭《新华日报》。2月28日，周恩来就南京卫戍司令部和重庆警备司令部要中共人员撤离一事致电蒋介石，指出："阁下业

① 中共中央文献研究室编：《毛泽东文集》第四卷，人民出版社1996年版，第221页。
②③ 中共中央文献研究室编：《周恩来年谱（1898—1949）》（修订本），中央文献出版社1998年版，第740页。

已决心内战到底,不惜以最后破裂关死一切谈判之门。""请阁下以正式公函通知我方驻京代表董必武,须延长撤退期限至三月底。"①

3月2日,新华社发表《中共中央负责人关于蒋介石强迫京沪渝中共代表撤离的声明》,指出:"蒋方这一荒谬措施,无论是出于蒋介石本人的命令或是其地方当局的胡作非为,都是表示蒋方已经决心最后破裂,放手大打下去,关死一切谈判之门。""强迫中共在各地担任谈判联络工作的全部代表与工作人员限期撤退,最后关死一切和平谈判之门,妄图内战到底,实现其武力消灭中共及全国民主势力的阴谋。"并且发出严重警告:"蒋介石这一荒谬步骤,如不立即改变和放弃,那真是他自己走到了绝路,一切后果应由他负责。"②

★ 1947年3月7日,中共代表董必武撤离时在南京机场。前排左起:邵力子、陈家康、董必武、张治中、王炳南

① 中共中央文献研究室编:《周恩来年谱(1898—1949)》(修订本),中央文献出版社1998年版,第741页。

② 中共中央文献研究室、中央档案馆编:《建党以来重要文献选编(一九二一——一九四九)》第24册,中央文献出版社2011年版,第101—102页。

3月7日，美方派出4架飞机，送中共驻南京、上海两个办事处的74名人员回延安。同行的还有6个美国记者。国民党政府代表张治中、邵力子，民盟代表罗隆基、叶笃义，美方代表柯义上校，以及新闻记者数十人，前来机场送行。张治中对董必武说："我是来给你们送行的。"董必武风趣而又意味深长地说："两三年以后，我们要到北平去了，那时候我们要来接你了，你就变成客人了。"①3月8日，吴玉章率中共驻重庆办事处和《新华日报》的工作人员乘飞机回到延安。3月11日，国民党飞机对延安实施轰炸，蒋介石开始对陕北的重点进攻。就这样，蒋介石亲手关闭了国共和谈的最后一道门，国共关系彻底破裂。

---

① 《敬爱的周总理在梅园新村》，《人民日报》1976年12月12日。

第二章

以人民解放战争打倒蒋介石

面对蒋介石发动的全面内战，中国共产党只得以革命战争应对反革命战争，下决心以战争方式实现打倒蒋介石、解放全中国的目标。到 1948 年 10 月辽沈战役结束之时，人民解放军的总兵力已经超过了国民党军队，实现了从敌强我弱到我强敌弱的历史性变化，从根本上打倒蒋介石已是指日可待。随着国民党军在战场上节节失败，国民党内部开始出现一股与共产党方面进行和谈的声音，其目的在于阻止人民解放战争向前发展。基于"打倒蒋介石是有把握的"自信，中共领导人认为不要被国民党方面的各式各样的假和平所迷惑，1948 年底还公布了包括蒋介石在内的第一批战犯名单，以示将革命进行到底的决心。

一、从战略防御到战略进攻

重庆谈判也好，政治协商会议也罢，都没有改变蒋介石假和平、真内战的立场，虽然中共方面为了和平民主作出了重大让步，如主动放弃南方的 8 个解放区，压缩共产党军队的比例，但由于共产党方面不能全部交出军队，没有放弃全部解放区，在蒋介石看来，共产党问题并没有解决。蒋介石是靠枪杆子起家的，清楚武装的重要，认为既然通过谈判的方式无法使中共方面签订城下之盟，就决意用战争的方式来消灭共产党及其领导的人民武装、占领解放区，而中国共产党不得不以革命战争回应蒋介石发动的反革命战争。

当时，从实力对比上，国民党要比共产党强大得多。国民党军队不但数量上远远超过人民解放军（当时国民党总兵力达 430 万人，人民解放军为 127 万人），而且有空军，有海军，有大量的重武器和特种兵，而共产党根本没有海空军，重武器也不多，因而蒋介石认为可以速战速决，声称只要三个月到六个月，他就可以取得胜利。国民党军参谋总长陈诚也吹嘘说，"也许三个月至多五个月便能解决"中共问题。

全面内战爆发之时，对中国共产党来说，能不能打赢这场蒋介石强加于自己的战争，成为摆在全党和解放区军民面前一个极为重要的问题。

1946 年 6 月 28 日，中共中央向各中央局发出关于时局近况的通报，介绍内战的形势及国内外舆论的反应，明确指出："我解放区自日本投降后十个月以来，比较日本投降以前发生了如下各项变化：第一，地区扩大了两倍至三倍，特别是创造了东北战略区域，这是过去没有的；第二，人口增加一倍半，现有人口一万万三千万，而在去年八月以前，一面负担人口实际上只有五千万左右；第三，军队主力由分散变为集中，技术条件提高了，我军开始能攻城，能守城；第四，解决了或正在解决土地问题，农村面目改观，根据地更加巩固，干部信心提高；第五，没有了日本人，代替日本人位置的中国反动军队，不管美国怎样帮助，总比日军战斗力要差。"① 虽然人民军队的数量和解放区面积人口，都大大少于国民党军队和国民党统治区，但与抗战胜利前相比有了很大的发展，部队也从分散游击转变为能够集中作战，组建了野战军。全民族抗战开始时，共产党的力量那么

① 中共中央文献研究室、中央档案馆编：《建党以来重要文献选编（一九二一——一九四九）》第 23 册，中央文献出版社 2011 年版，第 324—325 页。

弱小，都能够坚持下来并取得重大发展，现在共产党的力量与抗战开始时相比已经不可同日而语，何况国民党军"比日军战斗力要差"，所以中共中央相信这场战争将是艰苦的、长期的，但又是能够胜利的。

7月20日，毛泽东就在一份党内指示中明确指出："蒋介石虽有美国援助，但是人心不顺，士气不高，经济困难。我们虽无外国援助，但是人心归向，士气高涨，经济亦有办法。因此，我们是能够战胜蒋介石的。全党对此应当有充分的信心。"①

★ 1946年7月20日，毛泽东为中共中央起草的党内指示的修改稿

同年8月6日，毛泽东同美国记者安娜·路易斯·斯特朗谈话。斯特朗问毛泽东："共产党能支持多久？"毛泽东回答说："就我们自己的愿望说，我们连一天也不愿意打。但是如果形势迫使我们不得不打的话，我们是能够一直打到底的。"就在这次谈话中，他提出了"一切反动派都是纸老虎"的著名论断，强调"从长远的观点看问题，真正强大的力量不是属于反动派，而是属于人民"②。人民解放战争的胜利，充分验证了毛泽东这个论断的正确。

人民解放军采取"集中优势兵力，各个歼灭敌人"的作战原则，不计较一城一地的得失，以消灭敌人的有生力量为目标。中原解放军在牵制国民党大量兵力的基础上胜利突围，有力地配合了其他战场的作战。华中野战军组织苏中战役，七战七捷，共歼敌5万余人，有力地打击了敌人的嚣张气焰。在其他战场上，人

---

①② 《毛泽东选集》第四卷，人民出版社1991年版，第1187页、第1192页、第1195页。

民解放军也取得了一系列的作战胜利。

　　1946 年 7 月至 10 月，蒋介石向各解放区发动全面进攻，占领解放区县城以上城市 153 座，其中还包括晋察冀解放区首府张家口、苏皖解放区首府淮阴，解放军只收复或占领了 48 座县城，两者相较，解放区丢失了 105 座县城以上的城市和大片土地。但是，这 4 个月中解放军消灭了国民党军 30 万人，其中起义、被俘和死伤的各占一半；解放军损失约 12 万人，其中负伤为 9 万人。解放军和国民党军的损失是 1∶2.5。解放军的负伤人员大多治愈后归队。更重要的是国民党军被俘人员中，后来大多参加了解放军，成为解放军战士，而解放军中被俘人员很少，仅占人员损失的 3%，且被俘人员中极少有参加国民党军的。因此，战争之初解放军虽然失去了部分城市，但歼灭了国民党大量的有生力量，这也证明只要坚持下去，战争就能够终取得胜利。

　　1946 年 10 月 1 日，毛泽东为中共中央起草了《三个月总结》的党内指示，总结了全国规模内战爆发以来三个月战争的一系列经验，提出今后的作战方针和作战任务。指示强调："除了政治上经济上的基本矛盾，蒋介石无法克服，为我必胜蒋必败的基本原因之外，在军事上，蒋军战线太广与其兵力不足之间，业已发生了尖锐的矛盾。此种矛盾，必然要成为我胜蒋败的直接原因。" [1] 指示分析了敌我兵力的对比，指出：在过去 3 个月中，国民党进攻解放区的全部正规军 190 多个旅，已被歼灭 25 个旅，证明集中优势兵力、各个歼灭敌人的作战方针是正确的，只要今后一段时间再歼灭敌人约 25 个旅，即可能停止国民党军的进攻，并可能部分地收复失地，到时我军就取得了战略上的主动，由防御转向进攻。那时的任务，是歼灭敌军第三个 25 个旅。果能如此，就可以收复大部至全部失地，并可

---

① 《毛泽东选集》第四卷，人民出版社 1991 年版，第 1205 页。

以扩大解放区。那时国共军力对比，必起重大变化。毛泽东要求人民解放军必须在今后3个月内，继续过去3个月歼敌25个旅的伟大成绩，再歼敌25个旅左右。这是改变敌我形势的关键。

11月18日，中共中央就蒋介石召开伪国大和准备进攻延安，致电各中央局、中央分局，指出："中国人民坚决反对蒋介石一手包办的分裂的'国民大会'，此会开幕之日，即蒋介石集团开始自取灭亡之时。蒋介石军队在被我歼灭了三十五个旅之后，在其进攻能力快要枯竭之时，即使用突袭方法，占领延安，亦无损于人民解放战争胜利的大局，挽救不了蒋介石灭亡的前途。总之，蒋介石自走绝路，开'国大'、打延安两着一做，他的一切欺骗全被揭破，这是有利于人民解放战争的发展的。"[1] 这个指示第一次将"自卫战争"改称"人民解放战争"，表明人民解放军不但要打破国民党军的进攻，而且要将战争引向国民党统治区，由战略防御转入战略进攻。

11月21日，中共中央召开会议，周恩来报告国共谈判情况和国民党统治区情况。毛泽东在分析国际国内的有利形势后指出："现在是否提打倒蒋介石？做此工作而不提此口号，口号仍是一月十三日停战位置与政协决议。而且消灭他七十五个旅以后，美国还会加强援助，新的困难又会来，因此不但要准备三年到五年，还要准备十年到十五年。一方面要藐视他们，非此不足以长自己志气，灭他人威风；而另一方面要重视他们，每一仗都要谨慎。"[2]

毛泽东还分析了全国的军事形势：过去至今已歼灭了国民党38个旅，这表明蒋介石的攻势是可以战胜的，经过半年到一年，消灭他七八十个旅，停止他的进

---

① 《毛泽东选集》第四卷，人民出版社1991年版，第1219—1220页。
② 中共中央文献研究室编：《毛泽东年谱（1893—1949）》（修订本）下卷，中央文献出版社2013年版，第151页。

攻，开始反攻，把他在美国援助下七八年积蓄一年内打破，达到两党平衡。达到了平衡就很容易超过。那时我们就可以打出去，首先是安徽、河南、湖北、甘肃，然后就可以再向长江以南。[1]刘少奇也在讲话中说，打的方针是定了的，但不提打倒蒋介石的口号，是保持 1 月 13 日停战位置和政协决议。从国际国内分析，胜利是可能的，但要经过较长的困难时期，要提倡克服困难。[2]这是中共中央第一次在内部明确提出打倒蒋介石的问题，但对外还没有公开提出打倒蒋介石的口号。

按照中共中央的指示，人民解放军开展了更大规模的对敌作战。在山东，1947 年 1 月，华东野战军与山东野战军（1947 年 1 月下旬合并成华东野战军）会合后组织鲁南战役，歼敌 5.3 万人，开创一次歼灭敌人两个整编师（军）的纪录。接着，两军又开展莱芜战役，共歼敌 5.6 万人，创造了一次歼敌 7 个师的范例。这年 1 月中旬，为配合山东我军作战，晋冀鲁豫野战军挺进敌人后方的徐州西北地区，并在鲁西南歼敌 1.6 万余人。1947 年 1 月，东北民主联军（1948 年 1 月改称东北人民解放军）三下江（松花江）南四保临江，歼敌 4.5 万余人，打退了国民党军在东北战场的进攻。1946 年 11 月到次年 2 月，共消灭国民党军队 41 万人，国民党军队侵占解放区城市 87 座，人民解放军新收复和解放的城市也是 87 座，大大超过了中共中央拟定的作战目标，国民党军向解放区发动的全面进攻被彻底粉碎。

1947 年 2 月 1 日，中共中央政治局在延安召开会议，讨论并通过毛泽东为中共中央起草的《迎接中国革命的新高潮》的党内指示。毛泽东在作说明时强调："从各方面来看，敌人是可以打败的。""指出革命高潮一定要到来这一点，使全党

---

[1]　中共中央文献研究室编：《毛泽东年谱（1893—1949）》（修订本）下卷，中央文献出版社 2013 年版，第 151 页。

[2]　中共中央文献研究室编：《刘少奇年谱（1898—1969）》下卷，中央文献出版社 1996 年版，第 56 页。

了解并从思想上、工作上、组织上预作准备，那末在这次高潮中我们就可能取得胜利。""我们现在的口号还不是打倒美蒋，但实际上是要打倒他们。"① 毛泽东还第一次提出中国革命胜利的时间问题。他在讲话中提出：革命胜利的时间，还要准备相当长，五年到十五年。② 中共中央亦在指示中指出：目前各方面情况显示，中国时局将要发展到一个新的阶段。这个新的阶段，即是全国范围的反帝反封建斗争发展到新的人民大革命的阶段。现在是它的前夜。我党的任务是为争取这一高潮的到来及其胜利而斗争。为了迎接中国革命新高潮的到来，必须继续大量歼灭敌人的有生力量，因此，"必须在今后几个月内再歼蒋军四十至五十个旅，这是决定一切的关键"③。

2月2日，刘少奇在对保卫延安的部队讲话时也说，蒋介石的正规军246个旅，投入了218个旅用于进攻解放区。现在已经被消灭了57个旅，再打一年半，蒋介石就会倒，全国性的革命高潮即将到来，在二三年内取得全国性的胜利是有可能的。④

1947年4月11日，即蒋介石发动四一二反革命政变二十年之际，新华社发表社论《中国人民伟大斗争的二十年（为四一二惨案二十周年纪念作）》，强调"二十年的过程，一步一步证明中国共产党见解的正确，证明蒋介石统治集团的反动性，又证明其脆弱性"。"如果蒋介石反动集团，以往是'坏事做完，好话说尽'；那末到了现在，这个反动集团是走到这样穷途末路：以致连好话也说不出

---

① 中共中央文献研究室编：《毛泽东文集》第四卷，人民出版社1996年版，第220—221页。

② 中共中央文献研究室编，金冲及主编：《毛泽东传（1893—1949）》，中央文献出版社1996年版，第789页。

③ 《毛泽东选集》第四卷，人民出版社1991年版，第1215页。

④ 中共中央党史和文献研究院编：《刘少奇年谱 第二卷》（增订本），中央文献出版社2018年版，第234页。

什么了。"毛泽东在修改时特地加写了这样一段话："过去的二十年是中国人民伟大斗争的二十年。这个斗争快要结束了，这就是蒋介石反动统治的灭亡。因为蒋介石要灭亡中国人民，因此中国人民必然团结起来灭亡蒋介石。"① 这是抗日战争胜利之后，中共中央第一次公开号召灭亡蒋介石反动统治。

1947 年 3 月，全面进攻遭到失败的国民党军队，集中进攻解放区总兵力的 43%，即 94 个旅，改向陕北和山东两个解放区发动重点进攻。陕北是中共中央所在地，山东是连接华北与东北的枢纽，战略地位都很重要。

陕北地广人稀、物产不丰，虽为中共中央机关驻地，但兵力实在不多，此时西北人民解放军的野战军和地方军加在一起，也不过 4 万余人，而进攻陕北的国民党军多达 25 万之众，但共产党在这里有很好的群众基础。中共中央主动放弃了

★ 中央领导人在西柏坡的办公处所俯瞰。1948 年 5 月，中共中央和人民解放军总部由陕北迁到河北平山西柏坡村

① 中共中央文献研究室编：《毛泽东年谱（1893—1949）》（修订本）下卷，中央文献出版社 2013 年版，第 181 页。

曾经生活战斗10年的延安，决定以刘少奇、朱德等组成中央工作委员会，前往华北开展工作，毛泽东、周恩来、任弼时等继续留在陕北指挥全国战场的作战。不久，又决定由叶剑英、杨尚昆率中央机关的大部分工作人员转移到晋西北，组成以叶剑英为书记的中央后方委员会，统筹后方工作。毛泽东和中共中央坚持转战陕北，给陕北军民以很大的信心。西北野战军在彭德怀的指挥下，采取"蘑菇战术"，取得了青化砭、羊马河、蟠龙镇、沙家店等战役的胜利。到1947年8月，国民党军队对陕北的重点进攻也被粉碎了。

　　山东战场上，华东野战军约有30万人，但进攻山东解放区的国民党军多达24个整编师60个旅45万之众，包括有号称国民党"五大主力"的整编第74师、整编第11师和第5军。这几支部队虽然从人数上与华东野战军的一个纵队差不多，但武器装备好，在抗日战争时期多次参加与日军的会战，显示了较强的战斗力，全面内战后解放军曾与之交手互有胜负，特别是其中的整编第74师，曾侵占了苏皖解放区首府淮阴和战略要地涟水，气焰嚣张，十分骄横。蒋介石用兵山东

★ 孟良崮战役中解放军缴获的榴弹炮等武器

的企图是先占领胶东，以切断山东与东北两解放区间的联系，然后集中全力攻占沂蒙山区，即便不能消灭华东野战军主力，也要迫使其转移到黄河以北，压缩其生存空间。1947年5月，华东野战军利用整编第74师孤军冒进到蒙阴的孟良崮地区之机，集中优势兵力将其包围分割，经过激战全歼该师3万余人，给国民党军以沉重打击。这一战标志着国民党军对山东解放区的重点进攻被打破。

与此同时，其他战场上人民解放军也取得一系列胜利。这年3月至5月，晋冀鲁豫野战军发动豫北攻势和晋南攻势，歼灭国民党军5万余人，收复或解放豫北和晋南大片地区。4月至6月，晋察冀野战军发动正太战役、青（县）沧（县）保（定）北战役，共歼敌5万余人，打通了晋察冀和晋冀鲁豫两大解放区的联系，扭转了张家口失守后的被动局面。同年5月至6月，东北民主联军发动夏季攻势，歼敌8万余人，收复城镇36座，扩大解放区16万平方公里，迫使敌人收缩于中长铁路和北宁铁路沿线狭长地带，从而使北满、西满、东满和南满各根据地联结起来，打破了东北民主联军一度被分为北满和南满两个集团分开作战的局面，有利于兵力的集中与机动作战。在国民党统治区，党组织也领导开展广泛的农村游击战争。

从1946年7月至1947年6月，人民解放军在一年度的作战中，共歼灭国民党正规军97.5个旅（内含46个整旅）78万人，平均每个月8个旅，连同非正规军34万人在内，共歼敌112万人。国民党军虽然不断补充，但其总兵力仍由战争开始时的430万人下降到373万人，其正规军虽然保留248个旅（师）的番号，但兵力已从200万人下降到150万人。人民解放军总兵力则由127万人发展到195万余人，其中野战军由61万人发展到超过100万人。

为了赢得人民解放战争的胜利，必须动员广大农民积极参军参战，这就要求解决农民的土地问题。

全面内战爆发前夕，中共中央敏锐地预感到内战不可避免，而能否取得战争的胜利，关键取决于解放区人民特别是其主体农民的支持。因此中共中央于1946年5月4日正式发出了《关于土地问题的指示》，即五四指示，将减租减息政策转变为实行耕者有其田政策，由此各解放区开启了轰轰烈烈的土地改革运动。1947年7月至9月，中央工委在河北平山县的西柏坡召开全国土地会议，通过了《中国土地法大纲》。10月10日，中共中央正式

★《关于土地问题的指示》(部分)

公布了《中国土地法大纲》，明确宣布废除封建性及半封建性的土地制度，实行耕者有其田的制度。土地改革运动虽然曾在一个时期一些地方发生过"左"的偏差，但很快就被发现并纠正。通过土地改革，不但在解放区消灭了封建剥削制度，使广大无地少地农民得到了土地和其他生产、生活资料，更重要的是提高了解放区农民的觉悟程度和组织程度，使参军参战与保卫土地改革胜利果实有机结合起来，也从而激发了农民的参军参战热情，使人民解放战争赢得了可靠的群众基础和物质基础。

国民党不但在战场上损兵折将，而且政治上更加腐败，经济上物价飞涨，因其进一步投靠美国，出卖国家权益，引起了国统区人民的严重不满。1946年12月起，国统区掀起了以爱国学生为主体的抗议美军暴行运动、"反饥饿、反内战、反迫害"运动，形成了配合人民解放战争的第二条战线。

解放战争的第一年，战争主要是在解放区进行的。内线作战自然也有诸多便

★ 晋察冀解放区的农民热烈拥护中国共产党的土地政策

利条件，如熟悉地理民情，能得到解放区政府和人民有效的后勤保障，等等。但是，内线作战使敌我双方几百万军队汇集在解放区境内，而战争是大量人力物力的消耗，不但人民解放军的战勤保障需要解放区人民负担，而且国民党军出于摧毁解放区的目的，进入解放区以后大肆拉夫抢粮，如果长此以往，将会耗尽解放区的人力物力资源。针对这种情况，在打破国民党军的重点进攻后，中共中央及时作出了由战略防御转入战略进攻的重大决策，决定将战场引向国民党统治区。

1947年6月30日，按照中共中央的战略部署，刘伯承、邓小平率领的晋冀鲁豫野战军主力12万人，一举突破黄河天险，千里跃进大别山，揭开了战略进攻的序幕。到这年11月下旬，在大别山地区建立了33个县的民主政权，初步完成了在大别山地区的战略展开。8月22日，陈赓、谢富治率领的晋冀鲁豫野战军一部8万余人，在晋豫交界处渡过黄河，挺进豫西，到11月底，建立了39个县的民主政权。9月下旬，陈毅、粟裕率领的华东野战军主力越过陇海路，进入豫皖苏平原，进行外线作战。12月30日，这三路大军各一部在河南确山实现会师。鄂豫皖、豫皖苏、豫鄂陕三块解放区联成一片。

与此同时，其他战场的人民解放军也转入了战略进攻。西北野战军开辟了黄龙新区，华东野战军山东兵团收复了胶东大片地区，东北民主联军通过发动秋季攻势将敌人压缩到仅占东北面积14%的34座城市及附近地区，晋察冀野战军取得了清风店、石家庄等战役的胜利，使晋察冀和晋冀鲁豫两大解放区连成一片。

解放战争第二年，战争形势日益朝着有利于中国共产党的方向发展。在这种情况下，毛泽东以其战略家的眼光开始预计战争的进程，并首次作出了五年解决国共战争问题的估计。1947年7月21日至23日，中共中央在陕北靖边县的小河村召开扩大会议，毛泽东在分析形势时提出："对蒋介石的斗争计划用五年的时间来解决，现在不公开讲出来，还是要准备长期斗争，五年到十年甚至十五年，而不要像蒋介石那样，先说几个月消灭共产党，后来又说还要几个月，到现在又说战争才开始。"[①] 这是中共领导人第一次明确提出用五年或者更长的时间打倒蒋介石。

同年9月11日，新华社发表社论《人民解放军大举反攻》，公开提出"打倒蒋介石"的口号。社论指出："打倒蒋介石才有和平，打倒蒋介石才有饭吃，打倒蒋介石才有民主，打倒蒋介石才有独立，已经是中国人民的常识了。""再打一年、两年，蒋介石匪帮就离全军覆灭不远了。"[②]

同年9月28日，周恩来在给中共中央直属单位干部、战士所作的关于时局问题的报告中，对为什么此前不提"打倒蒋介石"，而此时提出这样的口号作了解

---

① 中共中央文献研究室编：《毛泽东文集》第四卷，人民出版社1996年版，第267页。
② 《人民解放军大举反攻》，《人民日报》1947年9月14日。

释。他说:"在去年七月就提出打倒蒋介石,行不行? 还不行。当时提的口号是武装自卫,还不能公开提出打倒蒋介石的口号,因为当时主客观条件还不具备。蒋介石号称四百万军队,这么多部队,一下子不容易打倒。""大打起来后,在人民中,民族资产阶级、小资产阶级,以及其他一部分中间分子,不是都与我们的想法相同,还有很多人以为是谁也消灭不了谁。如果我们那时就提出打倒蒋介石,他们会不相信,不接受。同时,去年蒋介石刚开始大打,我们如提出'打倒蒋介石',他就会反过来说共产党要打他,进攻他。如果我们把自卫口号变成进攻口号,那末就成为国共两方面都要进攻,就抵销了。我们说自卫,就是抵制他的进攻。"

报告中,周恩来进一步指出:"一年自卫战争的结果,就是蒋介石的军队承认不能消灭我们,而且他们是要失败的。在人民中,去年下半年还有许多人不相信蒋必败、我必胜,但自今年山东等地胜利以后就相信了。这是一个发展,这个发展很快,仅仅一年,变化就这样大。因此,经过一年战斗取得的胜利,我们有根据有把握地在'七七'口号中提出,要坚决彻底干净全部地消灭一切蒋介石进犯军。九月又提出大反攻,提出打倒蒋介石的口号,对这个口号,人民已经能够接受了。""一方面,我们已用事实证明给老百姓看,我们有力量打倒蒋介石;另一方面,老百姓也不要蒋介石,就连上层分子(除了少数反动集团外)、中产阶级也不想给蒋介石抬轿子了,也要推翻他了。所以,这个时候提出打倒蒋介石正合时宜。"[①] 周恩来强调:"我们打倒蒋介石是有把握的,第二年打出去,实行大反攻的决定是正确的。无论国内条件、国际条件,都是有根据的,是能够实现的。当然不是再打一年就能解决的,要到第三年,可能到第四年。""我们是从井冈山起来

---

① 《周恩来选集》上卷,人民出版社 1980 年版,第 273—276 页。

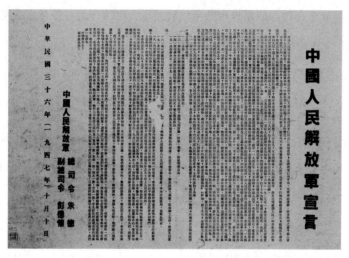

★ 1947 年 10 月 10 日，中国人民解放军发表宣言，提出"打倒蒋介石，解放全中国"的口号

的，现在要到处建立解放区，解放全中国，整个形势的发展趋势是定了的。"①

正是基于形势的变化，也基于鼓舞全国人民同国民党反动派斗争的信心，1947 年 10 月 10 日，即南京政府国庆日这一天，中共中央公布《中国人民解放军宣言》（即"双十宣言"），强调"整个敌我形势，和一年前比较，业已起了基本上的变化"，明确宣布："本军作战目的，迭经宣告中外，是为了中国人民与中华民族的解放。而在今天，则是实现全国人民的迫切要求，打倒内战祸首蒋介石，组织民主联合政府，借以达到解放人民与民族的总目标。"并且明确提出了"打倒蒋介石，解放全中国"的口号，公开号召："联合工农兵学商各被压迫阶级、各人民团体、各民主党派、各少数民族、各地华侨和其他爱国分子，组成民族统一战线，打倒蒋介石独裁政府，成立民主联合政府。"②正式向全国人民发出了建立排除国民党反动派在外的民主联合政府的号召。

① 《周恩来选集》上卷，人民出版社 1980 年版，第 281—282 页。
② 《毛泽东选集》第四卷，人民出版社 1991 年版，第 1256 页。

人民解放军在转入战略进攻的半年时间里，内线作战与外线作战互相配合，共歼灭国民党正规军 48.349 万人，非正规军 25.841 万人。半年内新解放区面积增加了 19 万余平方公里，连原有解放区面积，共 239 万余平方公里，新解放人口约 3700 万，连原有解放区人口，共 1.68 亿。到 1947 年底，战争已主要不在解放区境内进行，而是在国民党统治区进行了，成为真正的人民解放战争。长期以来，人民军队始终处于战略防御地位。土地革命战争时期，红军必须长期面对国民党军队的"进剿""会剿"和"围剿"，从总体态势上看，国民党军进攻红军与根据地，红军处于防御状态；抗日战争时期，八路军、新四军也是长期面对日伪军的包围、封锁与"扫荡"；解放战争初期，国民党军对解放区发动全面进攻，随后又改为重点进攻，人民解放军进行内线作战开展战略防御。从这时起，国民党军队被迫从战略进攻转变为战略防御，这是中国革命战争史一个前所未有的历史转折，也是中国革命的一个重大转变，标志着中国革命在全国的胜利已经为期不远了。

二、"不让敌人用缓兵之计"

国民党军攻占张家口时，蒋介石的反革命嚣张气焰达到了顶点，此时的蒋介石对用战争方式消灭共产党充满信心。他的这种信心似乎也有某些理由：如此时他的军队总量和正规军数量，都是人民解放军的三倍多，武器装备也要大大好于人民解放军，而且他的内战政策得到了美国政府或明或暗的支持；又如由于人民解放军采取不计较一时一地得失，而以消灭敌人有生力量为目标的作战方针，从而暂时放弃了一些重要城市，而蒋介石的战略方针就是尽可能多地占领城市和交通线，他的这个目标似乎得到了部分实现。正因为如此，他在与中共谈判时狮子大开口，提出了许多中共方面根本无法接受的条件，其目的无非是要把内战的责任转嫁到共产党头上，所以中共方面说他的和谈完全是欺骗，一点也不过分。

和其他独裁者一样，蒋介石总是高估自己的力量而低估正义的力量。抗战胜利后，共产党委曲求全，一再作出让步，以求得和平的实现，但他却一意孤行要发动内战，必然引起全国人民特别是解放区军民的反感，促使解放区内部进一步团结，以同仇敌忾开展自卫战争。战争开始之时，虽然解放区面积、人口都少于国民党统治区，解放军数量和装备也弱于国民党军，但解放区组织严密，具有强大的组织动员能力，共产党内部团结统一，各个战略区之间互相配合支持。同时，经过一年多的国共谈判，虽然没有达到阻止蒋介石发动内战的目的，但提高了全国人民的觉悟，也以事实教育了一部分曾对蒋介石心存幻想的中间派人士，扩大了反蒋的人民民主统一战线。

全面内战爆发后一段时间，国民党军虽然占领了部分解放区部分城镇，但没有达到挫伤解放军有生力量的目的，人民解放军的兵力不但没有减少反而逐渐增加。战争的不断胜利也极大地改善了解放军的武器装备，各个野战军都相继建立了一定数量的以炮兵为主的特种兵部队，已经能够进行攻坚作战，解放国民党军坚固设防的城市。

随着进攻解放区的国民党军被歼灭，不但敌人的力量被大大地削弱，人民解放军也得到壮大。在战争中，国民党军队被消灭者中，属于毙伤者是少数，大量的是被俘人员。在解放战争的头两年中，人民解放军共歼灭国民党正规军 171.605万人，非正规军 92.535 万人，总计 264.140 万人。在被消灭的国民党军中，毙伤的占 35.5%，被俘的占 62.6%。[①] 比例如此高的官兵在战场上放下武器，本身就

① 《总部发表解放战争第二年总结 歼敌一百五十二万 毙俘敌将级军官一百七十四名》,《人民日报》1948 年 8 月 1 日。

说明国民党蒋介石发动战争不得人心。国民党军队的被俘的人员中，有相当数量经过教育后参加了人民解放军，成为解放战士。在西北野战军，"惟部队补入俘虏有些已超过百分之八十，有些百分之六十，平均当在百分之七十左右"[①]；在华东野战军，解放战士"与自愿参军相等或越过，野战军俘虏兵比例百分之四十到八十"[②]。正如毛泽东所说："我们的俘虏政策完全成功。对放下武器的国民党士兵，一个不杀，其中大部分可以参加我们的部队，五分之一至四分之一的国民党军官，经过改造可以为我们所用。"[③]1949年7月7日，周恩来在中华全国文学艺术工作者代表大会的政治报告中说，解放战争三年中，"在敌人所损失的五百六十九万人当中，被我们俘虏的人数达到百分之七十，即四百一十五万，而俘虏中又有二百八十万变成了解放军"。[④]国民党的军队客观上成了解放军的士兵训练所。人民解放军的武装装备大都是战争缴获，兵源到了战争中后期又主要来自俘虏兵，蒋介石也就被人们称为"运输大队长"。

全面内战爆发之时，蒋介石指挥的国民党军虽然兵力比人民解放军多，装备比人民解放军好，占领的地域比解放区广，但是，蒋介石有许多其自身无法克服的弱点。

比如，发动这场战争的非正义性。经过长期战争的人们渴望和平不希望战争，而蒋介石一意孤行非打内战不可，这就在全国人民面前输了理，注定了他的这场战争得不到人民的支持。与解放区农民主动踊跃参军参战（仅1946年8月至

---

① 第一野战军战史编审委员会：《中国人民解放军第一野战军文献选编》第1册，解放军出版社2000年版，第576页。

② 中国人民解放军政治学院政治工作教研室编：《军队政治工作历史资料》第11册，战士出版社1982年版，第11—12页。

③ 中共中央文献研究室编：《毛泽东文集》第五卷，人民出版社1996年版，第23页。

④ 《周恩来选集》上卷，人民出版社1980年版，第346—347页。

★ "敌人在哪里进攻，我们就在哪里消灭他们。"解放军战士宣誓保卫解放区

10月的三个月中，各解放区就动员了30万翻身农民参军[①]，三年解放战争中山东解放区有96万人参军[②]，东北解放区参军者60万人，华北各解放区参军者近百万人，仅在1947年底晋冀鲁豫解放区参军运动中，报名者达30余万人，批准者为16万人[③]）形成鲜明对照的是，国民党军的征兵只能通过抓壮丁这种极其野蛮愚蠢的方式，用这样的方式征收来的士兵其志气可想而知。

当年蒋介石、汪精卫背叛革命后，国民党从各个革命阶级的联盟，演变成地

① 中共中央党史研究室：《中国共产党历史·第一卷（1921—1949）》下册，中共党史出版社2011年版，第736页。
② 汪朝光：《中国命运的决战（1945—1949）》，中国社会科学院近代史研究所编，张海鹏主编：《中国近代通史》第十卷，江苏人民出版社2009年版，第351页。
③ 林桶法等：《国共内战》，张宪文、张玉法主编：《中华民国专题史》第十六卷，南京大学出版社2015年版，第250页。

主买办资产阶级的政党，其阶级属性决定了其必须要维护占农村人口很少的地主阶级的利益，因而不可能解决农民的土地问题，甚至连孙中山先生一再倡导的"二五减租"都做不到。农民受到地主的剥削普遍贫穷，从他们身上除抓壮丁补充兵员外，难以获得战争所需要的物质资源。而战争需要消耗大量的人力物力，为了解决战争所带来的财政负担，国民党政府除了滥发纸币造成通货膨胀外，只能加大对民族资本家和土地所有者（主要是地主富农）的税收，这不但引起民族资产阶级的反感，甚至有些地主富农也为此不满。

蒋介石发动内战的根本目的，是为了维护国民党的一党专政和他的个人独裁，这就把个人私利置于国家民族利益之上。抗战胜利后，国共谈判的焦点，在于政治民主化和军队国家化。蒋介石为达到取消共产党领导的武装的目的，坚持必须先军队国家化才能政治民主化。问题是，没有政治民主化，不改变国民党的一党专政和蒋介石的个人独裁，军队将等同于蒋介石的私人武装，将会被用于镇压人民。在第一次国共合作的大革命时期，由于中国共产党尚未意识到掌握革命武装的极端重要性，结果蒋介石利用军队分共反共；由于没有掌握能够与蒋介石抗衡的革命武装，共产党人在蒋介石的屠杀政策面前，几乎处于束手无策的状态。残酷的现实教育了中国共产党，全党于是明白了"枪杆子里面出政权"的道理。

所谓军队国家化，只不过是蒋介石反对政治民主化的借口。共产党已经有了二十余年与蒋介石打交道的经历，已经非常了解蒋介石的为人和政治品性，蒋介石其实也清楚武装对于共产党的重要性。本来，中国共产党曾提出了建立联合政府这个合情合理的主张，联合政府并不是推翻原来的政府，只是对一党专政的否定，因而得到了广大中间党派的拥护，但蒋介石却始终拒绝接受联合政府的主张，他的全面内战则是对联合政府主张的彻底否定。这也使广大的中间党派充分认识到蒋介石的本性，这也是民盟等中间党派拒绝参加他的伪国大，而愿意与共产党共进退的原因。因此，蒋介石的内战政策使自己陷入了空前的孤立，而极大地扩大了中国共产党的人民民主统一战线。

抢占地盘、挤压共产党的活动区域，夺取中共已经控制的中小城市，并打通城市之间的交通线，是全面内战爆发后蒋介石的首要战略目标。因此，在战争之初，他常常以占领某城某地、打通某条交通线而得意忘形。如何打破敌人的进攻，毛泽东制定的战略方针是不计较一城一地得失，而以歼灭敌人有生力量为目标。他一再强调，"一城一地之暂时得失是不足为怪的"，"不拘于一城一地之得失"，"我损失若干地方是不可免的"。一再反复告诫前方指挥员："一城一地之得失无关大局，主要任务是歼灭敌人有生力量。"他指出："我军打仗，不在一城一地的得失，而在于消灭敌人的有生力量。存人失地，人地皆存；存地失人，人地皆失。"[①] 中共各级将领也深谙其核心要义。刘伯承说："战争的胜负，决定于主力之保存或丧失，存人失地，地仍可得；存地失人，必将人地皆失。"[②] 其结果是，蒋介石虽然占领了部分解放区城镇，但每占一处都必须分兵把守，造成兵力分散，反而给解放军以各个击破的机会。因此，到国共关系完全破裂之时，国民党军对解放区的全面进攻被迫停止，只得改向陕北和山东两个解放区发起重点进攻，其余战场则由攻势转为守势。

从1947年7月起，以晋冀鲁豫野战军主力（即刘邓大军）千里跃进大别山为标志，人民解放军由战略防御转入战略进攻，战场由解放区转入国民党统治区，战争形势越来越对国民党不利，虽然国民党军与解放军相比兵力上还占优势，但蒋介石的败局已现。在这种情况之下，国民党内部开始出现一股主和的声音。这

---

① 中共中央文献研究室编：《毛泽东年谱（1893—1949）》（修订本）下卷，中央文献出版社2013年版，第176页。

② 《刘伯承军事文选》，解放军出版社1992年版，第358页。

年9月初，国民党政府经济委员会委员刘航琛，在时任广东省政府主席宋子文的支持下，到香港找李济深，提出组织和平统一大同盟，其方案是：

甲、喊破喉咙，叫不回黩武者的人心。为国家与个人生存，必须做骄傲而自负的中间分子。蒋介石以敲诈起家，始终丢不了这看家本领，庆父不除，鲁难未已，只好请蒋暂避，使蒋走路，只有两法：一是经济崩溃，但时间太缓；一是政治分裂。为着减少牺牲，只好循着这个方向。固然反对南北朝，但可来一个鼎足之势，形成三国竞争手段，好达到统一。

乙、和平统一大同盟团结的方法，以精神及形状二种出现；前者接受领导，相机行动者；后者态度鲜明，公开参加工作，不畏强暴。它不是政党而是超党派的，团体及个人均可做盟友。高举和平统一大旗（先和平统一），救国家人民。

丙、设总盟于南京。于华南、华中、华西、华北、东北设总支部，于广州、上海、重庆、北平、长春设×××，于新加坡设华侨总支部。在得南京方面许可下，先行取英苏谅解，设总支部于香港、大连。

丁、与粤、桂拉拢川、滇、黔、康六省军政长官及民间领袖协议，获得一致联合后公开发动，组织不合作示范运动，以保证安民、求生、自卫为口号，不许客军过境，拒绝征兵征粮，并不纳苛捐杂税，以停止内战为条件。

刘航琛提出的具体方案是：蒋介石以元首身份出国，试以半年为期；由孙科代理国民政府主席；国共双方停战，听候处理；释放张学良，请冯玉祥（此时在美国）、何应钦（时任联合国军事参谋委员会中国政府代表）返回国内共商国是；由南京政府下令：（一）责备自己，与民更始，（二）国共两军休战，（三）筹开和平会议；孙科代理国民政府主席时期，一切保持现状，和平会议结果，由孙实施；在上述方案的实施有了一定的头绪之后，"请蒋归国，垂拱高位"。

刘的方案还提出，筹备和平统一会议，由南京政府聘请李济深为筹备委员会主任，张学良、毛泽东为副主任，何应钦、冯玉祥、白崇禧、龙云、宋庆龄、陈济棠及中共将领2人、超然人士4人为筹委。筹备委员会的任务是：（一）国共问题初步协议；（二）筹备正式会议，决定委员名单，由南京政府委任，其委员额分配为国民党15人，共产党15人，超然人士32人（每省1人，余遴选）。和平统一会议的议题为：（一）建立联合政府问题；（二）国共两军缩编问题；（三）国民大会问题；（四）外交问题；（五）经济问题；（六）罢免陈诚、张群、陈立夫，但不牵连、不清算、不惩处。

刘航琛提出这个方案的时候，虽然人民解放军的战略进攻才刚刚展开，国民党军队的总兵力还超过人民解放军，长期以来，中国共产党领导的武装力量始终处于敌人分割、包围状态，反动力量对革命根据地进行军事"进剿""围剿"和进攻。但随着战略进攻的展开，战场已从解放区转向了国民党统治区，从而从根本上改变了敌攻我守的格局，成为我攻敌守，预示中国革命战争新阶段的到来，说明中国共产党已经完全有能力通过人民解放战争的方式，推翻国民党的反动统治，打倒蒋介石。同时，经过抗战胜利后一年多的国共谈判，虽然中共在作了重大让步的情况下仍没有实现和平的目的，但谈判这个过程给了人民以深刻的教育，使社会各阶层对蒋介石的假和平、真内战的面貌有了真切的认识，明确了战争的责任问题。

10月10日，在辛亥革命36周年之际，新华社发布毛泽东起草的《中国人民解放军宣言》，第一次提出了"中国人民解放军"的全称，第一次明确提出了"打倒蒋介石，解放全中国"的口号，并且宣布了中国人民解放军也就是中国共产党的八项政策：

（一）联合工农兵学商各被压迫阶级、各人民团体、各民主党派、各少数民族、各地华侨及其他爱国分子，组成民族统一战线，打倒蒋介石独裁政府，成立民主联合政府。

（二）逮捕、审判与惩办以蒋介石为首的内战罪犯。

（三）废除蒋介石统治的独裁制度，实行人民民主制度，保障人民言论、出版、集会、结社等项自由。

（四）废除蒋介石统治的腐败制度，肃清贪官污吏，建立廉洁政治。

（五）没收蒋介石、宋子文、孔祥熙及陈立夫兄弟等四大家族及其他首要战犯的财产，没收官僚资本，发展民族工商业，改善职工生活，救济灾民贫民。

（六）废除封建剥削制度，实行"耕者有其田"的制度，乡村田地，由乡村人民按照人口及田地之数量质量，平均分配使用，并归其所有。

（七）承认中国境内各少数民族有平等自治及自由加入中国联邦的权利。

（八）否认蒋介石独裁政府的一切卖国外交，废除一切卖国条约，否认内战期间蒋介石所借的一切外债，要求美国政府撤退其威胁中国独立的驻华军队，反对任何外国帮助蒋介石打内战和使日本侵略势力复兴，和外国订立平等互惠通商友好条约，联合世界上一切以平等待我之民族共同奋斗。①

---

① 《中国人民解放军宣言　总部于辛亥革命三十六周年纪念日发出》，《人民日报》1947年10月10日。

这个宣言明确了中国共产党的各项政策，表明了革命到底的决心，也可以说是对刘航琛等的和平统一大同盟方案的公开回应。

基于"打倒蒋介石是有把握的"这种自信，中共领导人认为不必为来自国民党方面的各式各样的假和平所迷惑。10月27日，中共中央向各中央局、分局和各野战军前委发出周恩来起草、经毛泽东修改的《中央关于将革命战争进行到底反对刘航琛一类反动计划的指示》。中共中央认为，蒋介石集团的覆灭过程有三种可能：一种是中国人民解放军与全国人民将蒋介石集团的统治不经曲折地一直打垮，反动武装完全消灭。另一种是反动统治内部在中途举行政变，并在美国赞助下，送蒋出国，找出孙科、冯玉祥、何应钦、陈济棠、龙云、宋子文、邵力子、张治中这类人主持停战议和，想以缓兵之计维持已濒崩溃的统治局面，或维持一个偏安局面，待机再起。再一种是在蒋介石反动统治大崩溃的时候，凡人民解放军所未及到达的地方及各大城市中，将有各种形式的反蒋运动发生，其中包括很多伪装分子，乘机窃利，并和共产党争夺革命领导权。中共中央认为，在这三种形式面前，必须坚持第一种形式，把中国革命战争进行到底，警戒和揭穿第二种形式的阴谋，预防第三种形式会在时机成熟时突然出现，并要预见到二、三两种形式会在某种时机交错地出现。

中共中央在指示中强调：现在虽还没到蒋介石统治大崩溃的时候，但大地主大资产阶级甚至连蒋介石集团自己及其美国主子以及一般中产阶级，都在为自己的前途作打算。刘航琛组织和平统一大同盟的方案，完全是在美帝蒋宋指使下来作缓兵计的阴谋。请蒋暂避，保持现状，维护正统，缩编共军，既不清算，又不惩处，成则可造成拉拢一切对蒋不满的地方势力及中间党派来与我们对立，迷惑人民，孤立我党，待机反攻；不成则退保粤、桂、川、滇、黔、康，在自卫口号下不许我军入境，表面上造成鼎足之势，实际上是为蒋介石反动统治制造缓冲地区和后备力量。这是一箭双雕办法，不但何应钦、白崇禧这类人可以伪装反蒋，就连宋子文、张群、张治中、朱家骅这类嫡系都可出头反蒋，其目的就在混入反蒋阵线，组织拥蒋力量。我们对于这类阴谋只有揭露反对，借以测验反蒋派别及人物的真伪，唤起人民大众更进一层的觉悟，决无利用拉拢之理。①

11月9日，《人民日报》发表新华社社论《星星之火，可以燎原》。其中，毛泽东为之加写了这样一段文字："中国人民现在正在进行伟大的革命战争，其目的是打倒美国帝国主义及其走狗蒋介石在中国的统治。这个战争业已取得伟大的胜利，必将继续胜利，直到打倒一切敌人，建立一个崭新的中国。"②郑重宣告决心把战争进行到底，决不中途妥协。

1947年12月25日至28日，中共中央在陕北米脂县杨家沟召开会议，研究1948年的形势与任务，史称十二月会议或杨家沟会议。毛泽东在向会议提交的书面报告《目前形势和我们的任务》中提出："中国人民的革命战争，现在已经达到

★《目前形势和我们的任务》报告

① 中央档案馆编：《中共中央文件选集》第16册，中共中央党校出版社1992年版，第574—575页。
② 中共中央文献研究室编：《毛泽东文集》第四卷，人民出版社1996年版，第316页。

★ 陕北米脂县杨家沟1947年12月中共中央会议（即十二月会议）会址

了一个转折点。""这是一个历史的转折点。这是蒋介石的二十年反革命统治由发展到消灭的转折点。这是一百多年以来帝国主义在中国的统治由发展到消灭的转折点。"①

在十二月会议的讲话中，毛泽东指出："国内形势现在已经发生了根本性的变化。在政治方面，国民党区域人心动向变了，蒋介石被孤立起来，广大人民群众站到了我们方面。孤立蒋介石的问题，过去在长时期内没有得到解决。土地革命战争时期，我们比较孤立。进入抗战时期，蒋介石逐渐失掉人心，我们逐渐得到人心，但问题仍没有根本解决。直到抗战胜利以后这一两年来，才解决了这个问题。在军事方面，蒋介石已经转入防御，我们转入进攻。"②

① 《毛泽东选集》第四卷，人民出版社1991年版，第1243—1244页。

② 中共中央文献研究室编：《毛泽东文集》第四卷，人民出版社1996年版，第328页。

毛泽东进一步强调：中国革命已经进入高潮，将来还会更加高涨。革命高潮主要表现为军事的胜利。"战争的时间还要准备四五年，也可能还要长一些。战争需要不断地进行，不让蒋介石得到休息、整训和补充的时间，但这一点不能说死，也可能有一年半年的间断，例如蒋介石下台，推出别人出面讲和，那时的和战问题就要根据大城市和南方的群众觉悟程度来决定。所以我们要争取战争不间断地进行下去，现在就要着手做揭露国民党假和谈的工作。"[1]

这次会议做出了一系列的决议，其中明确提出："反动势力对于人民民主势力的原则是能够消灭者一定消灭之，暂时不能消灭者准备将来消灭之。针对这种情况，人民民主势力对于反动势力亦应采取同样的原则。""中国人民革命战争应该力争不间断地发展到完全胜利，应该不让敌人用缓兵之计（和谈）获得休整时间。然后再来打人民。"[2]

在此之前，中共中央曾通知华东野战军司令员兼政治委员陈毅来杨家沟参加十二月会议，可是由于路途遥远，等到陈毅到达之时，会议已经结束，毛泽东安排他阅看会议文件和记录。陈毅在杨家沟停留了二十多天的时间，毛泽东多次与他谈话。毛泽东指出：自日本投降后，特别 1947 年这一年发生了根本变化，可以说是一个伟大的事变。敌我双方的形势都有了根本的改变。政治方面，人心动向完全改变，人心向我，把希望寄托在共产党身上，对蒋介石深恶痛绝。孤立蒋介石是长期的斗争，也是长期没有解决的问题，现在解决了。内战时期这个问题没有解决。那时我们孤立，我们只有苏区工农群众，其他阶层都脱离了，而蒋介石的基础较大。抗日时期我们竭力解决这个问题，情况有所改变，我们的朋友多了。因为我们采取了适当政策，如坚决打日本，拿住了抗日旗帜，减租减息，改善了

① 中共中央文献研究室编：《毛泽东文集》第四卷，人民出版社 1996 年版，第 329—330 页。

② 中央档案馆等编：《中共中央在西柏坡》，海天出版社 1998 年版，第 279 页。

★ 1947 年十二月会议时毛泽东等在杨家沟的合影

与地主的关系，发扬了民主，争取了资产阶级及其各党派。蒋介石的主要错误，是消极抗战，坐山观虎斗，他失去了民族领袖的地位。其次是垄断经济，政治上搞特务，实行一党专政，这三条使他送掉了国民党的江山。现在，人心向我，解决了孤立蒋介石的问题，这主要是由于我们的政策适当。这是 1947 年发生根本变化的政治原因。

毛泽东又说，军事上，1947 年 7 月人民解放军转入进攻以来，蒋介石转入防御地位，于是军事上完全改观。二十年来我们长期处于防御、被"围剿"的地位，没有进攻敌人。1947 年 7 月，我们历史上第一次转入进攻。不要说"反攻"，反攻是带着防御的意味，不能完全概括这一形势的内容。战争初期是自卫性质，我们那时的方针是迟滞内战；现在是要消灭蒋介石，已不是自卫性质。自从蒋介石召开伪国大，制定伪宪法，人心愈失。同时全国举行革命进攻（不是自卫防御），把蒋介石的进攻打垮，造成大革命，叫"进攻"更适合。蒋介石要返回过去的形势，已是不可能，"黄鹤一去不复返"。今天是我们如何转入江南、四川、两广的问题。

毛泽东还对陈毅说，1948年蒋介石将更加困难。1948年再搞一年，可以有根据地说，更大的胜利一定要来的。战争不应使其间断，要一直进行到底，不使敌人有休息机会。如蒋介石见大势已去，说要下野，金蝉脱壳，移花接木，想借此得到休息的机会，以图卷土重来，预见到这种情况，宣传上要予以揭露，要向群众说清楚，不是消灭蒋介石个人，而是要消灭蒋介石集团及其阶级。帝国主义国家对革命国家一定要干涉，干涉方式多种多样，出兵参战亦可打退。我们不去挑战，只应战。美国人还有几年凶的，你若被他吓倒，就上了他的当。吓不倒也就算了。以前只能讲"有利于我"，现在可以讲"胜利到手"。在日本投降时，我们还是一则以喜，一则以惧。喜的是日本投降了，惧的是优势问题未解决，东西得的少，蒋介石强大，严重的内战临在头上，成败两个可能还在斗争。现在好了，我们的优势已经确定了，这不是估计，而是事实。①

此时，中共中央在和谈的问题上态度很明确：既然蒋介石那么迷信战争能够解决国共问题，并且不顾人民的反对悍然发动内战，中国共产党只得以革命战争应对反革命战争，而解放战争一年多的情况表明，是完全可以打倒蒋介石、赢得这场战争的。因此，在这样的情况下，决不能让敌人将所谓和谈再作缓兵之计。

1948年3月20日，毛泽东在《关于情况的通报》中又指出："今后我军占地日广，国民党军兵源粮源日益缩小，估计再打一个整年，即至明年春季的时候，敌我两军在数量上可能达到大体上平衡的程度。我们的方针是稳扎稳打，不求速效，只求平均每个月消灭国民党正规军八个旅左右，每年消灭敌军约一百个旅左

---

① 中共中央文献研究室编：《毛泽东年谱（1893—1949）》（修订本）下卷，中央文献出版社2013年版，第274—275页。

右。事实上，从去年秋季以后，超过了这个数目；今后可能有更大的超过。五年左右（一九四六年七月算起）消灭国民党全军的可能性是存在的。"①首次向党内公布了五年打倒国民党的时间表。通报进一步提出："本年内，我们不准备成立中央人民政府，因为时机还未成熟。在本年蒋介石的伪国大开会选举蒋介石当了总统，他的威信更加破产之后，在我们取得更大胜利，扩大更多地方，并且最好在取得一二个头等大城市之后，在东北、华北、山东、苏北、河南、湖北、安徽等区连成一片之后，便有完全的必要成立中央人民政府。其时机大约在一九四九年。"②新中国成立的时间有了明确的时间进度。

★ 延安人民欢迎自己的子弟兵。1948 年 2 月 28 日至 3 月 3 日，西北野战军发起宜川战役，歼灭国民党军 2.9 万余人，取得了转入外线作战后的第一个大胜利。4 月 22 日，西北野战军收复被国民党军侵占一年一个月零三天的延安

①② 《毛泽东选集》第四卷，人民出版社 1991 年版，第 1302—1303 页、第 1299 页。

1948 年上半年，人民解放军的战略进攻继续发展。在东北，1947 年 12 月 15 日至 1948 年 3 月 15 日，东北野战军（1948 年 1 月，东北民主联军改称东北人民解放军，分为东北军区和东北野战军）进行为期 90 天的冬季攻势作战，歼灭国民党军 15.6 万余人，将国民党军压缩于长春、沈阳、锦州等几处互相不能联系的孤立地区内，东北解放区的面积扩大到全东北的 97%，解放区人口占东北总人口的 86%。

在西北，西北野战军于 1948 年 2 月发动宜川战役，歼灭国民党军 1 个整编军部、2 个整编师共 5 个旅 2.9 万余人，并于 4 月收复延安。此后，西北地区的主战场亦由解放区推向国民党统治区。

在华北，3 月 7 日至 5 月 17 日，晋冀鲁豫军区一部和晋绥军区一部发动临汾战役，歼敌 2.5 万余人，拔掉了晋南地区国民党的最后一个据点，晋南地区全部解放，晋冀鲁豫和晋绥两个解放区联成一片。4 月上旬，晋察冀野战军发动察南绥东战役，占领天镇、怀安等地。随后又发起冀热察战役，歼敌 2.4 万人。5 月，晋察冀和晋冀鲁豫两个解放区合并成华北解放区，随后，华北军区部队发动晋中战役，以 6 万人的兵力歼灭国民党军 10 万余人，解放了除太原外的晋中地区。

在山东，华东野战军山东兵团相继发动胶济路西段战役、胶济路中段战役和津浦铁路中段战役，分别歼敌 3.8 万人、4.6 万人和 6.3 万人，除济南、青岛等少数城市外的山东全境获得解放。

在中原，3 月 8 日，华东野战军和中原野战军发动洛阳战役，于 14 日攻占洛阳，全歼守敌 2 万余人。6 月 17 日，华东野战军和中原野战军发起豫东战役，第一阶段在开封地区歼灭国民党军约 4 万人，占领河南省会开封；6 月 27 日，战役进入第二阶段，历时 9 天，在睢（阳）杞（县）地区歼灭国民党军 5 万余人。豫东战役从根本上改变了中原地区的战略态势，打乱了国民党军在中原地区的防御体系，为尔后的济南战役和淮海战役创造了条件。同时，中原野战军发动襄樊战役，歼敌2万余人，严重威胁了国民党军的长江防线。

随着解放战争的节节胜利，打倒蒋介石、解放全中国的目标即将实现。中共中央开始考虑成立中国共产党领导的中央政府的问题。

1948年3月，刘少奇在中央工委会议上指出：目前的形势是准备和争取全国的胜利，不应只在口头上、思想上、精神上来准备，而且要在组织上、政策上、干部上、机构上、具体办法上来准备。①

4月25日，毛泽东致电刘少奇、朱德、周恩来、任弼时，提出召开的中央会议准备讨论的第一个问题，便是邀请港、沪、平、津等地各中间党派及民众团体的代表人物到解放区，商讨关于召开人民代表大会并成立临时中央政府。4月30日，中共中央书记处扩大会议讨论通过中共中央庆祝五一节口号，发出"各民主党派、各人民团体、各社会贤达迅速召开政治协商会议，讨论并实现召集人民代表大会，成立民主联合政府"的号召。

5月1日，毛泽东致信给当时任中国国民党革命委员会主席的李济深、中国民主同盟在香港主持民盟事务的中央常委沈钧儒："在目前形势下，召集人民代表大会，成立民主联合政府，加强各民主党派、各人民团体的相互合作，并拟订民主联合政府的施政纲领，业已成为必要，时机亦已成熟。""但欲实现这一步骤，必须先邀集各民主党派、各人民团体的代表开一个会议。在这个会议上，讨论并决定上述问题。此项会议似宜定名为政治协商会议。一切反美帝反蒋党的民主党派、人民团体，均可派代表参加。不属于各民主党派、各人民团体的反美帝反蒋党的某些社会贤达，亦可被邀参加此项会议。"②

---

① 中共中央文献研究室编：《刘少奇年谱（1898—1969）》下卷，中央文献出版社1996年版，第142页。

② 中共中央文献研究室编：《毛泽东文集》第五卷，人民出版社1996年版，第90页。

★ 1948 年 5 月 2 日，《人民日报》刊载纪念五一劳动节口号

随后，各民主党派和各阶层代表人士热烈响应，并先后通过各种渠道进入解放区，标志着中国共产党领导的人民民主统一战线空前扩大，为党领导的多党合作和政治协商制度的形成奠定了基础。

三、"将革命进行到底"

据人民解放军总部 1947 年 6 月 29 日发表的战绩总结公报，1946 年 7 月 1 日至 1947 年 6 月 30 日，人民解放军歼灭国民党军营以上正规军（以国民党军整编后的编制为准，未整编的军师作为整编师旅计算，包括炮兵团、工兵团等特种部队在内）共 9 个师部，46 个整旅，2 个旅部，110 个整团，166 个整营。除师部不计外，以 4 个营或 1 个旅部折合 1 个团，以 3 个团折合 1 个旅，则上述兵力等于 97 个半旅，或 292 个半团，连营以下被消灭的兵力计算在内，共俘敌正规军 46.3 万人，毙伤 31.2 万人，争取起义 0.5 万人，合计消灭国民党正规军 78 万人。另歼灭国民党营以上非正规军（1 个大队作为 1 个营计算，包括交通警察、伪军、地方保安部队等）114 个团，54 个营，1 个日军大队。以 4 个营折合 1 个团，则上述兵力等于 127 个团又 3 个营。连营或大队以下被消灭的兵力计算在内，共俘敌非正规军 21.4 万人，毙伤 11.4 万人，争取起义 1.2 万人。合计消灭敌非正规军 34 万人。这样，在 1946 年 7 月至 1947 年 6 月一年中，人民解放军共计俘敌 67.7 万人，毙伤敌 42.6 万人，争取起义 1.7 万人。合计消灭敌军 112 万人。[①]

1947 年 7 月 1 日至 1948 年 6 月 30 日，人民解放军又歼灭国民党军营以上正规军共 3 个军部（包括 1 个兵团部），20 个师部，49 个整旅，11 个旅部，77 个整团，170 个整营。除军部、师部外，以 4 个营或 1 个旅部折合 1 个团，3 个团折合 1 个旅，则上述兵力等于 92 个半旅或 277 个半团。连消灭营以下兵力计算在内，共俘国民党正规军 55.985 万人，毙伤 36.427 万人；另争取其起义 1 个整旅又两个整团及营以下部队共 1.193 万人，合计 93.605 万人。另外歼灭国民党军营以上非正规军（包括保安团队、交通警察、宪兵、补训师及地方骑兵部队等）共 17 个整旅，1 个旅部，128 个整团，169 个整营。连消灭营以下兵力计算在内，共俘敌非正规军 39.315 万人，毙伤 17.593 万人，争取起义 1 个整团及营以下部队共 1.627 万人，合计 58.535 万人。一年中解放军共俘敌军 95.3 万人，毙伤 54.02 万人，争取其起义 2.82 万人，总计 152.14 万人。[②]

这样，在解放战争的头两年中，共歼灭国民党正规军 171.605 万人，非正规军 92.535 万人，总计 264.14 万人。国民党军经过大量补充，虽然仍保持 365 万人左右的兵力，其中正规军 285 个旅（师）198 万人，但大多是被歼后重建或经过

① 《我军愈战愈强　一年歼敌百十二万　总部发表自卫战绩总结》,《人民日报》1947 年 7 月 31 日。
② 《总部发表解放战争第二年总结　歼敌一百五十二万　毙俘敌将级军官一百七十四名》,《人民日报》1948 年 8 月 1 日。

严重打击，士气低落，战斗力不强。用于战争第一线的国民党正规军为 249 个旅 170 万人，被人民解放军分别钳制在西北、中原、华东、华北、东北五大战场上，大部分只能担任战略要点和主要交通线的守备，或在附近地区作战役性的机动，已经没有多少战略机动兵力。国民党在后方仅有正规军 36 个旅（师）不到 30 万人，大部分是新组建的部队，战斗力不强，亦无法抽调到第一线机动作战。

人民解放军则越战越强。到 1948 年 6 月底，经过两年的作战，人民解放军的总兵力，已由原来的 127 万人发展到 280 万人，其中野战军 149 万人，同国民党军总兵力的对比，已从战争开始时的 1∶3.37，变为 1∶1.3，并且经过新式整风运动士气高涨；通过战场缴获，武器装备也得到极大改善，各野战军都建立了以炮兵为代表的强大的特种兵，已经解放了石家庄、临汾、四平等敌人坚固设防的城市，已经具备强大的攻坚作战能力；在过去的一年，收复和解放中小城市 164 座、土地 15.6 万平方公里、人口 3700 万，全国解放区的面积已达到 135.5 万平方公里，占全国面积的 24.5%；人口 1.68 亿，占全国人口的 37%，在广大的老区、半老区已经完成了土地改革。这些表明，人民解放军已经具备了与国民党军队进行大规模战略决战的能力。

1948 年 7 月 30 日，《人民日报》就豫东等战役的胜利发表社论《祝五路大捷》，其中写道："一年来我们攻克了石家庄、运城、临汾、宝鸡、潍县、兖州、洛阳、开封、襄阳、辽阳、鞍山、四平街（即四平，引者）等坚固的设防地带与设防城市。这就表现了人民解放军的战术，特别是攻坚战术，有了长足的进步。因此，已经没有什么国民党的设防城市打不开的了。""解放战争进入第三年的时候，敌人在黄河以北，除了平绥、平锦两条铁路及在这两条路上的城镇外，只有沈阳、长春、承德、保定、太原、安阳、新乡、焦作等稀稀落落的几个据点了。在这个广大而富庶的地区内，干净彻底全部消灭国民党匪军的日子，已经不远。

东北、华北、西北、华东四个大解放区之间完全打成一片的局面，将要实现了。黄河以南，人民解放军的力量一年来有很大的生长。山东和陕甘宁解放区超过了战前的规模；豫皖苏、豫西、陕南、桐柏、江汉、苏北、苏中各解放区都在发展或恢复之中；江淮军区已经建立，大别山游击战争正在坚持。中原战场上的形势，早已不利于蒋介石了。"① 胜利者的喜悦之情跃然纸上。

同一天，新华社发表社论《人民解放战争两周年的总结和第三年的任务》，公开宣布再过三四年即可解放全中国。社论说："美帝国主义和国民党反动派的军事进攻，早已证明是失败了，他们的防御，也已证明是失败了。他们所最后赖以抵抗解放军保存自己的设防城市与设防地带，在解放军攻坚能力大大提高的条件下，又已证明并在以后还要不断证明其失败，那末，国民党反动派及其主人美国帝国主义在军事上又还有什么办法能够抵抗解放军的进攻和阻止解放军的胜利呢？他们的彻底失败，已经是毫无疑问的了。""中国人民还必须准备继续作几年的艰苦奋斗，至少还要准备拿三四年时间去作这种艰苦斗争，才能最后解放全中国，并在民主基础上统一全中国。"②

由于人民解放军不断取得胜利，蒋介石靠战争的方式不但解决不了共产党问题，反而大大加速彻底失败的到来。在这种情况下，国民党内部再次出现了一股"和平运动"，要求国共重开谈判。随着扶蒋反共政策的失败，美国政府对蒋介石也越来越失望，也企图以和平的名义来止损国民党的失败，以实现阻止共产党胜利的企图。1948 年 7 月 16 日，美国驻华大使司徒雷登向蒋介石提出，他得到的"最重要的消息是共产党大会将于下月召开，这次大会议程中有组织联合政府的意图，还有大使馆从香港所收到的消息称，李济深打算在最近的将来成立一西南地

① 《祝五路大捷》，《人民日报》1948 年 7 月 30 日。
② 《人民解放战争两周年的总结和第三年的任务》，《人民日报》1948 年 8 月 1 日。

方政府，意欲建议与共产党相联合"。蒋介石回答说"美国人对李济深的重要性，有估计太高的倾向"。司徒雷登说："对他（李济深，引者）本人和他的左右不必过于重视。但是全国都是非常渴望和平，在这种一般的心情之下，任何运动表现有与共产党成立协议以谋取和平的希望者，可能获得比他预料中更热烈的拥护。所以，就我看来，无论他做什么应该尽快去做。"蒋介石就此回复说，他要将此事再仔细考虑。①

对于国民党内的所谓和平运动，中共方面保持高度警惕。1948 年 7 月 18 日，中共中央专门发出《关于揭破敌人和平阴谋的指示》，明确指出：

"反动派所谓和平运动只是战争失败时求得喘息机会以利再战的阴谋计划。国民党反动政府必须打倒，反动军队必须解除武装，人民民主政府必须在全国建立，美国侵略势力必须退出中国，中国对外必须实现完全的独立，中国才能有真正的和平，否则所谓和平必定是假的，只是过渡到更残酷的内战的一种手段。"

"我们如果不愿意被敌人消灭，就必须把战争打到底，必须不要上反动派的当。必须向解放区军民〔人〕等，指出战争不是无止境的。依据过去两年的作战成绩，加以今后的更大努力，执行正确的军事政治经济文化各项政策，大约再打三年左右，就可以从根本上消灭中国的反动势力，在全国范围内建立人民民主共和国，我们自己及全国人民，就可以永远过和平自由幸福的生活了。如果我们不能忍受这大约三年左右的痛苦，接受反动派的欺骗，停战议和，让其休养生息，然后被迫再打，我们就将受程度更大时间更长的痛苦。"

"敌人和平运动公开出现以后，估计将产生两方面的作用。一方面，可能暂时迷惑一部分人民；另一方面，则将对国民党军队及其后方发生动摇和瓦解的作用。

---

① 《美国与中国的关系》第一辑，世界知识出版社 1957 年版，第 888—889 页。

由于这后一种原因，国民党虽然正在准备发动和平阴谋，但仍有极大顾虑。针对这两方面的可能性，我党在全国范围内的揭露工作，应依敌方和平运动发动后的情况，一方面坚决揭露敌人和运的欺骗性，使群众不被欺骗。另一方面，号召群众起来反对假和平，要求真和平。"①

7月27日，周恩来为中共中央起草一份关于揭破国民党和平阴谋的指示稿，虽然这个指示稿后来没有发出，但它反映了中共中央对这一问题的基本态度。指示稿说："国民党反动统治中，则有不少的派别及个人，已在美帝国主义当权派的策动和鼓励下，进行一种假和平运动，企图利用国民党区域一部分人民中尚存在的对于和平的幻想，准备在蒋介石军队更加失败、国民党局势更加危急的时机发起政变，表面上牺牲蒋介石，宣布停战议和，实际上是为整个国民党反动统治取得喘息时间，以便休整兵力，卷土重来，消灭人民力量。在这一活动当中，许多地方系军阀政客，以李宗仁为首，企图取蒋介石而代之。一部分中间派右翼分子，亦企图倒蒋取得权位，使中国革命限制于他们所要求的范围，避免彻底的改革。"② 因此，必须击破敌人假和平运动的阴谋，推动人民革命运动的高涨，配合人民革命战争走向全国胜利。

这年7月26日—8月23日，中共中央召集各部门负责人会议，研究中央机关的工作方式、各地执行政策的经验、揭露美蒋假和平阴谋、对内对外宣传报道、国民党的所谓"币制改革"、几个解放区财政统一、成立华北政府、准备南下干部等问题。这次会议决定把蒋介石集团称为"国民党反动派"。周恩来在7月29日的发言中指出：蒋、美和平攻势，一方面利用倒蒋来保持反动统治，以便卷土重来；一方面是敌人内部分裂，各找出路。我们应揭穿敌人的假和平阴谋，对敌人

① 中央档案馆编：《中共中央文件选集》第17册，中共中央党校出版社1992年版，第252—254页。
② 《周恩来选集》上卷，人民出版社1980年版，第307页。

的分裂则应利用之。① 刘少奇也在这天的发言中说，对于反动派的和平口号，我们不简单拒绝，可以利用。在解放区着重揭露其挽救反动统治和增加群众幻想的动机，在国民党统治区则"利用"加"揭露"，提出"解散国民党反动军队，驱逐美帝国主义出中国"和"惩办战犯"两个基本口号，使反动派为难。②

针对国民党内的所谓和平运动，《人民日报》7月30日发表的社论《祝五路大捷》明确指出："战争第三年开始时的巨大胜利及其对于国民党反动统治与美国帝国主义的沉重打击，使美国帝国主义者，对于蒋介石这个奴才，再次直呼其名，加以呵斥，并威吓着要他滚蛋；甚至不惜冒险地准备要蒋介石下野出洋，让其他伪装反蒋反内战反独裁的军人政客，来进行假和平的阴谋，以图能取得喘息机会，重整兵力，卷土重来。但人民解放军正在胜利前进，中国人民已经觉悟到不彻底推翻国民党反动统治，不赶走美帝国主义的侵略势力，中国是没有真正的永久的和平可言的。"③

同一天，新华社发表社论《人民解放战争两周年的总结和第三年的任务》，也讲到必须揭穿反动派假和平阴谋活动的问题。社论指出："应当及时地揭露美帝国主义和中国反动统治集团正在积极筹划的所谓反蒋的'和平'阴谋。应当告诉人民：中国的内战不是任何别的东西造成的，这是由武装到牙齿的中国万恶反动派在美国侵略者大量援助之下所造成的；因此，为了得到真正的和平，就必须彻底解除万恶反动派的全部武装，摧毁一切反对人民的反动统治机构，废除美帝国主义在中国的一切侵略特权，广泛实现各民主阶级人民的民主权利；否则，任何口头上的'和平'计划事实上只能是为凶恶的战争计划作掩护和争取准备的

---

① 中共中央文献研究室编：《周恩来年谱（1898—1949）》（修订本），中央文献出版社1998年版，第799页。

② 中共中央文献研究室编：《刘少奇年谱（1898—1969）》下卷，中央文献出版社1996年版，第155页。

③ 《祝五路大捷》，《人民日报》1948年7月30日。

时间。"①

这年 7 月 17 日，中共上海局负责人吴克坚致电中共中央说，李济深、冯玉祥想利用美国国务院及司徒雷登促使蒋介石下台，由李、冯主政，然后下令国民党军队就地停战，不听命令者武力解决。李派人将此想法告诉了吴，让吴转告中共中央。8 月 1 日，中共中央致电吴克坚和香港分局负责人潘汉年："按美国务院政策，现仍以支持蒋介石反共为主，同时对蒋无能及老吃败仗感不满。为迫蒋让出更多权力，为准备在蒋军更加崩溃时能够团结反动统治各派并企图团结一部分中产阶级分子共同反共起见，又正在进行各种阴谋活动，其中包括对我党试探和谈的可能性。到蒋介石真正无法统治下去时，则准备以李宗仁、何应钦等代替蒋介石。此时则希望与我党停战议和，以便取得喘息时间，重整兵力，然后卷土重来，消灭革命力量。""我们对于美帝这类阴谋是应当揭穿的，但对反动统治内部的分裂与倒蒋运动则应当利用，以促成他们间的更大分裂。""美帝及李宗仁、何应钦等反动集团是靠不住的，我们赞成倒蒋是因为倒蒋之后对于解放战争的开展有利，而不是对美帝及李宗仁、何应钦等有任何的幻想。"②

国民党历来不是一个团结统一的政党，而是内部派系林立。长期以来，国民党内的一些人一直对蒋介石的个人专断和独裁统治不满。由于蒋介石在这场战争中败局已现，这种不满情绪进一步发酵，出现了要蒋介石下台的声音，有些人甚至产生了取而代之的想法。他们清楚，蒋介石之败，根本原因就在于打了一场不应打、不能打也打不赢的战争，要让蒋介石交出权力，只能在和平的问题上做文章。

而在中共中央看来，蒋介石必须打倒，但打倒蒋介石不仅仅是蒋介石个人的

① 《人民解放战争两周年的总结和第三年的任务》，《人民日报》1948 年 8 月 1 日。
② 中共中央文献研究室编：《毛泽东文集》第五卷，人民出版社 1996 年版，第 116—117 页。

问题，而是要推翻以蒋介石为代表的国民党的反动统治，实现解放全中国的目的。如果蒋介石下了台，但取而代之者仍然持续国民党的反动政策，这样的所谓和平于人民无益，因而是不能接受的，因此，这样的所谓和平仍不是真和平而是假和平，必须加以揭露。但是，国民党内部的这些变化，说明蒋介石的内战政策和反动统治越来越不得人心，国民党的内部矛盾已经日益不可调和，可以利用这种内部矛盾，将国民党内部的假和平运动变成人民的真和平运动，这样可以减少战争给人民带来的痛苦和给国家造成的损失。可以考虑通过利用国民党的内部矛盾，实现打倒蒋介石、解放全中国目标，应当预判与国民党谈判这一种可能性的发生。

这年 9 月 8 日至 13 日，中共中央政治局扩大会议（即九月会议）在西柏坡召开。这是中共中央政治局自撤离延安后第一次召开的扩大会议，也是抗战胜利后高级干部出席人数最多的一次会议。到会的有政治局委员 7 人，中央委员和候补中央委员 14 人，其他重要干部 10 人。除东北解放区和东北野战军的主要领导人一则因为路途相对遥远，二则因为正在组织辽沈战役没有参加外，其余各大战略区的主要负责人都到了会。此时，各个解放区之间的联系已经打通，改变了长期以来各个革命根据地被敌人分割包围的状态。

会上，毛泽东在分析国际国内形势后指出："我们的战略方针是打倒国民党，战略任务是军队向前进，生产长一寸，加强纪律性，由游击战争过渡到正规战争，建军五百万，歼敌正规军五百个旅，五年左右根本上打倒国民党。"[①] 这里所说的五年左右打倒国民党，是从 1946 年全面内战爆发后算起的，预计到 1951 年中便可以完成消灭国民党军主力的任务。对于这一问题，毛泽东在为会议作结论时又

---

① 中共中央文献研究室编：《毛泽东文集》第五卷，人民出版社 1996 年版，第 133 页。

★ 西柏坡 1948 年 9 月中共中央政治局会议旧址

补充说，所谓蒋政权就是表现在他的军队上，我们一时打不到江南去也不要紧，蒋的力量 80% 在江北，消灭了他的力量，也就算把他打倒了。[①]

周恩来在会上对解放战争五年胜利的问题作了具体的阐述。他说：预测人民解放战争大约经过五年左右，便可根本取得全国胜利，"的确是根据两年的经验所作的谨慎的估计，很有实现的可能"。"如我第三年给蒋之打击很严重，加之其财经崩溃，内部倾轧，则蒋可能垮得早些，胜利会来得快些。我们也应有此准备。这时可能出现一部分反动派伪装和平，求得喘息，以备再来。出现这种情况，胜利的道路可能会有点曲折，但我们主要的目标仍然是靠武装斗争坚决消灭反动派。

---

① 《胡乔木回忆毛泽东》，人民出版社 1994 年版，第 523 页。

也有可能不出现曲折，敌军纷纷崩溃，一部分投降或投机起义。人民拥护我们打下去，则也可能一直打下去。""也还有一种可能，即是美帝国主义出兵，并组织日、韩反动势力来战，但派出几十万上百万大批的军队恐怕也不可能，这对世界影响太大，美国不能不顾虑，但我们不能不估计到这种可能。也有可能敌人由此而控制一些大城市，使我们必须组织大的力量去围歼之。由此，胜利到来的时间可能要长一些。""我们要估计到这些，不要胜利太快而无准备，也不要胜利稍迟而不耐烦。我们今天主要的仍然还是争取五年胜利。"①

这次会议决定 1949 年内召开新政治协商会议，成立新中国的临时中央政府，以取代国民党反动政府。此时，中共中央主要着眼于用战争方式打倒国民党，但同时也不拒绝通过和平的方式结束国民党反动派的统治。毛泽东在会上所作的报告中说："中国人民是不选择蒋介石那个制度的。苏联及一切民主力量向反动派力量作斗争，按民主原则妥协就是斗争的结果。是不是各国人民都必须向国内的反动派妥协呢？不能这样提。当然，如能强迫蒋介石照我们的做，解散法西斯组织，不要土豪劣绅，让我们搞军队又搞土地改革，那有什么不好？但是蒋介石是反动派，他不赞成。从古以来，反动派对民主势力就是两条原则：能消灭者一定消灭之，暂时不能消灭者留待将来消灭之。英国现在先消灭政府内部的共产党，对社会上的共产党就慢慢来。我们对反动派也应采取同样的两条原则，我们今天实行的是第一条。"②

在会议的结论中，毛泽东又说："所谓蒋政权，主要就是他的军队。如果李宗仁等出来成立政府，搞个曲折，这也是困难。但是正如恩来同志所说的，我们也

① 中共中央文献研究院、中国人民解放军军事科学院编：《周恩来军事文选》第三卷，人民出版社1997年版，第 437 页。
② 中共中央文献研究室编：《毛泽东文集》第五卷，人民出版社 1996 年版，第 132—133 页。

可以对付得了。我们不要完全拒绝谈判，这是要考虑到人民觉悟的问题。那时可能有两种情形，或者拒绝和谈，或者进行和谈。但现在就要对国民党可能搞的和谈骗局进行揭露。如果群众觉悟，要打下去，认识到和谈就是让敌人休息后再打，是费力的，那我们就打。如果群众没有这种觉悟，要和，那就进行和谈，一面谈，一面打，并在谈判中教育群众，向群众解释和谈究竟是怎么一回事，事实上还是要继续打下去，不上敌人的当。总之，那时看人民的觉悟，党内党外群众的觉悟，但始终不要把和谈的门关死。"①

在 1949 年 1 月召开的西北野战军党代表大会上，参加了九月会议的贺龙系统地传达了这次会议的精神。关于国民党内的所谓和平运动问题，贺龙说：在国民党反动派内部，有的不属于蒋介石的嫡系，如李宗仁、白崇禧、何应钦等，有的是蒋嫡系，如宋子文、张群……他们为了保持反动力量，在一定的时机出来搞所谓"和平"运动，这也是一种困难。如果他们把蒋介石赶下台，另搞一个政府，要同我们进行"和谈"，怎么办呢？有两种情况，即谈或拒绝谈，这都要依据人民的觉悟程度为标准。如果人民已认识"和谈"是反动派为了保存其力量，准备将来再向人民进攻，因而使革命增加困难，我们就可以拒绝谈判而继续打下去。如果人民还没有认识到这一点，我们就要派代表去谈，一面谈，一面打，从谈判中去教育人民，使他们认清敌人搞的"和谈"到底是怎么一回事。所以，现在我们是谈判还是打，不要说死，但是应该及时揭露敌人玩弄的种种"和谈"阴谋。

贺龙还说：要教育党员、干部、部队，懂得这些阴谋的实质，不要丝毫松懈战斗意志。并教育引导全国人民将战争进行到底，不要半途而废，取得革命在全

---

① 中共中央文献研究室编：《毛泽东文集》第五卷，人民出版社 1996 年版，第 145 页。

国的胜利。特别要对部队说清楚，鼓起这股劲来，把战争进行到底，一年左右根本上打倒国民党，再加一段时间就是全国的胜利。[①] 贺龙的这个传达，把中共中央在这个问题的基本态度已经说得十分清楚。

1948 年 10 月 10 日，毛泽东为中共中央起草了《中共中央关于九月会议的通知》，将这次会议的基本情况和决定向全党通报，并且指出："根据过去两年作战的成绩和整个敌我形势，认为建设五百万人民解放军，在大约五年左右的时间内（从一九四六年七月算起）歼敌正规军共五百个旅（师）左右（平均每年一百个旅左右），歼敌正规军、非正规军和特种部队共七百五十万人左右（平均每年一百五十万人左右），从根本上打倒国民党的反动统治，是有充分可能性的。"

毛泽东还为此作了具体的分析：国民党的军事力量，在 1946 年 7 月全面内战爆发之时为 430 万人，在过去的两年被歼和逃亡 309 万人，补充 244 万人，现有 365 万人。估计今后三年尚能补充 300 万人，今后三年被歼和逃亡可能达到 450 万人左右。这样，五年作战结果，国民党的军事力量可能只剩下 200 万人左右了。人民解放军现有 280 万人，今后三年准备收容俘虏参加解放军 170 万人（以占俘虏全数 60% 计算），动员农民参军 200 万人，除去消耗，五年作战结果，人民解放军可能接近 500 万人。"如果五年作战出现了这样的结果，就可以说国民党的反动统治已经从根本上被我们打倒了。"为了实现这一任务，必须每年歼敌正规军 100 个旅（师）左右，五年共歼敌正规军 500 个旅（师）左右。这是解决一切问题的关键。解放战争的第一年歼国民党正规军折合成 97 个旅（师），第二年折合成 94 个旅（师），"根据这一情形看来，这样的目标是可能达到并且可能超过的"。[②]

---

① 《贺龙军事文选》，解放军出版社 1989 年版，第 412—413 页。
② 《毛泽东选集》第四卷，人民出版社 1991 年版，第 1345—1346 页。

★ 西柏坡的中央军委作战室。这里是1948年9月至1949年1月的辽沈、淮海、平津三大战役指挥中心，由毛泽东、刘少奇、周恩来、朱德、任弼时五位中共中央书记处书记组成的人民解放军最高统帅部，在西柏坡这个世界上最小的司令部里，指挥了规模最大的革命战争

根据中共中央政治局九月会议的精神和中央军委的指示，从这年9月开始，人民解放军在各个战场上发动规模空前的秋季攻势。

1948年9月，华东野战军集中30余万人的强大兵力，以14万人组成攻城集团，以18万人组成阻援集团，对重要战略城市济南发动猛攻。经过八昼夜激战，全歼守敌11万人，使华北和华东两大解放区完全连成一片。这是人民解放军攻占敌人重点设防的大城市的开始，也是蒋介石以大城市为主的"重点防御"体系崩溃的开始。战略决战的序幕由此拉开。

1948年9月12日，东北野战军发动规模巨大的辽沈战役，并且进展顺利。10月15日，攻占锦州，歼敌10万余人；10月17日，驻守长春的国民党第60军起义，10月19日，长春国民党守军4.7万人投诚；10月28日，全歼敌廖耀湘兵团10万余人，取得了全歼东北国民党军的决定性胜利。10月31日，辽沈战役尚未结束，毛泽东就在致林彪、罗荣桓等人的电报中提出："中央九月会议规定五年左右建军五百万，歼敌正规军五百个旅，根本上打倒国民党的任务，因为战争迅速发展，可能提早一年完成。此点你们应有精神准备，从而加速组织准备，并以此种精神教育干部。"①

11月2日，辽沈战役结束，此役共歼敌47万人，使东北全境获得解放，人民解放军有了完全巩固的战略后方，东北野战军从此成为强大的战略机动部队。更为重要的是，辽沈战役的胜利使中国的军事形势发生了重大变化，人民解放军不但在质量上早已占有优势，而且在数量上现在也已经占有优势。到这时，人民解放军增至300余万人，而国民党的全部军队包括陆海空军、正规军非正规军、作战部队和后勤机关在内，只有290万人左右。这就从根本上改变了长期以来敌强我弱的态势，这在中国新民主主义革命史上还是第一次，预示着从根本上打倒蒋介石、解放全中国已经为期不远。

这时，毛泽东改变了从1946年7月算起五年从根本上打倒国民党的估计，认为从此时起，再有一年左右的时间，就可能从根本上打倒国民党反动政府。

11月11日，毛泽东以十分兴奋的心情致电东北野战军司令员林彪、政治委员罗荣桓、参谋长刘亚楼、政治部主任谭政并各中央局、各野战军前委："九月上旬（济南战役前）中央政治局会议时所作的五年左右建军五百万，歼敌五百个正规师，根本上打倒国民党的估计及任务，因为九、十两月的伟大胜利，已经显得是落后了。这一任务的完成，大概只需再有一年左右的时间即可达到了。即是说，

---

① 中共中央文献研究室编：《毛泽东文集》第五卷，人民出版社1996年版，第183页。

国民党已不可能再动员三百万人，我军已不需要再以三年时间（从今年七月算起）歼敌三百个正规师才能达到根本上打倒国民党之目的。我军大约再以一年左右的时间，再歼其一百个师左右即可能达成这一目的。"①

11 月 14 日，新华社发表毛泽东起草的《中国军事形势的重大变化》的评论，指出："中国的军事形势现已进入一个新的转折点，即战争双方力量对比已经发生了根本的变化。人民解放军不但在质量上早已占有优势，而且在数量上现在也已经占有优势。这是中国革命的成功和中国和平的实现已经迫近的标志。"评论进而指出："这样，就使我们原来预计的战争进程，大为缩短。原来预计，从一九四六年七月起，大约需要五年左右时间，便可能从根本上打倒国民党反动政府。现在看来，只需从现时起，再有一年左右的时间，就可能将国民党反动政府从根本上打倒了。"②

辽沈战役刚刚胜利结束，从 11 月 6 日开始，华东野战军和中原野战军共 60 万人，在以徐州为中心的淮海战场上与 80 万国民党军队展开决战，到 1949 年 1 月 10 日战役结束，共歼敌 55.5 万人，使长江中下游以北的广大地区获得解放，并直接威胁着国民党政府首都南京。在淮海战场激战正酣之际，东北野战军秘密入关，与华北军区野战部队共同发动了平津战役，首先解放了新保安、张家口和天津，切断了守敌西窜或南逃的道路，迫使北平守将傅作义同意率所部接受和平改编，此役共歼敌 52 万人，华北全境基本解放。在绥远地区，则有意地保留了一部分国民党军队，等时机成熟时通过和平方式加以解决。1949 年 9 月，国民党绥远省主席董其武发出通电，宣布起义。平津战役成功地创造产生了用战斗去消灭敌人的"天津方式"，迫使国民党军用和平方法迅速改编为人民解放军的"北平方

---

① 中共中央文献研究室编：《毛泽东文集》第五卷，人民出版社 1996 年版，第 193—194 页。
② 《毛泽东选集》第四卷，人民出版社 1991 年版，第 1360—1361 页。

★ 1949 年 1 月 31 日，北平和平解放。人民解放军举行入城仪式

式"，以及有意地保存一部分国民党军队，让它原封不动，或者大体上不动，在一个时间之后再将之改编为人民解放军"绥远方式"。当然不论哪种方式，国民党军队都摆脱不了被消灭的命运。

三大战役从 1948 年 9 月 12 日开始，至 1949 年 1 月 31 日结束，历时 142 天，共歼灭国民党正规军 144 个师，非正规军 29 个师，合计 154 万人，基本上摧毁了国民党赖以维持其反动统治的军事力量，长江以北的广大地方除少数孤立的国民党据点外均获得了解放。这就为全国革命胜利奠定了巩固的基础。

随着解放战争的胜利，人民解放军迅速扩大，各战略区、各野战军之间的协同作战越来越频繁，在原有的分散作战的条件下形成的各部队的组织编制不统一、番号不统一等问题也越来越妨碍大兵团之间的协同作战。为适应战争形势发展的需要，在1948年9月的中共中央政治局会议上，毛泽东明确提出人民解放军要"有计划地走向正规化"。1948年11月1日，中共中央军委向全军正式发出《关于统一全军组织及部队番号的规定》，全军分为四个野战军和五大军区。1949年一二月间，西北野战军改称第一野战军，中原野战军改称第二野战军，华东野战军改称第三野战军，东北野战军改称第四野战军；五大军区分别为西北军区、中原军区、华东军区、华北军区和东北军区。

到这时，第一至第四野战军加上华北军区的野战部队，总人数已达210多万人。此外，西北、中原、华东、东北和华北军区均有相当数量的地方武装，在南方另有5万人左右的中国共产党领导的武装力量开展游击战争。人民解放军总兵力达到近400万人。而同期国民党军队虽然还有200万人左右的兵力，但其精锐主力部队已经被消灭，只剩下中南的白崇禧集团，准备从西北撤向西南的胡宗南集团，以及西北的马步芳、马鸿逵集团，尚有一定的战斗力，但由于国民党人心已去，士气涣散，已难以组织强有力的抵抗，在强大的人民解放军各路大军面前已经不具有任何优势。何况国民党军队和地方势力派中不少人不愿意再打内战，正在酝酿起义或投诚。人民解放军向江南、中南、西南、西北进军的条件十分有利。

为了进一步表明中国共产党将革命进行到底的决心，同时打破国民党内一些人利用和谈实现个人目的的企图，12月25日，新华社发表毛泽东撰写的陕北权威人士谈战争罪犯的新闻稿，公布了一个43人的"举国闻名的头等战争罪犯"名单。这些战犯包括蒋介石、李宗仁、陈诚、白崇禧、何应钦、顾祝同、陈果夫、陈立夫、孔祥熙、宋子文、张群、翁文灏、孙科、吴铁城、王云五、戴传贤（即戴季陶）、吴鼎昌、熊式辉、张厉生、朱家骅、王世杰、顾维钧、宋美龄、吴国桢、刘峙、程潜、李（薛）岳、卫立煌、余汉谋、胡宗南、傅作义、阎锡山、周至柔、王叔铭、桂永清、杜聿明、汤恩伯、孙立人、马鸿达（逵）、马步芳、陶希圣、曾琦、张君劢等。新闻稿说，这些人是"罪大恶极，国人皆曰可杀者"①。这些人虽然未必都是蒋介石的嫡系，但都是国民党和南京政府内位高权重的人物，都是反共内战的策划者、实施者、鼓吹者或帮凶。这个战犯名单的公布，表明在中共方面看来，这个名单中的人，不管他们与蒋介石的关系如何，也不论他们中的某一个是否将蒋介石取而代之，在内战中都负有不可推卸的责任，这个名单中的人既然是必须惩办的对象，自然也是必然打倒的对象。

1948 年 12 月 30 日，毛泽东为新华社撰写了新年献词《将革命进行到底》，强调："敌人是不会自行消灭的。无论是中国的反动派，或是美国帝国主义在中国的侵略势力，都不会自行退出历史舞台。正是因为他们看到了中国人民解放战争在全国范围内的胜利已经不能用单纯的军事斗争的方法加以阻止，他们就一天比一天地重视政治斗争的方法。中国反动派和美国侵略者现在一方面正在利用现存的国民党政府来进行'和平'阴谋，另一方面则正在设计使用某些既与中国反动派和美国侵略者有联系，又与革命阵营有联系的人们，向他们进行挑拨和策动，叫他们好生工作，力求混入革命阵营，构成革命阵营中的所谓反对派，以便保存反动势力，破坏革命势力。""现在摆在中国人民、各民主党派、各人民团体面前的问题"，是将革命进行到底，"就是用革命的方法坚决彻底干净全部地消灭一切反动势力"。②

1949 年 1 月 6 日至 8 日，中共中央政治局召开会议，讨论形势与任务问题。毛泽东在为会议所写《目前形势和党在一九四九年的任务》的决议中指出："整

① 《陕北某权威人士谈战犯名单问题》，《人民日报》1948 年 12 月 27 日。
② 毛泽东：《将革命进行到底——一九四九年新年献词》，《人民日报》1949 年 1 月 1 日。

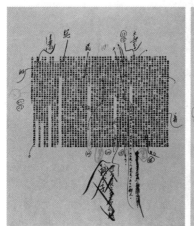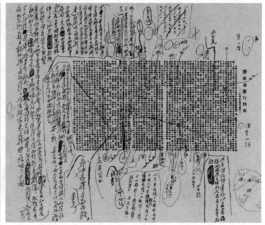

★ 毛泽东为新华社写的 1949 年元旦新年献词《将革命进行到底》

个国民党在长江以北的战略上的战线已经崩溃，国民党在其统治区域内是处在极大的混乱和崩溃的状态中。我们已经完全有把握地在全国范围内战胜国民党。一九四九年和一九五〇年将是中国革命在全国范围内胜利的两年。我们必须将革命进行到底，而不容许半途而废。我们必须在党内，在人民解放军内，在人民群众中，有说服力地进行教育工作，在各民主党派各人民团体的代表人物中进行解释工作，使大家懂得必须将革命进行到底，而不容许半途而废的理由。国民党的所谓和平谈判的阴谋必须继续地给以揭露和打击。"[①] 中共方面认为，国民党方面提出的和平谈判的倡议不过是一种缓兵之计，不能为其所谓的和平烟幕所迷惑，而是应该打过长江去，用革命战争实现解放全中国之目的。

　　两年前，共产党真心希望和平，但蒋介石决意要打内战，非要用枪炮来说话，以达到消灭共产党的目的。结果两年打下来，共产党不但没有消灭，反而在战争中空前地发展壮大；战争之初貌似强大的国民党，先是全面进攻受挫改为重点进

① 　中共中央文献研究室编：《毛泽东文集》第五卷，人民出版社 1996 年版，第 230 页。

★ 西柏坡纪念馆。馆前的中共中央书记处五大书记的雕像，成为西柏坡的象征

攻，继而重点进攻失败不得不转入全面防御、重点防御，不但损兵折将、丢城失地，而且众叛亲离、民心尽失。战争只用了两年多的时间，蒋介石政权已是江河日下、朝不保夕，再这样打下去垮台就在眼前，要保江南还剩下的半壁江山，唯有向共产党求和，这恐怕是当初蒋介石万万没有想到的。

第三章

蒋介石求和
中共开出和谈八条件

面对国民党反动派的惨败，美国政府在决定抛弃蒋介石的同时，有意对李宗仁及桂系进行扶持，桂系于是打着和谈的旗号逼使蒋介石下台。内外交困下，蒋介石不得不公开向共产党求和，中共中央决定改变此前不同国民党方面谈判的态度，明确提出惩办战争罪犯等和谈八项条件，通过另外一种方式将革命进行到底，实现解放全中国的目标。

一、国民党内部的矛盾与斗争

全面内战爆发后两年多的时间，蒋介石遭受了一连串的失败，不断丧师失地，军事上的败局已定。与此同时，由于政治上实行特务统治，经济上物价飞涨，民不聊生，引起了广大民众的强烈不满。

抗战胜利之后不久，蒋介石之所以敢冒天下之大不韪，发动全面内战，一个重要原因是第二次世界大战结束后，苏联与美国之间在反法西斯战争中形成的统一战线，由于共同的敌人消失而瓦解，代之的是苏美之间日益尖锐的对立。当时美国政府出于反共意识形态的考虑，对蒋介石的内战政策由抗战胜利后一段时间看似中立、实际是纵容的态度，在马歇尔离华后转变为公开支持，而且给国民党以各种援助，企图遏制中国共产党力量的发展，进而通过蒋介石把中国打造为远东反共桥头堡。然而，以蒋介石为首的国民党政府在军事、政治、经济各个方面的失败，已使统治摇摇欲坠，也使美国对他越来越丧失信心和耐心。

当时，美国在华外交官对蒋介石的独断专行，固执己见，任人唯亲，排斥异己，以及政府的腐败无能已十分不满，以至于产生了让李宗仁或别的人取而代之的想法，并试图以此遏制中国革命继续向前发展。1948年10月23日，美国驻华大使司徒雷登直截了当地对美国政府说："我们可以劝告蒋委员长退休，让位给李宗仁或者国民党内的其他较有前途的政治领袖，以便组成一个没有共产党参加的共和政府，并且更有效地进行反共战争么？我们可以赞成蒋委员长退休，让位给某一位能够给国民党军队和非共产主义党派争取尽可能有利的条件而结束内战的政治领袖么？"虽然国务卿马歇尔回答说："美国政府不能自居于劝告蒋委员长退休的地位，或推荐任何中国人作中国政府的元首。"[1]但"在白宫讨论外交政策的那批人认为委员长应该让位，让其他人设法治理中国。他们认为只要委员长在位，他们便对中国无能为力。他们属意于李宗仁或任何其他人。他们并不十分反对委员长本人，而是反对他的亲属和周围的人"[2]。

★ 宋美龄与秘书游建文下飞机。1948年11月底，宋美龄再度访美

对于美国态度的变化，蒋介石当然也感觉到了，但他还是不死心，决定派出宋美龄亲自前往美国，当面向美国总统杜鲁门陈述，以为这样或许局面还有改观的可能。1943年宋美龄访美获得巨大成功，蒋介石多么希望她能重现当年

[1] 《中美关系资料汇编》第一辑，世界知识出版社1957年版，第327—328页。
[2] 中国社会科学院近代史研究所译：《顾维钧回忆录》第六分册，中华书局1988年版，第591页。

风采。可是时过境迁，1948年11月底宋美龄到了美国，得到的是和五年前完全不同的待遇，杜鲁门虽然勉强接见她，但对其所提要求一一加以拒绝，并直言不讳地告诉宋美龄：美国不能保证无限期地支持一个无法支持的中国。宋美龄听了大为沮丧，连她自己也对国民党和蒋介石政权丧失了信心，不愿再回到战火威胁下的南京，而跑到孔祥熙在纽约的别墅住下来。

美国政府在决定抛弃蒋介石的同时，有意对李宗仁和白崇禧为首领的桂系加以扶持。桂系曾参加过北伐战争，并且还取得过不俗的战绩，由其基本部队编成的北伐军第7军曾有"钢军"之称（叶挺独立团所在北伐军第4军因战绩卓著，被誉为"铁军"）。桂系与蒋介石曾有合作反共的历史。1927年四一二反革命政变，作为桂系三巨头的李宗仁、白崇禧、黄绍竑不仅参与其中，而且起了十分重要的作用。但是，自从桂系出师北伐走出广西，随着势力的扩张，政治野心也开始膨胀。1928年8月，蒋介石第一次下野，很大程度上与桂系从中鼓动有关。后来双方多次兵戎相见。1929年3月开始的蒋桂战争长达3个月之久，使桂系的势力受到很大的削弱。在1930年的中原大战中，桂系更是遭受重创，只得退守广西一隅，经过苦心经营，才逐渐恢复元气。1936年夏，桂系又联合广东地方实力派陈济棠，以请求抗日为名，共同发动两广事变，蒋介石与两广之间战争一触即发。后来蒋介石以军事和政治两手搞垮了陈济棠，经各方调停与桂系之间才达成妥协。

全民族抗战爆发之后，桂系对于抗战是比较积极的，同时也因为抗战，桂系同蒋介石的关系得到修复。李宗仁就任第五战区司令长官，指挥了著名的台儿庄战役。白崇禧则就任最高统帅部副总参谋长兼军训部部长。武汉沦陷后，蒋介石还任命白为桂林行营主任，指挥顾祝同的第三战区、张发奎的第四战区、余汉谋的第七战区、薛岳的第九战区，对日作战。

但桂系与蒋介石毕竟有着很深的矛盾，随着战局的稳定，蒋介石对李宗仁、白崇禧又开始不放心。1940年4月，蒋介石撤销桂林行营，改设军委会桂林办公厅，以与桂系关系深厚的李济深为主任，白崇禧回重庆仍旧任副总参谋长兼军训部部长。1943年9月，蒋采取明升暗降之法，任命李宗仁为汉中行营主任，第五战区司令长官一职由自己的嫡系刘峙继任。汉中行营名义上指挥胡宗南的第一战区、刘峙的第五战区和李品仙的第十战区三个战区，但刘峙和胡宗南是蒋的亲信，李宗仁自然指挥不动，只有李品仙是桂系干部，所以汉中行营实际上是一个虚设机构，并无实权。

抗战胜利后，蒋介石将李宗仁调任北平行营（1946年10月改为北平行辕）主任。虽然是从比较偏僻的汉中到战略地位重要的北平，但蒋又担心桂系在华北坐大，华北会变成桂系的天下，就采取釜底抽薪之术，任命原西北军系统的孙连仲为第十一战区司令长官兼河北省主席。孙的长官部在北平，省政府在保定，北平、天津、河北的军政大权尽入孙连仲之手。北平行营名义上管辖河北、山东、察哈尔、绥远、热河五省和北平、天津、青岛三特别市。除了孙连仲的辖区外，山东方面由黄埔军校出身的王耀武任第二绥靖区主任兼山东省主席，直接向蒋介石负责。绥远的第十二战区司令长官傅作义，是晋军出身，后来自成体系，抗战胜利后因内战积极，为蒋介石所赏识。热河和察哈尔紧邻东北，防区和指挥体系上又同东北行辕扯不清。李宗仁的北平行营，架子虽大，却是一个没有实权的空壳，他本人在华北也没有基本队伍，实际上是一个闲职。

蒋介石还利用整编全国军队的机会，将桂系原来的5个军，整编为3个整编师，以消减桂系的力量。1946年5月31日，蒋对国民党军队统帅部进行改组，将原来的军事委员会和行政院的军政部撤销，改在行政院下设国防部，又在国防部下设参谋总长一职。同时规定国防部部长的职权是"审定参谋总长所提关于国防所需之军事预算及人员物资之计划"，参谋总长是承国民政府主席的命令统帅全

★ 1948年5月20日，蒋介石和李宗仁举行总统与副总统就职典礼。事前，李宗仁向蒋介石请示穿什么服装。蒋回答说应穿西装大礼服。李有些纳闷，蒋在政府庆典中一向喜穿中式长袍马褂，怎么忽然穿起西装来。但既然蒋发话了，李也就只好照办，找到上海有名的西装店赶做了一套高冠硬领的燕尾服。谁知到了典礼的前一天，蒋之侍从室又传出话来说，典礼上蒋将穿军常服，李也就只好把西装收起，准备军常服。可就职典礼这天，蒋介石却穿了一套中国传统服装长袍马褂，李宗仁已来不及改换衣服，只得穿了这套军常服硬着头皮站在蒋的身边

国海陆空军，并不受行政院院长和国防部部长的节制。蒋介石自然不放心让白崇禧掌握军权，就任命白为国防部部长。名义上国防部部长地位很高，但实际上只能管管军政计划，搞搞纸上谈兵的事情，而真正掌握实权的参谋总长一职，则由蒋的亲信陈诚担任。

1948年4月，蒋介石为了自己当上总统，下令召开"国民大会"。至于副总统一职，蒋介石有意让没有军队背景的孙科担任，但李宗仁因为此时与美国人拉上了关系，也下决心竞选副总统之职。虽然后来李宗仁运用各种手段击败了孙科，如愿以偿当选为副总统，但此次选举却大大激化了蒋、桂间业已存在的矛盾。蒋

是睚眦必报之人，此次"国大"之后，就让李宗仁这个副总统坐冷板凳，不但有关军国大事的重要会议，不要李参加，就是招待外宾的重要宴会，也不邀请李陪客，使得李"在京闲住日长无事，就在京、沪、杭一带游山玩水"①。白崇禧原本不赞同李宗仁竞选副总统，主要是怕由此激化蒋、桂矛盾。李宗仁执意要参加竞选后，为了桂系的团体利益，又不得不全力支持，所以蒋介石不但忌恨李宗仁，也对白崇禧十分不满。

长期以来，蒋对李宗仁和白崇禧采取分而治之的办法。全民族抗战中，李任第五战区司令长官，白任副总参谋长兼军训部部长；抗战胜利后，白任国防部部长，李任北平任辕主任。总是一个在首都，一个外放，从不安排在一起，怕的就是李、白长期在一起势力坐大，造成尾大不掉之势。李宗仁当了副总统，就得辞去北平行辕主任职，住到南京来。为了防止李、白串通勾结，蒋介石就任命何应钦为国防部部长，白崇禧外放就任"华中'剿匪'总司令部"（简称华中"剿总"）总司令，这又使蒋介石与桂系之间的矛盾进一步加深。

1948年七八月间，白崇禧就任华中"剿总"总司令。此时，美国政府对蒋介石失去了信心，有了让李宗仁和桂系取而代之的考虑。白崇禧就任后，美国驻华使馆武官从南京到武汉找白崇禧。不巧白当时未在武汉而在信阳，该武官又前往信阳，并同白作了长时间的交谈。事后，白崇禧对与中共方面及桂系来往均密切的刘仲容说，美国政府十分关心中国的局势，他们看到蒋介石集团政治腐败，军事上屡打败仗，对蒋介石表示失望。美国政府认为国民党军队有被共产党全部消灭的可能，如果让共产党统治中国，对自由世界而言，是一场灾难。现在美国愿意同李宗仁合作，希望白崇禧发挥军事才能，扭转目前局势。②

---

① 李宗仁口述，唐德刚撰写：《李宗仁回忆录》，广西人民出版社1988年版，第630页。

② 刘仲容：《回忆我在桂系工作时的几件事》，《文史资料选辑》第73辑，第45页。

随后，白崇禧抓紧对部队进行扩充。华中"剿总"原来由白直辖的部队只有张淦的第三兵团、张轸的第十九兵团、陈明仁的第29军，以及安徽、湖南、湖北三省的一些地方团队。这时，白崇禧很快就组建了陈明仁的第一兵团、徐启明的第十兵团、鲁道源的第十一兵团。白崇禧企图通过扩张兵力，增加与蒋介石争权，以及与共产党对抗或与之讨价还价的资本。

1948年11月2日，辽沈战役胜利结束，东北全境获得解放。接着，淮海战役和平津战役相继展开，国民党军接连丧师失地，国民党统治区已是人心惶惶，谁都明白这个仗打不下去了，一时间，和平呼声很高，和平空气甚浓。面对军事上的溃败、经济上的崩溃、政治上的威信扫地，国民党内和社会上和平的呼声再次高涨的局面，蒋介石决定使用以退为进之策，将李宗仁推上前台，他自己则以国民党总裁的身份幕后指挥。

1948年12月4日晚上，蒋介石的挚友吴忠信来到南京傅厚岗李宗仁官邸看李。吴忠信说，蒋介石当天召见他，要他接替吴鼎昌就任总统府秘书长，他力辞不就。说到最后，蒋终于说："观察最近内外情势，我干不下去了。我走开后，势必由李德邻（李宗仁字德邻，引者）来过渡。你的任务是拉德邻上轿，等到任务完成，去留由你决定。"①

12月17日，蒋介石又派张群、张治中、吴忠信来傅厚岗看李宗仁，就蒋介石下野问题作初步洽商。经过商谈，达成如下几点非正式协议：（一）蒋介石为便于政策的转变，主动下野。（二）李宗仁依法代行总统职权，宣布和平主张。（三）和谈由行政院主持。（四）和谈的准备：甲、组织举国一致的内阁，其人选另行研究；乙、运用外交，特别加强对英、美、苏的关系，以期有利于和平的实现；丙、

---

① 程思远：《李宗仁先生晚年》，文史资料出版社1980年版，第19—20页。

★ 原南京国民党政府的总统府正门

主动争取不满政府与主张和平的政治团体及民主人士，共同为致力和平而努力。这几项协定李宗仁让程思远用长途电话告诉了白崇禧。白在电话中说："蒋下野必须辞职，由李德公正式就任总统，不能用代理名义。如果名不正，那就什么事情都办不了。"[1]

就在此时，淮海战役第一、第二阶段已经结束，国民党军黄百韬兵团和黄维兵团被歼，徐州"剿总"副总司令杜聿明率领所属3个兵团30万人从徐州撤出后，被华东野战军主力包围在永城东北的陈官庄地区。为了配合平津战役，不使平、津地区的国民党军队向南撤退，中共中央军委决定在淮海战场上暂停对杜聿明集团的攻击，只对其开展包围监视，并开展政治攻势，敦促其投降。杜聿明等

---

[1] 程思远：《李宗仁先生晚年》，文史资料出版社1980年版，第20页。

人拒绝投降，但已经被华东野战军紧紧围住，所属的几十万人马麇集在一起，动弹不得，供养只能靠空投解决，整日向南京呼叫求援。蒋介石为此急得团团转，下野之事一时不再提起。

自从有了蒋介石下野的许诺，李宗仁就兴奋地等待登上总统宝座的那一天早点到来。可是左等右等，不见动静，白崇禧又从武汉不断打来长途电话，打听蒋下野的消息。李、白二人担心蒋介石恋栈，不想下台，蒋的下野不过是说说而已，白崇禧更是按捺不住。这个时候，国民党上上下下都清楚，这个仗无法再打下去，与共产党讲和已是唯一出路。蒋是内战的鼓吹者和发动者，战争打到这个样子，自然有着不可推卸的责任，只有下台才能平息内部的不满。于是，桂系的头脑们认为逼蒋下台，让李宗仁上台时机已经具备，决定发动"和平攻势"，给蒋介石一点颜色看看。

经过白崇禧的一番策划，旨在搞垮蒋介石的"和平运动"开场了。开场白是白崇禧12月24日致蒋介石的"亥敬电"。电文说："默察近日民心离散，士气消沉，遂使军事失利，主力兵团损失殆尽。倘无喘息整补之机会，则无论如何牺牲，亦无救于各个之崩溃。""倘知而不言，或言而不尽，对国家对钧座为不忠，对民族为不孝，故敢不避斧钺，披肝沥胆，上渎钧听，并贡刍荛。"电文中提出了三点主张：（一）先将真正谋和诚意转知美国，请美国出而调处，或征得美国同意，约同苏联共同斡旋和平；（二）由民意机关向双方呼吁和平，恢复和平谈判；（三）双方军队应在原地停止军事行动，候听和平谈判解决。电报还说，国民党尚掌握着南京、上海、北平、天津等地，如果现在不迅速"对内对外和谈布置，争取时间"，等到共军兵临长江，威胁南京，届时再言和谈，已失去对等资格，那就"噬脐莫及矣"。①

---

① 白崇禧口述：《白崇禧口述自传》下，中国大百科全书出版社2009年版，第561—562页。

白崇禧并没有将电报直接拍发给蒋介石，而是由张群、张治中转蒋，另有一份由程思远亲手交给新任行政院院长孙科。张治中回忆说："（电报）大意是说现在实不能再战，请停战以言和。同时在汉口宣称非蒋下野不能谈和，蒋应该让别人来谈。他意在倒蒋是很明显的，我和张岳军（张群字岳军，引者）还约了吴礼卿（吴忠信字礼卿，引者）三个人研究之后，认为姑不论白的用意如何，但军事大败，外交失策，内部分裂，财政崩溃，蒋确非下野不可，便拿了白电去和蒋谈，一连谈了十天，每天有谈一次或二三次的，最后蒋同意下野，由李宗仁继任。"①12月27日，蒋介石接见张群，询问张与李宗仁商谈的情形。张说："李亦谓公早日引退，其意图与白崇禧如出一辙也。"②

蒋介石虽然有了以退为进的打算，但他与桂系历来矛盾重重，自然不会那么轻易让位于李宗仁。白崇禧见"亥敬电"已有数天，不见南京方面有大的动静，于是又策动湖北省参议会于12月29日发电文。电文略谓：如战祸继续蔓延，不立谋改弦更张之道，则国将不国，民将不民。应循政治解决之常轨，寻求途径，进行和谈。同一天，桂系原三巨头之一、现立法委员黄绍竑发表谈话说，今天中国最重要之问题为改善人民生计，这一点是战争办不到的，主张和平解决国内问题。

第二天，湖南省主席程潜、河南省主席张轸，通电响应湖北省参议院。张轸在电报中更是直截了当地要求蒋介石迅速下野，以利国共和谈的进行。

白崇禧一不做，二不休，又于12月30日向蒋介石发出"亥全电"，说"当今之势，战既不易，和亦困难"，因此，"似应迅将谋和诚意，转告友邦，公之国人，使外力支援和平，民众拥护和平。对方如果接受，借此摆脱困境，创造新

---

① 《张治中回忆录》（下），文史资料出版社1985年版，第781页。

② 韩信夫、姜克夫主编：《中华民国史大事记》第十二卷，中华书局2011年版，第8761页。

机，诚一举而两利也"。总之，"无论和战，必须速谋决定，时不我与，恳请趁早英断"。①

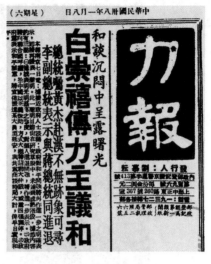

对于发出"亥敬电"和"亥全电"，白崇禧在其回忆录中曾作了这样解释："我打这两个电报考虑很久，徐州会战失败了，损失下来，可以说精锐被打击得太厉害了，在东北是好的部队，五个美械军都是精锐，在徐州也是精锐，甚至华中五个军一个整编师都抽去了，余下

★ 1948年1月8日，《力报》报道白崇禧力主议和

第三兵团张淦部，其他都很差，所有中央在黄河以南精锐，在徐州一役惨败了。徐州未失败以前，中共力量已与我们平衡了，失败以后，我们已处劣势，这关系很大，最高统帅应该了解实在情况，因此我把我意见照实发电报给他，不料因此引起很多的误解。"②白崇禧逃到台湾后说的这番话自然不足信，蒋介石当时十分清楚他的用意，不存在误解的问题。

白崇禧发出"亥敬电"时，并未同李宗仁商量，李宗仁从程思远手中看到白的电文，还是吃了一惊，不禁脱口而出："糟了，蒋介石可能误会我们逼他早日下台，从而恼羞成怒，故意把事情拖下去。"③

怕蒋介石"误会"只不过是一个托辞，李宗仁担心的是白崇禧这么一弄，蒋介石万一赖着不走，岂不是弄巧成拙。因为12月24日，蒋介石正式任命吴忠信

---

① 韩信夫、姜克夫主编：《中华民国史大事记》第十二卷，中华书局2011年版，第8763页。

② 白崇禧口述：《白崇禧口述自传》下，中国大百科全书出版社2009年版，第561—562页。

③ 程思远：《李宗仁先生晚年》，文史资料出版社1980年版，第21—22页。

★ 蒋介石、李宗仁和美国总统特使、经济合作总署署长保罗·霍夫曼及美国驻华大使司徒雷登在一起

为总统府秘书长。吴忠信还慎重其事地告诉李宗仁，蒋介石的下野日期预定1949年元旦，同时由李接任。

李宗仁虽然对白崇禧事先不打个招呼就发出"亥敬电"，感到有些突然，但他自己其实也是等蒋下野等得不耐烦了。为配合白崇禧，李宗仁也与甘介侯诸人宣布和平主张。据蒋经国1949年1月1日的日记所载，其和平主张的主要内容是：（一）蒋介石下野；（二）释放政治犯；（三）言论集会自由；（四）两军各自撤退三十里；（五）划上海为自由市，政府撤退驻军，并任命各党派人士组成上海市联合政府，政府与中共代表在上海举行和谈。桂系还公开主张："总统下野后，由李副总统继承大任。"①

美国人也在这时为李宗仁上台暗中鼓劲。12月22日，孙科出任行政院院长。

① 《蒋经国回忆录》，东方出版社2011年版，第153页。

司徒雷登派私人秘书傅泾波访问孙科，以示祝贺。傅在谈话中明确告诉孙，蒋介石下野为进行和议所必需。第二天，孙科又为此事询问司徒雷登。司徒不置可否地回答称：以美国大使的地位，他不能发表正式意见，但以私人资格言，确实诚心赞助和平运动。[1]

二、蒋介石的求和与"引退"

在内外的巨大压力下，蒋介石觉得有必要对自己的进退有所交代了。12月31日晚，蒋介石将副总统李宗仁、行政院院长孙科、立法院院长童冠贤、监察院院长于右任、总统府秘书长吴忠信，以及张群、张治中、邵力子、陈立夫等国民党中常委请来，以便宴为名，召开一次重要会议。

许多人已猜想蒋是为下野之事请大家来吃饭的。大家心事重重地吃完饭。然后蒋介石以低沉的语气说："现在局面严重，党内有人主张和谈。我对于这样一个重大问题，不能不有所表示。现拟好一篇文告，准备在元旦发表。现在请张岳军先生朗读一遍，征求大家意见。"[2]

蒋介石说毕，由张群朗读即将发表的所谓新年文告，其中说：

"全国同胞：今天是中华民国三十八年开国纪念日及宪政政府成立一周年纪念，我深觉建国事业陷于迟滞，三民主义未能实现，实在是感愧万分。"

"只要和议无害于国家的独立完整，而有助于人民的休养生息；只要神圣的宪法不由我而违反，民主宪政不因此而破坏；中华民国的国体能够确保；中华民国的法统不致中断；军队有确实的保障，人民能够维持其自由生活方式与目前最

---

①② 程思远：《李宗仁先生晚年》，文史资料出版社1980年版，第20页、第23页。

111 第三章 蒋介石求和 中共开出和谈八条件

低生活水平，则我个人更无复他求。中正毕生革命，只知为国效忠，为民服务，实行三民主义，从而履行一革命者之神圣任务。和平果然实现，则个人的进退出处，绝不缅怀，而一惟国民的公意是从。反之，如果共党始终坚持武装叛乱到底，并无和平诚意，则政府亦惟有尽其卫国救民的职责，自不能不与共党周旋到底。……”①

张群一字一句地把文告读完后，全场鸦雀无声。

还是蒋介石首先打破沉默，问坐在右首的李宗仁对文告有什么意见。李回答说：“我与总统并无不同的意见。”随后，CC 系骨干分子谷正纲、谷正鼎、张道藩先后发言，极力反对发表这个文告，理由是蒋介石下野谋和，将对士气人心发生重大影响。谷正纲说到伤心处，号啕大哭。不是蒋嫡系的立法委员肖同兹、范予遂则持相反的意见。争论来争论去话题转到了蒋介石该不该下野上。蒋介石听后，终于忍耐不住，破口大骂起来：“我并不要离开，只是你们党员要我退职；我之愿下野，不是因为共党，而是因为本党中的某一派系。”②骂完之后，匆匆地离开了宴会厅。

1949 年 1 月 1 日，蒋介石的新年文告发表。三年前，中国共产党为了国内和平不惜作出重大让步，当停战协议签订和政治协商会议召开之时，对和平充满期待，甚至乐观地认为“从此中国即走上了和平民主建设的新阶段”。可是，蒋介石却不顾民意，坚持内战政策，决意通过战争的方式消灭共产党和人民军队，占领解放区。然而，战争只进行了两年半，蒋介石损失了数百万兵力，东北全境解放，华北亦只剩下北平、天津、青岛、太原等少数大城市，并且就是这几个城市，也

① 《惟有坚持自卫战争，始能争取真和平，党国一体军民一致团结奋斗，保障自由生活竭尽卫国天职，蒋总统元旦发表文告》，中国人民解放军政治学院党史教研室编：《中共党史参考资料》第十一册，1979 年编印，第 334—335 页。

② 程思远：《李宗仁先生晚年》，文史资料出版社 1980 年版，第 24 页。

在人民解放军的包围之中，西北、西南、江南和华南虽然还在国民党的控制之下，但兵力空虚，根本抵挡不住人民解放军的进攻。三年之前，蒋介石的内战气焰是何等之高，三年之后只得偃旗息鼓，公开向共产党求和，真可谓此一时彼一时。

此时，南京的蒋介石无比沮丧地承认自己失败，而在西柏坡的毛泽东却沉浸在胜利的喜悦之中。蒋介石的新年文告发表三天后，新华社发表毛泽东就蒋介石的新年文告所写的评论《评战犯求和》。毛泽东在文中用辛辣的笔调揭露了蒋介石求和的本质："人们不要以为战犯求和未免滑稽，也不要以为这样的求和声明实在可恶。须知由第一号战犯国民党匪首出面求和，并且发表这样的声明，对于中国人民认识国民党匪帮和美国帝国主义的阴谋计划，有一种显然的利益。中国人民可以由此知道：原来现在喧嚷着的所谓'和平'，就是蒋介石这一伙杀人凶犯及其美国主子所迫切地需要的东西。"① 评论中，毛泽东还对蒋介石在文告提出的退位以求的前提——作了驳斥，并且强调："我们早就说过，蒋介石已经失了灵魂，只是一具僵尸，什么人也不相信他了。"②

1月2日，蒋介石致电河南省主席张轸："个人进退，自非所计；惟值此千钧一发之际，吾人如不能熟权利害，团结意志，而先自乱步骤，则适中共匪分化之诡谋，将陷于各个击破之惨局。须知今日之事，可和而不可降，能战而后能和，国族之存亡系于是，兄等自身之安危亦系于是。中爱护袍泽，始终无间，尚望兄等深思熟察，共挽艰危，只须吾人信心坚定，则一切困难，当克服。"③

同一天，蒋又致电白崇禧："亥敬亥全两电均悉，中正元旦文告，谅荷阅及，披肝沥胆而出，自问耿耿此心，可质天日。今日吾人既已倾吐精诚，重启和平之

---

①② 《毛泽东选集》第四卷，人民出版社1991年版，第1381页、第1384页。

③ 中国国民党中央委员会党史委员会：《"总统"蒋公思想言论总集》第37册，1984年编印，第378页。

门，假令共党确能翻然悔祸，保全国家之命脉，顾念生民之涂炭，对当前国是，能共商合理合法之解决，则中正决无他求，即个人之进退出处，均惟全国人民与全体袍泽之公意是从。惟言和之难，卓见已详，如何乃可化除共党赤祸全国之野心，以达成保国保民之利；如何乃可防止共党翻云覆雨之阴谋，以免战祸再起之害；想兄熟虑深筹，必已有所策划，甚冀惠示其详，俾资借镜。今大计虽已昭明，而前途演变尚及微妙，望兄激励华中军民，持以宁静，借期齐一步骤，巩固基础，然后可战可和，乃可运用自如，而不为'共匪'所算，则幸矣。"①

蒋介石不是要白崇禧的"策划"和"惠示其详"吗，白也果真毫不客气，将他的"策划""惠示"来了。

1月2日，河南省参议会议长刘积学领衔发表通电，语气比新华社的时评还厉害，说蒋介石明知"大势已去，犹恋恋不舍"，因此，"血气之伦，皆欲起而诛此独夫，请即日引退以谢国人，国事听国人自决"。

1月3日，湖北省参议会通过三项决议：通电拥护总统文告，并致电毛泽东呼吁和平；通电各省，建议组织全国性之和平机构，督促政府与中共和平谈判；4日上午召集鄂省各机关社团首长及社会贤达举行座谈会，借以响应一切和平运动。

秉承白崇禧的旨意，华中"剿总"政务处处长田良骥在武汉发表谈话，露骨地表示：蒋介石元旦文告，已重开和谈之门，惟须蒋氏下野，始能获致和平，否则联合政府之计划难以实现；蒋不下野，美援将难扩大；蒋不下野，国民党内部始终不能革新，且永远不能与共产党作政治竞争。

就这样，白崇禧控制下的武汉，已摆出了蒋介石不下野决不罢休的架势。

---

① 中国国民党中央委员会党史委员会:《"总统"蒋公思想言论总集》第37册，1984年编印，第377页。

1月4日，蒋介石亲往傅厚岗李宗仁官邸谈"引退"的问题。两人漫不经心地谈了一会时局，然后转入正题。

蒋说："这样下去不是事！我看我退休，由你顶起这局面，和共产党讲和！"

李宗仁装模作样地说："你尚且不能讲和，那我更不行了！"

蒋话中有话地说："你担起这局面，马上就不同了。"这显然是指1927年桂系第一次逼宫的事。不等李宗仁开口，蒋又说："我看你还是出来，你这姿态一出，共军的进攻可能和缓一下。"

李也依旧言不由衷地回答："总统，这局面你如支持不了，我就更支持不了。无论如何，我是不能承当此事的。"

蒋说："我支持你！你出来之后，共产党至少不会逼得我们这样紧。"①

两人彼此客气地演了一场戏，然后蒋介石打道回府了。

1月5日，蒋介石派张群和吴忠信到傅厚岗，用李宗仁的话说是"逼"他出来当总统。李自然不敢轻易答应。张、吴只得悻悻而归，到总统府向蒋复命。

随后，蒋介石把李宗仁找去，表情木然地说："我以前劝你不要竞选副总统，你一定要竞选。现在我不干了，按宪法程序，便是你继任。你既是副总统，你不干也得干。"蒋显然对李三番五次地忸怩推辞生气。

蒋介石的话也并非完全没道理，桂系发动"和平运动"，不就是为了逼蒋下野，为李宗仁上台铺平道路吗？蒋这么一说，李宗仁只得回答说："按宪法，我是无法推辞，但现在的局面，你尚且干不了，我如何能顶得起？"

"共产党绝不同我讲和，"蒋说，"你出来，最低限度可以变一变。"

李说："我出来，共产党一定要我无条件投降。"②

①② 李宗仁口述，唐德刚撰写：《李宗仁回忆录》，广西人民出版社1988年版，第645页、第646页。

1月6日，张治中受命来看李宗仁，并说蒋将派张群去武汉见白崇禧，就当前局势交换意见。白崇禧得知张群即将来武汉，就在7日晚上连续打了四次电话到南京找程思远，要他设法通知隐居上海的黄绍竑同张群同机赴汉。黄绍竑在"行宪国大"后，曾一度打算竞选立法院院长，此时有人劝告说，蒋介石决定以立法院院长的位置来安慰竞选副总统失败的孙科，如黄再参与竞选，就太刺激蒋和孙科了。黄绍竑从之，放弃了竞选，由此只挂了个立法委员的名义。黄绍竑开始不愿去南京，得知是同张群去武汉晤白崇禧后，才答应了。

1月8日，张群去了武汉，向白传达了蒋介石的两点意见："一、余如果'引退'，对于和平，究竟有无确实把握；二、余欲'引退'，必由自我主动，而不接受任何方面的压力。"① 这两点表明蒋一方面仍在恋栈，另一方面，也是告诉白崇禧，想逼我蒋某下台，是办不到的。张群对白崇禧说：蒋强调可和而不可降，能战而后能和。白表示，他此前发出的二电，均备战谋和，而不是无原则之妥协投降。

1月11日，蒋介石复电白崇禧说："岳军同志回京，接读手书，对于和平进行及军事准备，皆能见其远大，无任感慰。惟此时我军既处劣势，外交运用，恐难有大效。要在吾内部能团结一致，苦撑到底，先要求其在我，而后乃能望及人之援助，此乃今日我国处境之基本要道。若我不能自立自助，则望外援之速来，是无异缘木而求鱼，而吾人只要一本已往之精神，患难相共，始终不渝，则自立自助，不惟可能，而且其道甚多也。中以为长江以南之作战，匪我两方今昔异势，匪乃为客，我反为主，不患不能持久，亦不患不能制胜，惟要在吾人志气不衰，精神坚贞，则最后胜利，仍必归于公义与正气之我方，此乃中确信无疑者

---

① 韩信夫、姜克夫主编：《中华民国史大事记》第十二卷，中华书局2011年版，第8772页。

也。""吾人今日皆成共匪之战犯，其必欲得而甘心，如果共匪尚有丝毫信义，确能遵守上述各点，使国家民族与军民皆能获得真正和平之幸福，则一切牺牲皆所不计，战犯待戮，更甘受如饴矣。"①

此前的 1 月 6 日，淮海战役进入第三阶段，华东野战军在杜聿明拒绝投降的情况下，对杜部发动总攻。经过 4 天激战，至 10 日，全歼邱清泉、李弥两个兵团 10 个军，生俘杜聿明，击毙其第二兵团司令长官邱清泉，只有第十三兵团司令长官李弥化装潜逃。至此，淮海战役结束，此役共歼国民党军最精锐的机械化部队共 5 个兵团、22 个军，共 55.5 万人，其中包括蒋之"五大主力"中的第 5 军和第 18 军（另三大主力是整编第 74 师，在孟良崮战役中被歼；新编第 1 军和新编第 6 军，在东北战场被歼）。蒋介石是靠枪杆子起家的，军队是他的命根子。随着淮海战役的结束，不但他的"五大主力"悉数被歼灭，其嫡系部队——以黄埔学生为骨干的中央军也所剩无多，残存的国民党军队大多是杂牌军，而杂牌军将领历来与蒋介石是貌合神离，有的甚至长期分庭抗礼。在这样的情况下，蒋介石清楚，自己再不退位局面更不好收拾。

但是，贪恋权力的蒋介石到此时仍不死心，于是又把希望寄托在外部势力对中国事务的干预上。1 月 8 日下午，蒋介石召集孙科、张群、张治中开会，研究怎样运用外交手段应对目前的危局的问题。会后由行政院副院长兼外交部部长吴铁城出面，照会美、苏、英、法四国，希望四国运用其影响，促成国共和谈的实现。

蒋介石此举可谓是病急乱投医，美国政府深知，在国民党大厦将倾的情况下，再对国共关系进行调处，已无实质意义。1 月 12 日，美国政府答复南京政府说：

---

① 中国国民党中央委员会党史委员会：《"总统"蒋公思想言论总集》第 37 册，1984 年编印，第 381 页。

★ 1949 年 1 月 26 日，《人民日报》
报道《美英法苏拒绝"调停"》

"美国政府业已接获中国外交部部长于 1949 年 1 月 8 日对南京美国大使的备忘录，并已从长加以考虑。""美国政府殊难相信在当前形势下，按中国政府的建议，试图充当调解人，能达到任何有益的效果。"① 对于美国人来说，蒋介石是一个扶不起的阿斗，没有必要再对其耗神费力了。英法政府也明确表示不能充当这样的调停人。

苏联方面的回答稍微晚些。1 月 17 日，苏联外交部副部长维辛斯基接见中国驻苏大使傅秉常，向他递交了苏联政府的复函。苏联政府在复函中指出，苏联政府始终不渝地恪守不干涉他国内政的原则，并认为承担上述备忘录中所提的居间调解是不适宜的。恢复中国之作为民主的与爱好和平的国家的统一，是中国人民自己的事情，要得到这种统一，最好可经有关方面直接谈判，依靠中国的内部力量，无需外国的干涉。② 蒋介石借助外部势力来实现所谓和谈的企图没有实现。

针对南京政府的求和活动，中共中央于 1 月 14 日提出了"惩办战争罪犯"等八项条件，作为同意国民党军政势力进行和平谈判的前提。1 月 15 日，东北野战军仅用 29 个小时解放了华北第二大城市天津，歼灭国民党守军 13 万余人，从而杜绝国民党北平守军企图从天津走海路南逃的可能，加之此前华北军区野战军部队解放了新保安和张家口，切断北平国民党守军通过平绥线西逃的通道，这就使得北平 25 万国民党守军既不能战又不能逃，只有接受和平改编一途。在这样的情

---

① 《中美关系资料汇编》第一辑，世界知识出版社 1957 年版，第 333 页。
② 《恪守不干涉他国内政原则 苏联拒绝蒋匪调解乞求》，《人民日报》1949 年 1 月 21 日。

况下，蒋自知他非下野不可，于 1 月 16 日指示中央银行总裁俞鸿钧和中国银行总经理席德懋，要他们把两行外汇化整为零，存入私人户头，以免将来为民主联合政府接收。

16 日晚上，蒋介石约张君劢、左舜生、张群、吴铁城、张治中、邵力子、陈立夫、王世杰晚宴，交换对中共八项和平条件的意见。邵力子向来不赞同内战，因而主张接受八项和平条件；陈立夫一直追随蒋介石反共，被中共方面列入战犯名单，于是起而反对；张治中一看此景，忙说今天主要是向党外人士征求意见。所谓党外人士，乃是张君劢和左舜生，一为民社党党魁，一为青年党领袖。这两个小党曾是中国民主同盟的组成单位，在 1947 年蒋介石一手操纵所谓国民大会时，民盟拒绝参加，而这两个小党却甘与国民党为伍，成为此次"国民大会"的点缀，自甘堕落为国民党的尾巴，随后被民盟清除出盟。不料，张君劢在发言中竟也提出蒋介石下野问题。蒋介石对邵力子、张君劢两人的发言很不高兴。

第二天，国民党召开中央政治会议，讨论中共和平八条。据蒋经国在日记中记载："会中曾有人对父亲大加诽谤。同时，立法委员之要求政府派员迅速向共党求和者，有五十余人之多。"① 这对蒋介石来说是一个很大的打击。

19 日，蒋介石召集张群、吴忠信、张治中、邵力子、孙科、吴铁城、陈立夫等人开会。蒋说："我是决定下野的了。现在有两个方案请大家研究，一是请李德邻出来谈和，谈妥了我才下野；另一个是，我现在就下野，一切由李德邻主持。"

蒋介石言毕，众人面面相觑，不知如何言语。大家都知蒋内心并不想下野，但蒋已被中共列为头号战犯，不下野又不能和谈。何况如果他仍坐在总统高位上，一切需看他的眼色行事，李宗仁又如何放手来主持谈和？沉默了半天，还是吴铁

---

① 《蒋经国回忆录》，东方出版社 2011 年版，第 158 页。

城打破了这尴尬局面，对蒋说："这个问题是不是先召开中常会来讨论一下？"

蒋本希望大家对他有所劝慰挽留，未想到是如此结局，不禁愤然曰："不必。我现在不是被共产党打倒的，是被国民党打倒的！我再也不愿意进中央党部的大门了。"①

事到如今，蒋也只好痛下决心，表示将采取第二方案，宣布下野。

同一天，南京政府行政院政务会议通过决议并声明："政府为遵从全国人民之愿望，祈求和平之早日实现，特郑重表示，愿意与共方先行无条件停战，并各指定代表，进行和平谈判。"② 这个声明中对中共提出的八项条件只字未提，反而要求双方先无条件停战，然后进行和平谈判，问题是这时提出要和谈的是南京政府，是因为南京政府方面这个仗打不下去了，而中共方面正在高歌猛进、一个胜利接着一个胜利之时，完全可以在不长的时间里通过战争的方式结束国民党的统治，实现全中国的解放。在这样的情况下，先无条件停战然后进行和谈，中共方面当然不会接受。

1月21日，毛泽东以中共发言人的名义，对南京政府行政院的这个决议发表评论加以驳斥。强调指出："南京行政院的这个新建议是没有理由的，打了这么久这么大和这么残酷的战争，自应双方派人商讨和平的基本条件，并作出双方同意的停战协定，战争才能停得下来。"不先行停战就没有和平谈判的可能了，和平之门从此关死了，而如果要谈判，则只有取消这个毫无理由的"决议"，二者必居其一。南京政府如果有诚意，就应该商讨和平的具体条件。③

蒋介石决定下野之后，立即着手进行了一系列的人事安排：将原来的京沪警

---

① 《张治中回忆录》(下)，文史资料出版社1985年版，第782页。

② 韩信夫、姜克夫主编：《中华民国史大事记》第十二卷，中华书局2011年版，第8784页。

③ 《毛泽东选集》第四卷，人民出版社1991年版，第1392页。

备司令部扩大为京沪杭警备总司令部，由汤恩伯任总司令；以张群为重庆绥靖公署主任，朱绍良为福州绥署主任，余汉谋为广州绥署主任，陈诚为台湾省主席兼台湾警备总司令。这就表明，蒋介石表面上发表了求和声明，甚至下野退居幕后，但并没有作真正实现和平的打算，而是仍作战争准备，企图负隅顽抗。

1月20日，是蒋介石下野前的最后一天。25年前的这一天，国民党召开一大，第一次国共合作由此开启。在国共两党的共同推动下，中国出现了前所未有的革命局面，即世人所知的大革命。当时，在"打倒军阀""打倒列强"的口号之下，国共两党携手将革命浪潮推向大半个中国。也正因为有国共合作，才有国民党的重生，有了著名的黄埔军校，有了国民革命军，有了轰轰烈烈的北伐战争，蒋介石的影响和地位才能不断扩大。然而，随着位愈高权愈重，蒋介石的野心日

★ 原南京国民党政府总统府总统办公楼的会议室。蒋介石、李宗仁曾在此召开重要会议

益膨胀，他的个人独裁思想也日渐发展，认为共产党是他行使个人独裁最大的障碍。经过 1926 年 3 月的中山舰事件，他身上本来就不多的进步性全部丧失，一步步地滑向反革命，最终成为中国反革命的集大成者。他公然发动四一二反革命政变，将共产党这个昔日的盟友作为杀戮的对象，并于 1927 年 4 月建立了以他为领袖的南京国民政府，开始了他对中国长达 22 年的独裁统治。本来，25 年前的国民党一大，开启了国民党的新生命，但是蒋介石叛变革命开展所谓"清党"，实际上是清除国民党体内的健康细胞，而不断繁殖有害细胞，最终使国民党病入膏肓而无可救药。这样一来，蒋介石自己虽然权力欲望极强，但在国民党内部分崩离析、统治江河日下的情况下，也不得不灰溜溜地"引退"。

1 月 22 日，京沪各大报发表蒋介石宣布"引退"的文告："中正在元旦发

★ 1949 年 1 月 22 日，《中央日报》发表蒋介石宣布"引退"的文告

表文告，倡导和平以来，全国同声响应，一致拥护。乃时逾兼旬，战事仍然未止，和平之目的不能达到，人民之涂炭曷有其极，因决定身先引退，以冀弭战销兵，解人民倒悬于万一。爰特依据中华民国宪法第四十九条'总统因故不能视事时，由副总统代行其职权'之规定，于本月二十一日起，由李副总统代行总统职权。务望全国军民暨各级政府，共矢精诚，同心一德，翊赞李副总统，一致协力，促成永久之和平。……假令共党果能由此觉悟，罢战言和，拯救人民于水火，保国家之元气，使领土主权克臻完整，历史文化与社会秩序不受摧残，人民生活与自由权利确有保障，在此原则之下以致和平之功，此固中正馨香祝祷以求者也。"①

1月24日，国民党中央执行委员会就蒋介石"引退"指示各直辖党部："一、总裁对于国家之大计所持之立场，具见元旦文告及一月二十一日声明，全党同志应就此两项文件，悉心研讨，全力信守。二、无论总裁之行止何在，全党同志均应竭诚尽力，接受领导，继续奋斗。"② 从这个指示看，李宗仁虽然当上了代总统，但他领导不了国民党，而国民党一贯是以党治国的，这就预示着李宗仁在国共和谈上最终必定要看蒋介石的脸色行事。

同一天，在南京政府举行的总理纪念周上，由居正监誓，李宗仁正式就任中华民国代总统。桂系经过逼宫，终于如愿以偿。此时，摆在李宗仁面前的，有三大难题：一是要和共产党谋和，二是要阻止解放军过江，三是要制止"比共军威胁更大"的通货膨胀，而首要的是如何谋和。

① 《蒋总统赴杭转奉化 促成和平实现解除人民痛苦 由李副总统代行职权》，《中央日报》（南京）1949年1月22日。

② 中国国民党中央委员会党史委员会：《中华民国重要史料初编——对日抗战时期》第七编 战后中国（二），1981年编印，第940页。

三、和谈八项条件的提出

自从 1947 年春国共关系完全破裂之后，中国共产党就决心以战争的方式推翻国民党的统治，实现打倒蒋介石、解放全中国的目标，并且对来自各方面的和谈提议保持高度的警惕。随着战略决战的展开，蒋介石的精锐部队不断被歼灭，国民党军队兵败如山倒，毛泽东和中共中央也就强调必须一鼓作气将革命进行到底，不能给反动派留下喘气的机会，也没有打算以南京政府再作为谈判的对象，而是准备以武装斗争的方式彻底结束国民党的统治，如果要早一点结束战争，南京政府就应该无条件投降。

苏联方面 1 月 8 日接到南京政府要求调处国共关系的照会后，斯大林于 1 月 10 日致电毛泽东，以商量的口吻说，苏方拟对南京政府作如下答复："苏联政府过去赞成，现在仍然赞成中国结束战争，实现和平，但在自己同意担当调停人之前，苏联方面希望了解另一方——中国共产党也能被告知中国政府的这一和平之举，希望能就苏联充当调停人一事征得另一方的同意。"电文还说，中共方面是否同意此议，请告；如不同意，也请秘示更为妥当的答复。

苏方还替中共起草了一份对国民党建议的答复，大意是：中国共产党一向主张中国和平，首先挑起中国内战的不是中国共产党，而是南京政府，所以应当由南京政府来对战争后果承担责任。中国共产党同意与国民党进行谈判，但是不能容许那些发动中国内战的战争罪犯参加谈判。中国共产党主张在没有任何外国的调停人参加的情况下与国民党进行直接谈判。中国共产党尤其认为，那个派遣军队和船只直接参与内战、反对中国人民解放军的外部强国不能充当调停人，因为这样的强国是不可能采取中立和客观的态度来结束中国的战争的。[①]

---

① 刘淑春译：《苏联历史档案选译——1949 年初国共和谈问题》，《近代史资料》第 95 号，第 217 页、第 219 页。

不知何故，斯大林 1 月 10 日的电报没有发完，第二天，又续电毛泽东，解释说苏方为中共拟定的对国民党建议的答复方案，其意在于阻止谈判。斯大林认为，国民党会拒绝中共提出的条件进行谈判的，"其结局是，中共是赞成和谈的，因而不能指责它欲将内战继续下去。于是国民党就成了破坏和谈的罪人。这样一来，国民党和美国的和谈花招就会被戳穿，你们也可以将必胜的解放战争继续进行下去"。①

　　对于苏方拟定的对南京政府的答复，毛泽东并不满意，认为苏方应这样答复："苏联政府过去和现在都一直希望看到一个和平、民主、统一的中国。但是，用什么办法实现中国的和平、民主、统一，这是中国人民自己的事情。苏联政府本着不干涉其他国家内政的原则，认为居间调停中国内战双方，是不可接受的。"毛泽东认为，美国、英国和法国，特别是美国，虽然极其希望调停中国的战争，借以达到维护国民党政权之目的，但是在中国人民心目中，这几个国家的政府，特别是美国政府，已经威信全无。与此同时，人民解放军在全国的胜利，国民党政权的灭亡业已成为有目共睹的事实。这几国政府是否还仍然愿意帮助南京政府，并从而继续得罪人民解放军，似乎也成为问题了。只有苏联在中国人民中间享有极其崇高的威望，如果苏联采取 1 月 10 日来电的立场答复南京政府的照会，结果会是：美、英、法三国认为苏联参与调停是应当的，而国民党则得了把柄，污蔑我们是好战分子。可是，不满国民党而希望人民解放军尽快胜利的广大民众就会失望。

　　毛泽东表示，中共采取这样的立场是：为了中国人民尽快得到真正的和平，要求南京政府无条件投降。开启战端者是南京政府，它罪恶滔天，已经失去国民

① 刘淑春译：《苏联历史档案选译——1949 年初国共和谈问题》，《近代史资料》第 95 号，第 217 页、第 219 页。

的信任。为了尽快结束战争和达成和平，南京政府应向人民交出政权，它没有任何理由恋栈。一旦国民党遭到军事失败，美国政府和国民党必然采取和谈的手腕。自1947年7月以来，我们就已经谨慎地长期关注和谈的欺骗性，以及这种骗局会对中国人民产生多大程度的影响。我们深为忧虑的是，这一骗局将对人民产生很大的影响，乃至我们不得不再次采取政治上的转圜，即拒绝与国民党的和谈。我们正延缓联合政府的成立。这样做的主要原因是，让美国政府和国民党方面先亮出其全部底牌，我们后发制人。不久前我们公布了43人的战犯名单。这是非正式的（是权威人士的声明）。人民解放军尚未发出逮捕这些战犯的命令。1月1日，蒋介石提出和平建议。我们对此做出的回答也是非正式的（是记者评论性文章）。

毛泽东最后说：总之，我们留出了转圜余地，要看看中国人民和国际舆论对国民党和谈做何反响。但是现在，我们倾向于完全不接受国民党的和平欺骗，这有充分正当理由，因为中国的阶级力量对比已经有了根本性转变，国际舆论也不利于南京政府。人民解放军今夏便可渡江攻打南京。我们似乎不必再取什么政治上的转圜策略，在当前形势下再这样做弊多利少。①

1月14日，斯大林复电毛泽东，认为如果南京政府根本没有提出和平建议或美国方面没有搞这一套和平的花招，本是最好不过的，问题是这样的花招已经出现了，对于这样一个现实不能避而不见。毫无疑问，南京方面与美国的和平建议，是一种欺骗政策，南京政府的企图自然不是和共产党和解，而是暂停军事行动，利用休战作喘息之机，整顿国民党军队，加强长江南岸的防卫，从美国调运武器，积蓄力量，以图再向人民解放军进攻，并将破坏和谈的罪名转嫁到共产党

---

① 《毛泽东就苏联政府回答南京政府照会事宜致斯大林的电报》(1949年1月12日)，《党的文献》2013年第5期，第9页。

头上。因此，如果公开地、毫不掩饰地拒绝南京方面的和平建议，这就意味着中共把和平的旗帜这一如此重要的武器拱手让给了国民党；也将使国内外的敌人污蔑共产党是继续打内战的好战分子，而赞扬国民党是和平的卫士；而且也会给美国以可乘之机，在欧美大造舆论，说不可与共产党讲和平，因为它不愿意要和平，唯一能够在中国实现和平的办法是由列强组织武装干涉。相反，如果表示愿意在中国实现和平，提出双方应在没有外国调停人参与的情况下进行谈判，并且谈判应在中国共产党与作为一个党的国民党之间进行，而不是与挑起内战因而失去民心的南京政府进行谈判，一旦双方就和平与中国领导权的问题达成了协议，军事行动就应当停止。国民党显然是不会接受这样的条件的，而这样做可以使人民明白，继续打内战的罪人是国民党而不是共产党，这样和平的旗帜就落在共产党手里了。

斯大林又说，假如国民党方面接受中共方面提出的和谈条件，中共方面应当采取如下行动计划：第一，可以明确提出联合政府成立前，人民解放军不能停止对国民党军队的进攻；建立中央联合政府机构时，将五分之三的政治协商会议议席、三分之二的政府部长职位留给共产党，其余的议席和部长分配给其他民主党派和国民党。第二，应当把总理、总司令，并尽可能地把总统的职位都留给共产党。第三，应通过政治协商会议宣布，这样建立起来的联合政府，是中国唯一的政府，而其他企图篡夺中国政府地位的政府都是欺世盗名的叛乱集团，应予取缔。第四，应当通过联合政府向国共双方的军队发布命令，要求军队宣誓效忠联合政府，并保证立即停止对那些已宣誓效忠的军队采取军事行动，而对拒不宣誓的军队继续实施军事行动。斯大林说，国民党方面未必接受这些措施。只要他们不接受，事情就会对他们更不利，他们就会更孤立，而上述措施也将在没有国民党人的情况下执行。电报最后明确表示，至于苏方对南京方面调停建议的答复，将根据中共的意愿来起草。①

接到斯大林 14 日的电报后，毛泽东明白了斯大林的用意所在，当天致电斯大林说："我和您在基本方针上完全一致，这就是击破同国民党的谈判，继续把革命战争进行到底。"②

就在这一天，毛泽东以中共中央主席的名义发表关于时局的声明，指出："中国第一名战争罪犯国民党匪帮首领南京政府伪大总统蒋介石，于今年一月一日，提出了愿意与中国共产党进行和平谈判的建议。中国共产党认为这个建议是虚伪的。这是因为蒋介石在他的建议中提出了保存伪宪法、伪法统及反动军队等项为全国人民所不能同意的条件，以为和平谈判的基础。这是继续战争的条件，不是和平的条件。"

声明针对蒋介石的新年文告，提出了与国民党军政势力进行和平谈判的条件。声明指出，虽然中国人民解放军具有充足力量和充足理由，确有把握在不要很久的时间之内，全部消灭国民党反动派的残余军事力量，"但是为了迅速结束战争，实现真正的和平，减少人民的痛苦，中国共产党愿意与南京国民党反动政府及其他任何国民党地方政府与军事集团在下列条件的基础之上进行和平谈判。这些条件是：（一）惩办战争罪犯；（二）废除伪宪法；（三）废除伪法统；（四）依据民主原则改编一切反动军队；（五）没收官僚资本；（六）改革土地制度；（七）废除卖国条约；（八）召开没有反动分子参加的政治协商会议，成立民主联合政府，接收南京国民党反动政府及其所属各级政府的一切权力"。

---

① 刘淑春译：《苏联历史档案选译——1949 年初国共和谈问题》，《近代史资料》第 95 号，第 222—225 页。

② 《毛泽东就中共发表与南京政府和谈八项条件事宜致斯大林的电报》（1949 年 1 月 14 日），《党的文献》2013 年第 5 期，第 11 页。

★ 1949 年 1 月 14 日，毛泽东发表《关于时局的声明》，揭露蒋介石和谈阴谋，提出八项条件作为和平谈判的基础

声明强调："中国共产党认为，上述各项条件反映了全国人民的公意，只有在上述各项条件之下所建立的和平，才是真正的民主的和平。如果南京国民党反动政府中的人们，愿意实现真正的民主的和平，而不是虚伪的反动的和平，那么，他们就应当放弃其反动的条件，承认中国共产党提出的八个条件，以为双方从事和平谈判的基础。否则，就证明他们的所谓和平，不过是一个骗局。"这样，南京政府抛出的和平谈判口号，被中国共产党接过手来，成为将革命进行到底的另一种方式。

声明希望全国人民、各民主党派、各人民团体，大家团结起来争取真正的民主的和平，反对虚伪的反动的和平。南京国民党政府系统中的爱国人士，亦应当赞助这样的和平建议。同时要求人民解放军全体指战员"在南京国民党反动政府接受并实现真正的民主的和平以前，你们丝毫也不应当松懈你们的战斗努力。对于任何敢于反抗的反动派，必须坚决彻底干净、全部地歼灭之"。①

在此之前，毛泽东和中共中央一再强调要将革命进行到底，反对半途而废，也就是确立不同于国民党方面进行所谓和谈的方针，而现在又表示可以"在八个条件下与南京"进行谈判，无疑，这是对蒋斗争策略的一个重要转变，必须向党内做解释工作。就在毛泽东发表关于时局声明、提出八项和谈条件的同一天，中共中央致电各中央局、分局、工委、总前委、前委并转所属："为了揭穿和击破南京政府的和谈欺骗，中央于本日发表在八个条件下愿与国民党进行和平谈判的声明，这与新年献词《将革命进行到底》没有丝毫的矛盾。望向党内加以解释。"②

★ 拥护八项和平条件的宣传画

第二天，中共中央又发出致东北局及其他中央局、前委电："我方提出之八个和平条件是针对蒋方五个条件的。蒋方有宪法、法统、军队三条，我方亦有此三条。蒋提保持国家独立，我提废除卖国条约。蒋提保持自由生活方式及维持最低生活一条，我则分提没收官僚资本、改革土地制度两条。此外，我方的第一条（惩办战犯）及第八条（政协、联府、接收）是严正战争责任与不承认南京政权继续存在，双方的条件都是对方不

① 《中国共产党中央委员会毛泽东主席发表关于时局的声明》，《人民日报》1949 年 1 月 15 日。

② 中共中央文献研究室编：《毛泽东年谱（1893—1949）》（修订本）下卷，中央文献出版社 2013 年版，第 437 页。

能接受的，战争必须打到底。故与新年献词毫无矛盾，而给人民解放军及国民党区域被压迫人民一个打击国民党的武器，揭露国民党所提和平建议的虚伪性及反动性，望向党内干部及民主人士妥为解释。"①

1月20日，中共中央致电刘伯承、陈毅、邓小平等，祝贺淮海战役胜利结束。电文指出："为使全国人民早日获得和平，中国共产党中央委员会业已向南京伪政府提出八个真正的民主的和平条件，等候南京伪政府答复。如果他们同意这些条件，你们即应和平地开入南京，代表中国人民接收南京伪政府的一切权力，听候即将成立的民主联合政府处理。如果他们不同意这些条件，那就证明他们的所谓和平建议不过是一个骗局，你们即应命令南京伪政府投降。如果他们又不愿意投降，你们即应歼灭之。在等候南京伪政府答复我们的和平建议的期间内，你们的攻击暂以长江北岸为范围，准备渡江，但是不要立即渡江，以便给南京伪政府人员一个考虑和战的机会。"②

很显然，中共中央此时提出在八项条件下与南京政府谈判，充分估计这八条是南京方面不能接受的，目的是揭露南京方面和谈的"虚伪性及反动性"。如果南京政府接受了八条，实际上宣布自己是无条件投降，同样实现了将革命进行到底的目的。

---

① 中央档案馆编：《中共中央文件选集》第18册，中共中央党校出版社1992年版，第30页。

② 中共中央文献研究室编：《毛泽东文集》第五卷，人民出版社1996年版，第240—241页。

第四章

桂系的试探与中共的应对

蒋介石下野前后，桂系甚为活跃，频频发动所谓和平攻势，并通过不同的渠道与中共方面进行接触。桂系以和谈为旗号迫使蒋介石下台，但白崇禧等人的所作所为，并非真正为了实现国内和平，而是企图通过与共产党和谈，阻止人民解放军渡过长江，实现划江而治的企图。中共中央明确提出"反对伪和平，争取真和平"，对桂系采取了既争取又斗争的方针。

一、桂系与中共的初步接触

蒋介石与桂系之间矛盾很深。白崇禧等人很清楚，蒋不但是迷恋权位之人，而且仍有一定的实力，他们所谓的和平运动，已同蒋介石彻底撕破脸，与蒋的关系已是势同水火，而桂系从力量对比上还不是蒋的对手。因此，要彻底搞倒蒋介石，光靠自己的力量远远不够，还必须借助一贯反蒋的李济深等人的力量，同时也有必要摸清共产党方面的态度。李济深是广西苍梧人，虽然不属于桂系，但与李宗仁、白崇禧等人有着很深的渊源，新桂系的崛起得到了李济深的呵护与支持。此时的李济深已经明确表示响应中共的"五一"口号，与中共方面已发生了密切的联系。何况即使逼迫蒋介石下了台，桂系自己撑起了国民党的江山，也必须直接面对共产党。所以，白崇禧在采取一系列的手段向蒋介石发难的同时，开始派人与中共方面接洽、联络。

1949年1月12日，白崇禧、黄绍竑（新桂系的根基是李宗仁、白崇禧、黄绍竑三股势力的合流，随后形成了李、白、黄体制，1930年中原大战后黄决意投蒋，但承诺不做有损桂系之事，在1948年李宗仁竞选副总统时，黄又出力甚多，故与桂系的关系实为藕断丝连）召开了一次桂系在武汉干部的秘密会议。

会上，白崇禧首先发言："这回同老蒋闹翻了。淮海战役一结束，他（指蒋）迟早一定来收拾我们。南京的中国国民党党部是他的御用工具。我们一向是搞军事的，对于党务（指中国国民党）没有什么经验，以前我们屡次失败，都是没有政治上的支持，全靠枪杆来干。这回就大大不同了，不但要对付国民党内部，还要同中国共产党打交道。你们看怎样行呢？"接着他又说："我的意见，李任公（济深）一向反蒋，他团结有一些民主力量，与共产党也有交情，不如请他到武汉来主持政治，我们就专管军事，这样就不怕了。"

在座诸人都表赞同。于是，就推人给李济深写信，两易其稿，均不满意。黄绍竑说，最好派与李有关系的人去香港，当面说明这里的情形，比写信好得多。白崇禧想了想，说："这个重要使命只好请你负担。"黄也没有推辞，只是说："如果李任公已离开香港，我可否同中共驻港负责人接头呢？"白答应可以。[①]

白崇禧之所以同意黄绍竑去香港找李济深，是因为他从张群带来的两点意见中看出，蒋介石并不想下野，因此他企图通过李济深同中共方面单独进行和谈，先借助中共的力量将蒋挤下台，然后与中共来个划江而治。

会后，白崇禧花重金包了一架原美国飞虎队队长陈纳德办的民用航空公司的"专机"，从汉口转桂林、柳州飞广州。所谓专机，不过是在堆满货物的机舱中挪出一个座位而已。黄由广州到香港后，李济深已应中共中央之邀，秘密前往东北

---

① 黄绍竑：《李宗仁代理总统的前前后后》,《文史资料选辑》第60辑，第53页。

解放区，准备参加新政治协商会议。黄便将他自己致李济深的信函托民革（即中国国民党革命委员会，由国民党内的民主派人士组成，1948 年 1 月 1 日正式成立，以宋庆龄为名誉主席、李济深为主席）驻港负责人黄琪翔转交中共驻港负责人潘汉年。黄绍竑在信中说，白崇禧反蒋早具决心，希望李向中共方面转告武汉桂系反蒋经过及以后的决心与行动，请中共中央转告中共华中当局与白建立军事谅解，并商定以后共同作战计划。白认为时机紧迫，能早日得到中共的答复，随即便可发表反蒋宣言，军事上立即行动。

在黄琪翔的安排下，黄绍竑与潘汉年见了面。黄叙说了李宗仁和白崇禧的情形，说白已决心和平，与蒋系已成敌对，但桂系军力在华中只及蒋的三分之一，湖南的程潜虽可联合，但如果得不到中共的配合，仍无成功的可能。潘说，他也知道一些情况，白崇禧可能反蒋，但这样大的事他不能做主，必须打电报向中央请示，复电要三四天才能回来，请等候几天。①

1 月 20 日，毛泽东以周恩来、李克农的名义起草致潘汉年电，要潘将下列各点答复黄绍竑：（一）中共对时局的态度已见毛主席 14 日声明，任何方面均可照此声明去做。（二）南京集团是主要内战罪魁，李、白对内战亦负有责任，如欲减免内战罪责，必须对人民解放事业有具体而确实的贡献。如李宗仁尚欲取蒋而代，白崇禧尚欲获得美援反对我军，则将不能取得人民谅解，可以断定无好结果。（三）如白欲派代表与刘（伯承）、邓（小平）联络，可到郑州市政府接洽。②

1 月 24 日，潘汉年在香港与黄绍竑举行第二次会晤，向黄转告了周恩来 1 月 20 日电的大意，促其立即电告白崇禧，派刘仲容去郑州和刘伯承、邓小平联系。

---

① 韩信夫、姜克夫主编：《中华民国史大事记》第十二卷，中华书局 2011 年版，第 8776—8777 页。
② 中共中央文献研究室编：《毛泽东年谱（1893—1949）》（修订本）下卷，中央文献出版社 2013 年版，第 442—443 页。

黄对此表示满意，并希望潘汉年派人和他一起去北平，转赴中共中央，"得一和平基础协议草案"。黄认为"李、白可考虑"。潘回答说："李如能效法傅作义，先具体接受八条为先决条件，然后好谈和平解决方案。"潘还说：目前李宗仁在宁之一切空谈，都是无法解决问题的。时机迫切，仍以劝白与我刘邓洽商军事反蒋为最实际。由于局部洽商如能成功，将可以发展到全面和平。[①]

白崇禧在通过黄绍竑与中共方面进行接触的同时，又通过黄启汉和李书城与中共方面接洽。

1月20日晚上，白崇禧召集桂系重要干部在汉口三元里他的办公室密谈。参加这次密谈的有李品仙（华中"剿总"副总司令）、夏威（第八绥靖区司令官兼安徽省政府主席）、李任仁（立法委员）、刘斐（刚辞职不久的国防部参谋次长）、徐祖贻（华中"剿总"参谋长）、韦永成（立法委员）和程思远等七八个人。会议结束后，白对因感冒发烧没有与会的黄启汉（广西省政府顾问兼驻香港对外贸易专员、立法委员）说："自从我们发给蒋电，主张和平解决国共问题后，蒋很恼火，这一回势必和他闹翻了，而现在我们和共产党还没有取得联系，李任公（李济深字任潮，引者）又北上去了，怎么办呢？当前最迫切的问题，就是必须尽快和共产党取得联系，我想请你和一位老先生（即李书城先生）到信阳转赴前方，去和中共接头。第一步先搭上一条线，以后好联络。"黄问白到那里后讲些什么，白说："你只讲我们主张停止内战，恢复和平谈判解决问题，先彼此联系就是了。到那里以后，看情况，如交通许可，还可以到北方去找周（恩来）和叶（剑英），也顺便找李任公。"

1月21日，即蒋介石宣布下野的当天，白崇禧再次召集李品仙、刘斐、李任

---

① 转引自朱宗震、陶文钊：《国民党政权的总崩溃和中华民国时期的结束》，李新总编：《中华民国史》第3编第6卷，中华书局2000年版，第462页。

仁等人开会。白在会上说："老蒋干不下去了，要德公作挡箭牌，看样子他还要在幕后操纵的，但事已至此，只好全力支持德公，早日实现停战和谈。"李任仁提出，要对中共提出的八项条件表态，华中五省先停止征兵征粮，以示对和谈的诚意。白崇禧之所以高喊和平，目的是要逼蒋介石下台，桂系上台。现在这个目的已经达到，南京总统府的主人已换上了李宗仁，长江以南已由蒋家的天下变成了桂系的天下。在白看来，桂系的基本力量还在，他的华中"剿总"还有几十万人马，李宗仁又取代了蒋介石，再与共产党方面谈和，目的已是划江而治，与共产党平分秋色，岂能接受中共八条。于是，白崇禧很不高兴地对李任仁说："还未开始谈，怎么能停止征兵征粮呢？万一谈不成，又怎么办呢？"

白崇禧和李品仙对八项条件，最不能接受的是第一条，即惩办战争罪犯。在新华社 1948 年 12 月底公布的第一批战犯名单中，李宗仁位列第二，白崇禧排在第四。白说："惩办战犯等于把我们一网打尽，这怎么受得了？"李任仁说："惩

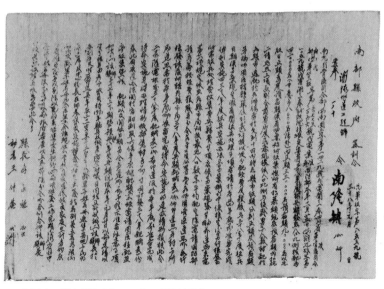

★ 国民党四川南部县政府 1949 年 1 月的征兵令

办战犯，无非是明确战争责任，对于个人，只要促成和平，有助于和平、民主、统一，就可由战犯变成功臣。"黄启汉、刘斐也表明同样的观点，白崇禧这才勉强同意以八条作为谈判基础。散会时，白崇禧把黄启汉留下来，并对黄说："既然蒋已引退，德公（李宗仁字德邻，引者）当了代总统，那就不必去信阳前方找关系了，可以从南京飞北平，也许能更直接和更快地找到共产党联系。"

白还给李济深写了一封信，希望李能到南京或武汉"指导一切"，实际是想打着李的旗号和凭借李与共产党的关系，来为桂系谋和。信中说：

> 禧对于革委会（指李组织的中国国民党革命委员会，引者）反帝、反封建、反独裁、反官僚资本等革命主张，素表赞同，建立真正民主和平之中国，尤早具决心，只以过去处境困难，未能完成志愿。去岁华中军民曾数以坚强语气电蒋建议和平停战，并请其早日引退，以谢国人，旋更联络各方施以压力，以扫除和平之障碍。兹蒋已去位，德公继承艰危，决以最诚恳态度与中共进行和平谈判，以坚确决心，扫除独裁祸根，将来国是全由国人公意决择。务恳我公鼎力协助，共奠和平，千万生灵、民族生机，在此一举。尤望大驾及革委会诸同志，早日莅临武汉或南京，指导一切。

白还在信笺上端，特地加注了"中共八项条文，禧已有表示可以商谈"等字。黄临走前，白崇禧又叮嘱黄转告李宗仁：要注意防备蒋介石幕后捣鬼，最好请他到国外走走；孙科同桂系也是不合作的，这个问题必加注意。[1]

1月22日，白崇禧派黄启汉到南京，见到了李宗仁，在座还有抗战期间给李

---

① 黄启汉：《一九四九年"和谈"回忆》，《文史资料选辑》第 67 辑，第 7—9 页。

当参议的刘仲华。李大略介绍了蒋介石下野与自己代总统的经过，然后说："当前最迫切的事情就是要和共产党取得联系，要求解放军停止进攻。"并说他已经由空军定了一架飞机，明天就将黄和刘送去北平。李甚至表示，他愿意接受毛泽东提出的八项条件作为谈判基础。当得知白崇禧已给李济深写一信之后，李宗仁表示自己也应当给李济深写一封信，要黄带给李济深。信中说：

> 去岁迭奉惠书，弟因处境困难，未获裁复，实深抱歉。然对吾兄反独裁、反封建之主张则极表同情。兹者蒋已引退，弟勉支危局，愿以最大努力促和平之实现，中共方面亦已表示愿商谈。除由政府派定人员与中共进行和谈外，兹派黄启汉同志趋前承教，甚盼和平能早日实现，弟亦得早卸仔肩也。①

李宗仁还让秘书给傅作义写了一封信，肯定傅接受和平改编做得对，希望傅支持他的和谈。李还一再嘱咐黄、刘二人，要求中共方面体谅他的处境，暂时停止军事进攻。

1月23日，黄启汉和刘仲华乘一架军用运输机去了北平。1月27日，黄和刘在颐和园见到了叶剑英。他们介绍了蒋介石下野的经过，以及李宗仁、白崇禧的处境和政治态度，并且表示：李、白同意以毛泽东1月14日《关于时局的声明》中指出的八项条件为基础，进行和平谈判。为了表示求和诚意，特意先派他们来同中共进行联络，希望中共方面尽早与李、白进行谈判。李、白愿与中共达成默契，在京沪一带作战中与中共军队配合，具体方案要等待叶剑英参谋长指教。

---

① 黄启汉：《一九四九年"和谈"回忆》，《文史资料选辑》第67辑，第8—9页。

★ 叶剑英1949年居住过的颐和园益寿堂。1948年12月13日，中共中央决定，彭真任中共北平市委书记，叶剑英任副书记、北平军事管制委员会主任兼市长。1949年1月21日，叶剑英从良乡移居到这里

叶剑英指出：欢迎你们到北平来谈和平谈判问题。在当前的形势下，虽然中共完全可以用武力彻底消灭国民党反动派，但我们仍然愿意同国民党南京政府和任何国民党地方政府或军事集团进行和平谈判。随后，叶将谈话的内容电告了中共中央。①

1月28日，叶剑英设宴招待黄启汉和刘仲华。饭后，叶对黄、刘说：今天我们已有足够的力量可以完全、彻底粉碎蒋介石国民党的残余势力，全国的解放，指日可待，这也是历史发展的必然结果。但为了迅速结束战争，减少人民的痛苦，

---

① 中国人民解放军军事科学院编：《叶剑英年谱（1897—1986）》上，中央文献出版社2007年版，第512页。

毛主席已发表声明在八项条件的基础之上，愿意和国民党南京政府及其他任何国民党地方政府或军事集团进行和平谈判。我们要的是真正的和平，维护民族利益、人民利益的和平。古云："识时务者为俊杰。"在这伟大的历史转折关头，谁能认清形势，顺应潮流，向人民靠拢，前途就是光明的。[①] 当天，叶剑英致电林彪、罗荣桓等并报中共中央说："李、白代表无信件、无方案，似一种接上关系和刺探性质。"[②]

　　然而，中共中央了解叶与黄、刘的谈话内容后，认为有文章可做。2月1日，中共中央就对待李宗仁、白崇禧等人的态度致电叶剑英等："叶剑英与李宗仁、白崇禧派来之黄绍竑（应为黄启汉，引者）、刘仲华二人1月27日谈话，1月30日方见简报，彭真、叶剑英前电称谈话无甚具体内容，已让黄绍竑、刘仲华入城。现阅来电反证谈话是有政治内容的，且有文章可做，即有分裂反动统治内部，使李宗仁、白崇禧转向毛主席八条方针，反美反蒋，与黄埔系实行火拼，以利我各个击破的文章可做，但你们却对此不够重视。现黄绍竑、刘仲华两人是否均已返宁，如刘仲华尚在北平，望令其迅速返宁，面告李宗仁：如其果有反蒋反美接受毛主席八条要求的真意，即应迅速与蒋分裂，逮捕蒋之嫡系将领如顾祝同、汤恩伯、余济时、陈大庆及特务头子毛人凤、郑介民、叶秀峰、郭紫峻、毛森等人，方能站稳脚跟，进行和谈。否则，李宗仁、白崇禧不扣复兴、西西（即国民党内以陈立夫、陈果夫为首的CC系，引者），结果，必致李宗仁、白崇禧为复兴、西西暗算，弄得身败名裂，两头失踏，中间道路是万万走不通的。如李宗仁、白崇禧确愿在行动上有反蒋反美的表示，刘仲华仍可来平，并携带密码呼波与叶剑英

①　黄启汉：《一九四九年"和谈"回忆》，《文史资料选辑》第67辑，第13页。
②　中国人民解放军军事科学院编：《叶剑英年谱（1897—1986）》上，中央文献出版社2007年版，第513页。

接洽，以便建立联系。如李宗仁、白崇禧托黄绍竑刘仲华转告之言，纯属骗局，则中共便宜无此余暇与之敷衍。"①

根据中共中央的指示，叶剑英再次同黄、刘谈话，商定刘仲华留在北平负责联络，黄启汉回南京向李宗仁报告。

黄启汉回到南京后，向李宗仁汇报了在北平见到叶剑英的经过及谈话的详细内容，李很高兴地说："总算很快就（与中共）搭上了关系。"李宗仁又问及关于他要求解放军停止进攻的问题，黄启汉回答说："这个问题叶参谋长只答应向中共中央反映。"李宗仁听了之后颇有些失望。黄启汉说："两军对垒，尚未达成任何协议就单方面要对方停止军事进攻，这本来是不合情理的，叶参谋长不当面驳斥我们，已经是很客气的了。"于是李宗仁表示，现在先力争全面和谈，且不考虑别的。②

1月23日，李书城在民盟湖北省执委李伯刚的陪同下，离开武汉北上。24日，在河南信阳同国民党河南省主席张轸交换了意见，26日到达解放区城市漯河，并在这里过春节。据1月29日刘伯承、陈毅、邓小平给中央军委的电报，李书城向中共方面转达的白崇禧意向是：白对毛泽东的八项条件基本同意，只是感到宣布的战犯太多，他白崇禧不应该包括在内。他很愿意联合中共军队共同对蒋系作战，他们充任江南反蒋之先驱，但希望中共能同意不改编他的部队，只接受解放军之名义与指挥，并希望能够让他参加联合政府。李书城承认，既然接受中共八项条件，改编军队自是天经地义，只要对白加以压力，不怕白不接受改编条件。只是对白应讲求方式方法，对白本人亦应从宽处理，允其立协（功）赎罪。③由此可

---

① 《中共中央关于对待桂系军阀的态度问题给叶剑英等同志的指示》，1949年2月1日。

② 黄启汉：《一九四九年"和谈"回忆》，《文史资料选辑》第67辑，第13—14页。

③ 转引自杨奎松：《失去的机会？——抗战前后国共谈判实录》，新星出版社2010年版，第322页。

见，白崇禧虽然此时在和谈的问题上很积极，但其目的不是为了使人民少受战争之苦，国家早日实现和平，而是他个人的地位得失，其用意在于先用和平为武器拱倒蒋介石，由桂系取代，然后与共产党讨价还价，以使江南半壁江山在桂系的控制之下。

2月8日，李书城由漯河市政府派人护送经许昌到达商丘。时值中共中央中原局扩大会议刚刚结束，中原局、第二野战军（这年2月5日由中原野战军改称）、中原军区的主要干部都在这里。2月11日，刘伯承、陈毅接见了李书城和李伯刚，并询问了白崇禧的情况。陈毅对李书城说：桂系在南京的做法，恐怕还是想窃取南京依靠美国的援助与解放军对抗。当李书城问及中共对白崇禧的态度时，陈毅表示：白作为第四号战犯的名字不能勾掉。白崇禧和其他人一样。不论任何人，他如果起义，我们就按起义对待；他如果投降，我们就按投降对待；他如果在战场上被俘，就按战俘对待。中国共产党、中国人民解放军有自己的政策。我们对待起义、投诚、战场上抓住的，从来就是这样对待。至于白崇禧走什么样的道路，由他自己选择，但是名字决不能勾掉。刘、陈还以傅作义为例，反复说明白如果以实际行动作出了贡献，中共将欢迎和优待，对张轸、张笃伦也是如此。①

二、"反对伪和平，争取真和平"

1月22日，李宗仁开始代行总统之职。就在这一天，他发表文告称："宗仁当兹视事之初，愿为我全国同胞告者，政府今日即将以高度之诚意，与最大之努力，

---

① 李敬修：《刘伯承、陈毅与李书城的一次会见》，《商丘文史资料》第1辑，第139页。

★ 原南京国民党政府总统府内的总统办公室。蒋介石、李宗仁曾在此办公

谋取和平之实现。此一任务，明知异常艰巨，但为国家为人民，宗仁必竭尽一切，努力以赴。只要和平能早日实现，国家能早日步入和平建设之坦途，宗仁个人进退，绝不计及……兹为表示诚意与决心，政府将从事扫除一切和平障碍，凡过去一切有碍人民自由及不合民主原则之法令与行动，悉将分别迅速予以撤消或停止，冀能培育国内和平空气，使和谈工作得以顺利进行。至于中共方面所提八项条件，政府愿即开始商谈。兹已派定代表，俟得中共方面答覆，和谈即可进行。"①

同一天，李宗仁指示南京政府行政院作出决议：派邵力子、张治中、黄绍竑、彭昭贤为和谈代表，邵力子为首席代表，等候中共代表在双方同意的地点进行和

① 《李代总统昨晨视事　发表文告力促和平　竭尽一切消弭战争速召祥和　已派定代表候中共答覆即进行和谈》，《中央日报》(南京) 1949 年 1 月 23 日。

谈。邵于同日发表谈话，表示和平实在很需要，但又向行政院院长孙科恳辞首席代表一职。

也在这一天，李宗仁还派甘介侯去上海，访晤宋庆龄、章士钊、黄炎培等人，请他们为促成和谈有所赞助。李宗仁还致电宋庆龄及李济深、沈钧儒、章伯钧、张东荪等知名人士，希望共策和平运动。他在给已前往解放区的李济深的电文中说："现中共方面已表示愿意商谈，果能相忍为国，不难获致成功。弟对此不特愿尽最大之努力，且具有无畏之信心。吾兄频年倡导和平，苦心孤诣，举国敬佩。值兹艰危之际，尚乞详以示知，俾资循率。如能邀约北方维护民主和平人士，共同命驾来京，共商策进，以慰众望，而弟亦得早日卸仔肩，尤所企幸。"在给宋庆龄的信上说："弭战谋和，已成为全国一致之呼声。仁决遵循民意，尽其最大之努力，惟兹事体大，尤赖夫人出为领导，共策进行……乞即日命驾莅京，使获随时承教。"[1]

李宗仁想当然地认为，李济深等人转为亲共，"一方面固然是由于中共统战策略运用之灵活；同时也是蒋氏一帮为渊驱鱼的结果"，只要做他们的工作，使其支持自己，就会组成第三种力量，"对中共增加压力，庶几使中共不致毫无顾忌"。[2]然而，在国民党失败已成定局，对桂系求和的实质又有相当了解后，这些人都不愿为李宗仁捧场。张澜、罗隆基、黄炎培与甘介侯面谈之后，复信给李宗仁说，"澜等此时不拟来京，定荷我公谅之"，并告诫李："生而不有，为而不争，柱下名言，窃愿为我公诵之。"[3]

据甘介侯对美国驻华使馆人员说，中间派领袖们告诉他："共产党人有三项必要条件，第一，没有'中间道路'，所有的政团和派系，对中共都必须采取如同中

---

① 《李代总统致孙夫人函》，《大公报》（上海）1949 年 1 月 24 日。

② 李宗仁口述，唐德刚撰写：《李宗仁回忆录》，广西人民出版社 1988 年版，第 655 页。

③ 黄炎培：《黄炎培日记》第 10 卷，中国社会科学院近代史研究所整理，华文出版社 2008 年版，第 180 页。

国国民党革命委员会和民主同盟那样的态度。第二，不助长美国在中国事务中的影响，不助长和美国的接触，包括任何团体都不接受美国的援助。第三，不和任何团体在它所拥有的军事和辖区的基础上进行谈判，仅仅和个别人，按照他过去政治表现和现在的政治经历的基础上，进行谈判。"[①] 李宗仁对此很失望，不得不承认"这些民主人士也就无心再来烧国民党的冷灶了"。[②]

其实，就在李宗仁正式就任中华民国代总统的当天，已进入解放区的李济深、沈钧儒等 55 人联名发表声明，表示接受中共的领导，拥护毛泽东关于和平谈判的八项条件。声明强调："我们认为，革命必须贯彻到底，革命与反革命之间绝无妥协与调和之可能。辛亥以来，历次失败的惨痛教训，我们是应该牢牢记取的。在今天，帝国主义、封建主义和官僚资本主义，是中国人民革命之对象，是障碍中国实现独立、民主、自由、幸福之最大敌人，倘不加以彻底廓清，则名实相符的真正和平，绝不能实现。因此，我们对于蒋美所策动的虚伪的和平攻势，必须加以毫不容情的摧毁。""我们确信，全国真正为民主革命而努力的人士，必能一致努力，务使人民民主阵营之内，决无反对派立足之余地。"[③]

1 月 27 日，中国国民党革命委员会在沈阳发表关于时局的声明，明确表示"一致拥护中国共产党主席毛泽东先生对于时局之主张及八项和平条件"，"革命必须进行到底，不可姑息养奸，致重蹈辛亥以来革命失败之覆辙"。对于李宗仁、白崇禧等人的和平攻势，声明认为这是李宗仁"装出了十足的欺骗人民的姿势，都是在美帝指使之下的反革命阴谋的公开表演"。[④] 中国民主同盟领导人也在这天

---

① 朱宗震、陶文钊：《国民党政权的总崩溃和中华民国时期的结束》，李新总编：《中华民国史》第 3 编第 6 卷，中华书局 2000 年版，第 458 页。

② 李宗仁口述，唐德刚撰写：《李宗仁回忆录》，广西人民出版社 1988 年版，第 655 页。

③ 中央档案馆编：《中共中央文件选集》第 18 册，中共中央党校出版社 1992 年版，第 74 页。

④ 《国民党革命委员会号召各界拥护毛主席八项条件》，《人民日报》1949 年 2 月 2 日。

发表严正谈话，说过去国共两党之争，民盟曾经充当过第三者，但现在局势已完全改变，"现在是革命与反革命之争，而我们站在革命的一边，所以不能参加调解"。① 这两个声明和谈话，算是对李宗仁上台之初要他们与其共策和平运动的公开回答。1月28日，李济深发表致李宗仁的公开信，说"吾兄如真有和平诚意"，则应全部接受毛泽东提出的八项条件，"方有和谈之可言"②，明确表明了自己的政治立场。

桂系是利用所谓和平推倒蒋介石的，虽然到此时桂系的武装力量还基本保持完整，但在人民解放军面前根本不是对手，如果不在和平上做文章，就没有出路。为了表明自己企求和平的诚意，1月23日，李宗仁特饬令行政院：（一）将各地"'剿匪'总司令部"一律改为"军政长官公署"；（二）取消全国戒严令，接近前线者，俟双方下令停止军事行动后再行取消；（三）裁撤"戡乱建国总队"；（四）释放政治犯；（五）启封一切在"戡乱"期间因抵触"戡乱"法令被封之报馆、杂志；（六）撤销特种刑事法庭，废止刑事条例；（七）通令停止特务活动，对人民非依法不能逮捕。这就是所谓的"七大和平措施"。

由于蒋介石仍在幕后指挥，李宗仁虽然当上了代总统，但控制不了国民党的局面。在蒋介石"引退"过程中，李宗仁希望以副总统身份继任总统，却遭到蒋介石及其嫡系们的反对。这个"代"字表明蒋介石随时可以"复职"，李宗仁不过是临时代理而已。李宗仁及其桂系在国民党内的影响力远不及蒋介石及其黄埔系，何况国民党内历来是派系横生，从来没有真正团结统一过，所以李宗仁的这七项措施，除了第一项改了个空名外，其余的都没有做到。

事实上，南京政府李宗仁等人大喊和平谈判，而蒋介石却在指使其嫡系做负

---

① ② 韩信夫、姜克夫主编：《中华民国史大事记》第十二卷，中华书局2011年版，第8794页、第8795页。

隅顽抗的准备。1月29日，南京政府国防部参谋总长顾祝同奉蒋介石之命，下达《应付时局六要领》密令：（一）认清中共企图。（二）中共八条"第一条所谓战犯，意在侮辱我领袖，动摇我信心"，"须予严厉驳斥"。（三）"军事最近作战重点，封锁巩固长江，并保卫西北、西南；第一线部队宜加强戒备，切实演练歼灭敌人战术"。（四）"后方整训部队及无作战任务部队，务须加紧补充训练，以提高作战精神及能力，期短期变成劲旅"。（五）"对后方治安秩序应加维持，地方散匪及造谣生事、罢工、怠工等行为，应严加取缔肃清"。（六）"对部队应特别注意激励士气"。①

李宗仁上台后，大打和平牌，一再同民主党派领导人联络，希望他们能对其和平主张"力加赞助"。对此，中共方面保持高度警惕，要求全党及时识破这种和平阴谋，并做好民主人士的工作，使其站稳立场，不要为李宗仁的和平烟幕所蒙蔽。1月24日，中共中央致电东北局："你们将李宗仁致李沈章张〔蔡〕电报送交他们是对的，国民党对于各民主人士的勾引是必然要继续进行的，企图破坏在我党领导下的新政协，这不仅是李宗仁个人的活动，而且是蒋介石匪帮有计划的活动，我们必须充分注意。但蒋介石匪帮大势已去，依附蒋匪帮没有最后出路，只要我们工作做得好，争取李沈章蔡（李沈指李济深、沈钧儒，章系张之误，指张东荪，蔡即蔡廷锴，引者）及其他诸人站在二十二日他们自己的声明的立场上，和我们一道反对伪和平，争取真和平，是完全可能的。"②

1月25日，中共中央发出《关于揭破美蒋和平欺骗的指示》，强调"尤其要注意争取各中间派分子"。指示指出：美国政府指挥国民党发动的和平攻势，在我党一月十四日声明打击下已起分化，死硬派中的少数反动头子（蒋介石、陈立夫

---

① 韩信夫、姜克夫主编：《中华民国史大事记》第十二卷，中华书局 2011 年版，第 8796 页。

② 中央档案馆编：《中共中央文件选集》第 18 册，中共中央党校出版社 1992 年版，第 72 页。

等）在美国压力下暂时退入幕后指挥，而扶起李宗仁、孙科、邵力子、张治中等以比较新的手法，大谈其和平民主，企图欺骗人民，分化各民主党派，破坏在我党领导之下的政治协商会议，阻止我军渡江南进。我们必须在民众中在各民主党派中揭破这种欺骗。①

1月28日，中共中央致电上海党组织，要他们同尚在上海的张澜、罗隆基、黄炎培等交换意见，要求着重说服他们坚持李济深等55人声明的立场，同时动员在解放区的民主人士做工作，请他们坚持正确的立场。毛泽东还在电报上加写了这样一段话："望要刘仲容即去告李、白绝不要相信蒋介石的一套，桂系应准备实行和蒋系决裂，和我方配合解决蒋系，才能在人民面前和蒋系有所区别。"② 这说明，中共中央对桂系还是抱着争取的态度，关键是桂系要同蒋介石集团划清界线。

桂系虽然有反共的历史，并且也参加了蒋介石发动的全面内战，但桂系之反共毕竟与蒋介石有所区别，且与蒋介石又有着尖锐的矛盾，而桂系在此时此刻又在高喊和平，因而中共中央希望能够争取李宗仁、白崇禧在接受八项条件的前提下，实现国内和平。同一天，中共中央致电东北局说："南京方面极混乱，企图拉拢张澜、黄炎培、罗隆基等站在南京方面的计划已告失败。""北平和平解决，傅作义将功折罪，可以免除战犯名，此点可告民主人士，将来李宗仁、白崇禧等如能照此办理，亦可许其将功折罪，惟蒋系各主要战犯决不能宽待。"③ 对于白崇禧等纠结的战犯名单问题，中共中央的态度十分明确，不但要听其言更要观其行，只有他们做出有利于和平、有利于国家的事情，就可以戴罪立功受到宽大处理，

---

① 中央档案馆编：《中共中央文件选集》第18册，中共中央党校出版社1992年版，第82页。

② 中共中央文献研究室编：《毛泽东年谱（1893—1949）》（修订本）下卷，中央文献出版社2013年版，第449页。

③ 《中共中央关于征求各民主人士对战犯名单意见给东北局电》，1949年1月28日。

傅作义就是他们的榜样。

1月30日，中共中央又致电东北局负责人高岗等，要他们说服李济深正确对待桂系，并通过黄绍竑转告李、白：只有坚决站在人民方面，完全接受中共提出的八条，与中共一道彻底消灭蒋介石残余势力，并直接派人到前线与人民解放军负责人接洽，只有与蒋介石反动集团划清界线，才能取得人民的谅解。电文说："现在国民党反动营垒，混乱已极。蒋介石仍在暗中指挥，企图以李宗仁、孙科、邵力子、张治中等进行和平攻势，掩护他重整第二线阵容，并准备在李宗仁和谈不成或倾向投诚时，蒋介石好再起，目前国民党宣传广播机构，即依此方针进行挑拨和破坏，而蒋系军队亦正纷纷由江北向苏浙皖后撤。因此，李宗仁、白崇禧与蒋系裂缝正在扩大。我们的方针是加深李宗仁、白崇禧与蒋系的分裂，逼其站在我们方面，走上推翻美国及蒋介石统治的道路。为欲达此目的，必须公开地揭露李宗仁、白崇禧同是战犯的罪状，取消其现有资本，压其与蒋系公开破裂，然后方有可能迫使李宗仁、白崇禧向人民低头。"[①] 这个电报再次明确表达了中共中央对于李、白等人的态度。

与此同时，毛泽东和中共中央通过发表发言人谈话等形式，对李宗仁的"和平攻势"进行揭露与抨击。

1月25日，毛泽东以中共发言人名义就22日南京政府派定和谈代表一事发表谈话，指出："我们愿意在一月十四日毛泽东主席对时局声明的基础之上和南京反动政府谈判和平解决的问题。南京反动政府应负发动反革命内战的全部责任，全国人民对于这个政府早已完全丧失信任，这个政府早已没有代表中国人民的资格。有资格代表中国人民的政府，只能是由即将召开的没有反动分子参加的新的

---

① 《中共中央关于说服李济深正确对待桂系军阀给高岗等电》，1949 年 1 月 30 日。

政治协商会议所产生的民主联合政府。因此，我们允许南京反动政府派出代表和我们进行谈判，不是承认这个政府还有代表中国人民的资格，而是因为这个政府手里还有一部分反动的残余军事力量。"①

谈话又说，现在南京反动政府方面放出了许多虚伪的装腔作势的和平空气，企图欺骗人民，以达其保存反动势力，获得喘息机会，然后卷土重来，扑灭革命力量之目的。全国人民应有清醒的头脑，决不可被那些伪善的空谈所迷惑。谈判的地点，要待北平完全解放后才能确定，大约将在北平。谈话还明确反对南京方面以彭昭贤为和谈代表，认为彭"是主战最力的国民党'CC'派的主要干部之一，人们认为是一个战争罪犯，中共方面不能接待这样的代表"②。彭在抗战时期任国民党中央组织部副部长，解放战争时期任南京政府内政部副部长、部长，属于以陈果夫、陈立夫为首领的国民党CC系重要人物，而CC系一向为蒋介石所倚重。

对于国民党方面十分关心的战争罪犯名单问题，这个谈话说：尚未发表全部战争罪犯名单，去年12月25日新华社发表的仅仅是第一批名单，发动内战残杀人民的国民党反动派中的主要负责人员决不止43个。果然，第二天即26日，新华社就发表广播说："对于去年十二月二十五日中共某权威人士所提出的战争罪犯的初步名单，国民党统治区的人民正在纷纷议论。有人说：这个名单中的四十三个人一个也不冤。更多的人感觉名单遗漏了许多重要战犯，例如军事方面的朱绍良、郭忏、李品仙、董钊、陈继承、张镇，政治方面的谷正纲、徐堪、俞大维、洪兰友、董显光、刘健群，党特方面的邓文仪、黄少谷、陈雪屏、贺衷寒、张道藩、蒋经国、郑彦棻、郑介民、叶秀峰，反动小党派方面的左舜生、陈启天、蒋

---

①② 《中共发言人发表谈话　人民应有清醒头脑不为伪善的空谈所迷惑》，《人民日报》1949年1月26日。

★ 1949 年 1 月 27 日,《人民日报》报道国统区人民纷纷讨论战犯名单

匀田。许多学生和教授们认为名单中必须包含重要的战争鼓动者胡适、于斌和叶青,北平人认为许惠东、吴铸人应列为战犯,上海人认为潘公展、宣铁吾应列为战犯,广东人认为张发奎、罗卓英应列为战犯,四川人认为王陵基、王缵绪、杨森、潘文华应列为战犯。"① 暗示这些人也可能被中共方面列入战犯名单,其中就有桂系大将李品仙。

1 月 26 日,南京政府发言人对中共发言人 25 日发表的谈话作出反应,发表谈话称:"政府为提早结束战争,以减轻人民痛苦,一月以来已作种种措施与步骤。本月二十二日更正式派定和谈代表。日来只待中共方面指派代表,约定地点,以便进行商谈。惟据新华社陕北二十五日广播中共发言人谈话,一面虽声明愿与政府商谈和平解决,一面则肆意侮谩,语多乖戾。且谓谈判地点要待北平完全解放后才能确定。试问中共方面如不即时指派代表,约定地点,又不停止军事行动,而竟诿诸所谓北平完全解放以后,岂非拖延时间,延长战祸?须知全国人民希望消弭战祸,已属迫不及待。政府为表示绝大之诚意,仍盼中共认清:今日之事,应以拯救人民为前提,从速指派代表进行商谈,使和平得以早日实现。"② 同一天,南京政府国防部审判战犯军事法庭宣布:日本战犯中国派遣军总司令官冈村宁次大将无罪。

---

① 《国民党统治区人民欢迎毛主席声明　纷纷讨论战犯名单　认为尚有许多重要战犯被遗漏》,《人民日报》1949 年 1 月 27 日。

② 转引自《毛泽东选集》第四卷,人民出版社 1991 年版,第 1393 页。

1 月 27 日，李宗仁致电毛泽东说："弟主政之日起，即决心以最高之诚意，尽最大之努力，务期促成和平之实现。""在今日之情势下，决无继续诉诸武力，互相砍杀，以加重人民与国家痛苦之理由。除遵循全国民意，弭战谋和，从事政治解决之外，别无其他途径可循。""贵方所提八项条件，政府方面已承认可以作为基础，进行和谈，各项问题自均可在谈判中商讨决定。在双方商讨尚未开始以前，即要求对方必须先行执行某项条件，则何能谓之为和谈？以往恩怨是非，倘加过分重视，则仇仇相报，宁有已时？哀吾同胞，恐无噍类，先生与弟将同为民族千古之罪人矣！""总之，今日之事，非一党一人之荣辱，而为国家命脉、人民生死之所系。弟个人亦绝无丝毫成见与得失之心，如能迅消兵革，召致祥和，俾得早卸仔肩，还我初服，固所时刻馨香祷祝者。掬诚布悃，希卓裁见复为幸。"电中就中共所述与美国勾结问题，则断然予以否认，说"这种观点，显系基于某种成见而来"，并表白说，他的对外政策是"凤主亲仁善邻，无所轩轾，凡有助于我国之和平建设，均应与之密切合作"。①

很显然，李宗仁一方面勉强同意以八项条件为谈判基础，另一方面又对八项条件提出质疑，认为既然和谈，双方就应该对等，不能"要求对方必须先行执行某项条件"。李宗仁认为，蒋介石失败不等于南京政府失败，现在他成了南京政府的最高领导人，他还领导着中国的半壁江山，有与中共方面讨价还价的本钱。

1 月 28 日，毛泽东以中共发言人名义发表谈话，算是对李宗仁 27 日来电的一个公开回应。谈话"严重警告"南京政府"必须立即将冈村宁次重新逮捕监禁，不得违误"。因为此事与南京政府现在要求和中共进行谈判一事"有密切关系"。中共方面认为，南京政府此举是在企图以虚伪的和平谈判掩护重整战备，"其中

① 《李代总统电毛泽东 表示最大谋和诚意 痛述人民遭受战祸惨状 力促速派代表进行商谈》，《中央日报》（南京）1949 年 1 月 28 日。

包括勾引日本反动派来华和你们一道屠杀中国人民一项阴谋在内"。谈话强调:"八条不是抽象的条文,要有具体的内容,目前这一个短时期内还是大家想一想要紧,为此耽搁一段时间,人民也会原谅的。老实说,人民的意见是要好好地准备这一次谈判。谈是一定要谈的,谁要中途翻了不肯谈,那是决不许可的,因此你们的代表一定得准备来。但是我们还得一些时间做准备工作,不容许战争罪犯们替我们规定谈判的时间。"[1]谈话还说,中共方面正在同各民主

★ 1949年2月6日,《大公报》报道《中共重申和平条件　日本战犯必须惩处》

党派、人民团体和无党派民主人士商量战争罪犯的名单问题,因此还不能立即进行和谈,在此期间,李宗仁政府并非是没有事做,除了逮捕日本战犯冈村宁次以外,必须立即动手逮捕包括蒋介石在内的一批战犯,才能显示南京方面和谈诚意。

虽然李宗仁曾命令重新逮捕冈村宁次,但李宗仁的命令出不了总统府,上海的国民党军政当局却立即将冈村宁次送回了日本。不但如此,还应美国驻日盟军最高司令道格拉斯·麦克阿瑟的要求,将已经宣判的260名日本战犯送回日本监押。

1月31日,南京政府发言人对中共发言人28日的谈话作出答复。对于中共要求其负责重新逮捕日本侵华罪魁冈村宁次,该发言人说,这"是一个司法问题。这完全与和谈无关,更不能作为和谈的先决条件"。对于中共要求其负责逮捕战争罪犯蒋介石等人,南京方面称"真正的和平不应该有先决条件",并且说中共发言

---

[1]《毛泽东选集》第四卷,人民出版社1991年版,第1394页、第1396页。

★ 1949 年 2 月 1 日，《人民日报》发表《反动派集团既已四分五裂还空喊什么"全面和平"》

人的声明"态度上似乎不够郑重"。对此，2 月 5 日，毛泽东以中共发言人名义发表声明对此逐一加以驳斥，强调南京政府除去历次的卖国罪以外，释放冈村宁次等日本战犯，现在又犯了一次卖国罪，而且这一次犯得很严重，和平谈判会议上必须谈这个问题。

2 月 15 日，新华社发表毛泽东写的《反动派集团既已四分五裂 还空喊什么"全面和平"》的评论。评论指出："国民党反动派从今年一月一日开始搬起的一块名叫'和平攻势'的石头，原想要用来打击中国人民的，现在是打在他们自己的脚上了；或者说得正确些，是把国民党自己从头到脚都打烂了。""虽然蒋介石、李宗仁和美国人对于这一手曾经作过各种布置，希望合演一出比较可看的双簧，但是结果与他们的预期相反，不但台下的观众愈走愈稀，连台上的演员也陆续失了踪迹。""虽然国民党已经没有一个'全面'的'政府',虽然无论在南京,在上海,在广州,在武汉,在长沙,在西北,在西南,到处都在进行着局部和平的活动,但是国民党死硬派却在反对局部和平而要求所谓全面和平,其实际意义就是取消和平。"①

2月13日,国民党中央宣传部发出给各党部各党报的《特别宣传指示》:"叶剑英向我后方宣传中共对和平有诚意,而指责政府军事布置为无诚意谋和。各报对此,必须依据下列各点从正面与侧面力加驳斥。"这个《特别宣传指示》一连列举了好几点应当"驳斥"的理由:"政府与其无条件投降,不如作战到底。""毛泽东一月十四日声明所提八点为亡国条件,政府原不应接受。""中共应负破坏和平之责任。今日中共反而提出所谓战犯名单,将政府负责人士尽皆列入,更要求政府先行逮捕,其蛮横无理,显而易见。中共如不改变此种作风,则和平商谈之途径,势难寻觅。"

2月16日,新华社发表毛泽东撰写的《国民党战犯集团妄图拯救他们自己,由呼吁"和平"改为呼吁战争》的评论,指出:"国民党死硬派就是这样倒霉的,不管什么人,就是他们党内稍有良心的人们也罢,只要谁不愿意跟他们一路走,就得遭迫害,捱打击,因而把自己孤立在宝塔的尖顶上,而且至死也不悔悟。长江流域和南方的人民大众,包括工人,农民,知识分子,自由资产阶级,开明绅士,有良心的国民党人都听着:站在你们头上横行霸道的国民党死硬派,没有几天活命的时间了,我们和你们是站在一个方面的,一小撮死硬派不要几天就会从宝塔尖上跌下去,一个人民的中国就要出现了。"②

---

① 《反动派集团既已四分五裂　还空喊什么"全面和平"》,《人民日报》1949年2月17日。
② 《国民党战犯集团妄图拯救他们自己　由呼吁"和平"改为呼吁战争》,《人民日报》1949年2月18日。

李宗仁、白崇禧虽然鼓吹和谈，并派人与中共方面联系，一方面是出于反蒋的需要，因为中共方面把蒋介石列为头号战犯，已经下决心彻底打倒蒋介石，尽管蒋本人公开发表了求和声明，但毛泽东开列的和谈八项条件表明中共方面已不再将之作为和谈的对象，因此，开展所谓的和平运动，可以逼使内外交困的蒋介石早日下台，交权给李宗仁，这是桂系首领们多年梦寐以求的目标。另一方面，桂系的言和，并非真心希望给中国带来和平，而是希望在取代蒋的地位后与中共方面和谈，阻止人民解放军过江，使江南由蒋家的天下变成桂系的天下，企图造成南北分治的局面，同共产党划江而治，搞南北朝。刘仲容回忆说："蒋介石'引退'以后，由李宗仁代理总统职务，白崇禧急忙飞到南京同李宗仁商量。商量结果认为当前急务是：（一）立即同中共联系，要求解放军停止前进，（二）要求中共迅速举行和平谈判，不许中共军队渡过长江，（三）寻求美援，制止通货膨胀。"[①] 白崇禧自己也公开说过："我们必须认清时局的严重性，更须深切了解和平切不可幸致，应确认可战始可和，能战始能和，勿求和而忘战。"这就决定了不论蒋介石还是桂系，没有将国家利益放在个人和团体利益之上，其所谓和谈，无非是战争无力继续的情况下，尽可能地避免完全失败的手段。

李宗仁上台之初，就通过邵力子、张治中、吴铁城等人，同美国驻华大使司徒雷登的私人秘书傅泾波联系，明确表示是"尽全力为和谈而非为投降"。李宗仁本人还亲自召见傅泾波说，倘若共方执拗如故，他便撤退到珠江岸继续干下去。对于李宗仁、白崇禧推动和谈的用意，连司徒雷登都有十分清晰的判断，他在日记中写道："李氏也把他的政策告诉大家说：如果和平可能达成固然好，万一不能达成，便只有在南方、西南、西北各地，就军事、行政等方面力谋改革，借以赢取民心，

---

① 刘仲容：《桂系"和谈"真相》，《文史集粹》第 8 辑，文史资料出版社 1986 年版，第 80 页。

然后跟对方抗拒周旋到底。"① 他在给美国政府的报告中说:"只要他(指李宗仁,引者)的和平努力能够取得明显的进步,或者甚至仅能成功地延迟着(或似乎是延迟着)共产党对长江的攻势,他就能够维持并利用这些已经动员起来的公众舆论来支持他。""李很清楚他自己所处的地位的基本弱点,但是他正精明地把那些视他为和平之主要希望的人们所给予的支持作为他的资本以补救他和广东派之间的裂痕,或至少把尽可能多的国民党领袖争取到他这一边来,他并且正致力以具体办法来巩固他的地位,如要求美国的援助,并计划进行经济与政治改革。他的这些努力所能获得成功的程度,将决定他的力量,究竟是仅能作为和共产党进行谈判的对手,还是随后如果共产党重新发动攻势时,他能够成为抵抗的领袖。"②

三年前,中共领袖们对和平充满期待,真实地实行停战协议,热切地希望政治协商会议的各项决议能够实现,并由此建立一个各党各派参加的联合政府,决定在不损害人民根本利益的前提下与国民党妥协,但蒋介石出尔反尔,非要用内战的方式解决共产党问题,中国共产党也不得不奋起自卫,用革命战争应对反革命战争。三年后,局势大变,国共力量对比发生了根本性的转换。现在,蒋介石已经被迫下台,打倒蒋介石的目标已经基本实现,但蒋介石下台了不等于全中国已经解放,还必须通过或继续战争或和平的方式,解放其他尚未解放的地区,对于未解放的地区,无非是用天津方式、北平方式或绥远方式三种办法。1949 年 1 月 21 日,也就是蒋介石下野的当天,傅作义与解放军达成《关于和平解决北平问题的决议》,北平国民党守军在同意接受解放军改编的情况下,于 1 月 31 日撤离北平市区,解放军进驻北平,由此创造了北平方式,即"迫使敌军用和平方法,

---

① [美]司徒雷登:《司徒雷登日记——美国调停国共争持期间前后》,陈礼颂译,傅泾波校订,黄山书社 2009 年版,第 57—59 页。
② 《中美关系资料汇编》第一辑,世界知识出版社 1957 年版,第 339 页。

★ 朱德（左）、米高扬（中）、师哲（右，译员）等在石家庄机场合影。1949年1月31日，毛泽东、朱德、刘少奇、周恩来、任弼时等在西柏坡会见苏共中央代表米高扬。米高扬转达了斯大林以及苏共中央对毛泽东及中共中央其他领导人的问候和祝愿，毛泽东等向米高扬介绍了中国革命的情况

迅速地彻底地按照人民解放军的制度改编为人民解放军"①。

毛泽东认为，对待李宗仁、白崇禧及其他地方实力派，不是与之通过谈判建立联合政府，而是可以采取北平方式解放现在由他们掌控的地区。1月31日，苏共中央政治局委员米高扬受斯大林委托来到西柏坡。毛泽东在当天同他会谈时，谈到同国民党政府的谈判方针，毛泽东说："这件事不急，代表团尚未选定，成员名单也没有通知国民党政府。因为谈判的地点确定在北平，北平的傅作义投降部队还未清理完毕，整顿城市的秩序还需要两周的时间"。又说："就在最近6个月内，虽然我们还没有完全消灭国民党，但国民党已经处在灭亡的边缘。国民党彻底脱离了人民，威信扫地。它的和谈建议，是不得已而为之，耍手腕，是要得

① 《毛泽东选集》第四卷，人民出版社1991年版，第1425页。

到喘息时间，以便积蓄力量与我们对抗。我们真诚地提出了八项和平条件，他们不会接受这些条件，蒋介石跑到奉化，李宗仁接替他的从头再来，就是明证。"①2月4日，毛泽东在与米高扬会谈时又表示：中国共产党不同国民党谈判，而是同国民党政府谈判。这是当代中国政治生活中的新现象。我们同（国民党）政府达成协议，而不是同国民党达成协议，因为同国民党谈判会提高其在舆论界的威望。将来国民党将解散，假如我们现在承认它是谈判方，它必然会觊觎未来联合政府中的地位。毛泽东还说：关于个别国民党的领导人，像白崇禧，我们可以利用他来为我们的利益服务，但他的军队必须完全消灭。②

2月5日，毛泽东在为中共中央起草的复林彪等人的电报中说："依整个形势看，武汉、京、沪、长沙、南昌、杭州、福州、广州均有按照北平方式解决的可能。虽然仍有再打几仗的可能，但是各地逐一和平解决的可能是很大的，太原亦有此种可能性。因此争取傅作义站在我们方面有十分必要。""只要李、白能站在有利于人民事业的一方面，依照北平办法解决京、沪、汉等处问题，我们即会以对待傅的态度对待他们。"③ 这就表明，为了解放全中国，既可使用解放天津这样的战争方式，也可以使用北平和绥远这样的非战争方式，但不论采取哪种方式，都不能原封不动地保留国民党的军队与政权，国民党军队要么就是用天津方式在战斗中消灭，要么就是采用北平方式或绥远方式改编为人民解放军。可是，不管蒋介石还是桂系，他们提出的和谈，其目的都是阻止人民解放军过长江，保留其半壁江山，实现划江而治，这显然是共产党方面不能接受的。

---

①② 沈志华主编：《俄罗斯解密档案选编：中苏关系》第一卷（1945.1—1949.2），东方出版中心2015年版，第379页、第423页。

③ 中共中央文献研究室编：《毛泽东年谱（1893—1949）》（修订本）下卷，中央文献出版社2013年版，第452页。

三、"对桂系形式上要打，实际上要拉"

李宗仁上台之后，为了促成与共产党方面的谈判，实现划江而治的目的，先后组织了两个民间代表团前往北平，一个是"南京人民和平代表团"，一个是"上海人民和平代表团"。这两个代表团是前后脚来到北平的。

对于这两个代表团即将来北平，中共方面相当重视。2月3日，中共中央致电林彪、罗荣桓等人："南京公布有南京地方人民代表团八人一日飞平，不久并有上海颜惠庆、章士钊、江庸、陈光甫、冷御秋五人代表团来北平，据说他们是得李宗仁同意，从事沪宁局部和平试探工作的。你们不要拒绝他们来北。他们来平后，你们应礼貌地招待他们，探明来意，报告中央。"[①]

2月5日，中共中央复电彭真、叶剑英、徐冰：同意让刘仲华回南京一次，并指出："上海五代表及李之私人代表如果不是为着进行和平攻势，而是真想用和平方法解决京、沪、汉问题（全国问题谈不到），则我们可以许其来平和我方地方人员（北平市长）试谈一次；如果是为着美蒋利益欲来进行所谓和平攻势，则无来之必要，即使来了，我们亦必尖锐地揭露之。此点请叶明确地告诉刘仲华，叫他回去通知李、白及上海、南京、武汉想来谈和者。"[②]

"南京人民和平代表团"由南京中国人民和平促进会及中国各大学教授国策研究会出面组成，成员包括邱致中、吴裕后、曾资生、邓季雨、宋国枢、夏元芝、吴哲生、苗迪青、刘达逵、黄诺诸等，于2月6日由南京经青岛飞抵北平。

2月7日，中共代表叶剑英与代表团进行了初步接触。8日，又同代表团成员

[①②] 中国人民解放军军事科学院编：《叶剑英年谱（1897—1986）》上，中央文献出版社2007年版，第517页、第518页。

进行了长谈。代表团中的吴裕后等以书面形式提出了一连串问题，要求答复。其中心内容在于责问中共：既然国民党政府已经表示承认八条为和谈基础，中共为何对和谈仍旧反应消极？为何迟迟不指派和谈代表及地点？为何不考虑战争给人民给国家带来的痛苦？其他代表也表示：他们之求和，是因为担心战争再起。事实上，战争根本上不能有损蒋介石等国家战犯的生命财产，倒霉的只是人民。相反，和平谈判对中共有百利而无一害。因为国民党反动政府暴虐无能，早为国际国内所公认，和平谈判达成统一，不仅为人民所拥护，而且便于人民政府接收旧政权。由此而产生的联合政府，也易于为国际社会所承认。且利用桂蒋矛盾，首先解决桂系，进而以联合政府名义明令讨伐蒋系，名正言顺，更容易根本摧毁蒋系残余。

代表团还特地拟定了一份《和平谈判纲领》给中共中央，提出了他们关于"和平谈判"的具体步骤：

一、双方各派全权和谈代表，即以中共所提八项条件为谈判基础，并请公正人士参与调停。

二、双方参战军队即刻停战，未参战者止于原防。

三、双方即刻停止一切宣传战，同时释放政治犯，开放言禁，并下令停止征兵、征粮、征购、征借。

四、和谈后，即行召开新的政治协商会议，其构成分子为共产党、国民党、中间党派、民意机关、人民团体、社会领袖六方面各六人成"六六比例制"。

五、和谈及新政协地点在北平。①

---

① 杨奎松：《失去的机会？——抗战前后国共谈判实录》，新星出版社 2010 年版，第 325 页。

经过叶剑英解释之后，代表团成员认为中共方面确实有和平的诚意，于是他们乃建议利用桂蒋矛盾，以和平方式解决问题。他们建议的要点是：

一、相信蒋无和平诚意，李、白亦不足望，但蒋、桂矛盾应该利用。

二、另立新中央，不如利用和谈占有旧中央，因旧中央已为国际及民众所承认，占据旧中央便于顺利占据全中国，更便于号召全中国及发布讨伐令。

三、与桂系和谈成功，则西起宜昌，东至上海，即可解放，如此蒋只剩赣、闽、粤、台四省，如此则不仅更容易取胜，而且可以大大减少人民和解放军的各种损失。

四、以李宗仁为对象，表示全面和谈姿态，依据轻重缓急首先解决局部问题，有利于争取江南民心，并能够对蒋系起到分化瓦解作用。①

2月9日，彭真、叶剑英等将与"南京人民和平代表团"谈话的情况向中共中央作了汇报。第二天，中共中央复电说：

（一）你们对南京代表团所取态度是适当的。

（二）他们要求发表的新闻，待交来审阅后再告。

（三）你们可向和桂系有关的代表暗示，只要桂系今后行动是站在有利于人民解放事业及能达成真正持久和平之目的，我们是不会拒绝他们的。

（四）你们应对代表们表示，对于天津上海恢复通船、通邮及商业联系

---

① 杨奎松：《失去的机会？——抗战前后国共谈判实录》，新星出版社 2010 年版，第 326 页。

感到兴趣，如果他们在此点上能起某些作用，我们是欢迎的。

（五）代表们所谓另立新中央不如利用和谈占有国际已经承认的旧中央，运用旧中央权力实行对蒋系讨伐等语是真正代表美国和桂系的意见，在这些方面你们不要表示态度。①

2月11日，代表团返回南京。临行前，代表团发言人在取得中共方面的同意后，发表谈话称："本团此次来平，承叶剑英将军及中共在平当局热烈招待，同仁至深感谢。连日以来，先后与叶剑英将军等会谈二次，第二次谈话达四小时之久。叶剑英将军态度异常诚恳，表示愿将吾人意见转达中共中央，并告以中共对于和平向具诚意，如南京政府确有和平诚意的事实表现，吾人当准备与他们谈判，以期获得有利于人民的真正和平。"②

"南京人民和平代表团"成行前，在甘介侯的策划下，2月1日，李宗仁前往上海拜访各界名流章士钊、颜惠庆、江庸等人，请其以私人资格北上，呼吁和平。李于当天回到南京，留下甘介侯在上海协助邵力子组织"上海人民和平代表团"，相机北上，试探中共方面对和谈的态度。代表团人员以甘介侯为领衔，成员有颜惠庆、章士钊、江庸、陈光甫、凌宪扬、欧元怀、侯德榜等。

"上海人民和平代表团"的人选确定之后，适黄启汉从北平见过叶剑英回来，便问李宗仁派这个代表团的目的是什么？李说，他们就是去敲和平之门。黄启汉感到很奇怪，和平之门不是开着的吗？怎么还要派一个不能代表政府的代表团去敲？甘介侯似乎看出了黄的心思，说是来一个"宣传攻势"，制造舆论，对促进和谈大有好处。黄启汉对此不以为然，认为这是虚张声势，并不是诚心诚意地为着

---

① 中央档案馆编：《中共中央文件选集》第18册，中共中央党校出版社1992年版，第121页。
② 《以私人资格来平商谈国是 南京人民代表团即将南返》，《人民日报》1949年2月13日。

和平。坐在一边的邵力子也说，代表团不去也可以。但李宗仁表示："还是让代表团去吧，至少没有什么妨碍。"就这样拍了板。①

　　这个代表团组成后，甘介侯于2月5日在上海发表声明说："代表团之唯一任务，为从事'敲门'，敦促中共迅速指派和谈代表，并决定和谈之时间地点，以便政府代表团前往开始和平谈判。"2月7日，毛泽东以中共发言人名义发表谈话说："如果上海颜惠庆章士钊诸先生是以私人资格前往北平参观，并于国事有所商谈，则北平市长叶剑英将军准备予以接待。如果照甘介侯声明'代表团之唯一任务为从事敲门，敦促中共迅速指派和谈代表，并决定和谈之时间地点，以便政府代表团前往开始和平商谈'，则中共早已声明，和平谈判的准备工作尚未做好，目前无从谈起，我们对于任何方面的人暂时均不准备接待。至于甘介侯这类从事'和平攻势'的政治掮客，他只有资格在南京上海一带出卖其'和平攻势'牌的美国制造的廉价商品，人民的北平不欢迎这类货色，对不起，请止步。如果甘介侯竟敢混入北平，贩卖私货，则北平人民很可能把他驱逐出境。"②

★ 1949年2月8日，《飞报》报道《叶剑英准备接待上海人民和平代表团　但请甘介侯勿同赴北平》

---

① 黄启汉：《一九四九年"和谈"的回忆》，《文史资料选辑》第67辑，第14页。
② 《中共发言人声明　和平谈判准备工作尚未做好　不接待甘介侯这类政治掮客》，《人民日报》1949年2月9日。

同一天，中共中央致电叶剑英等人，就邵力子等人来北平问题作出具体指示："甘介侯，他是从事和平攻势的政治掮客，我们决不许其来平。如果他混来了，叶剑英拒绝接见，并将其驱逐出北平。如果邵力子已至青岛，而又声明是私人资格，不是以和谈代表资格，则可允许他和颜惠庆等一同来北平，否则不许他来。电话中对颜惠庆、章士钊等应表示尊重态度，对甘介侯则表斥责态度。"[①]

本来甘介侯对于去北平与中共方面商谈最积极，不停地在南京与上海间飞来飞去，没想到中共方面对他与美国来往密切甚是不满，公开声明要将其拒之门外，他本存心去"敲门"，结果连"门"边都没有挨到。由于种种原因，最初确定的陈光甫、凌宪初、欧元怀、侯德榜不愿北上。2月8日，李宗仁再次赶到上海，最终决定由颜惠庆、章士钊、江庸三人以"上海人民和平代表团"的名义北上，作为国民党要人的邵力子则以私人身份前往。

这四个人中，颜惠庆，73岁，曾任北洋政府外务部次长，巴黎和会中国代表团顾问，北洋政府国务总理兼外交总长，国务总理并摄行大总统职权等；章士钊，68岁，著名律师、教育家，曾任北洋政府司法总长、教育总长，国民参政员等职；江庸，72岁，曾任南北议和随员，京师高等审判厅厅长，北洋政府司法部次长、总长，修订法律馆总裁，北京政法大学校长，司法部大法官等，与章一样是著名的大律师；邵力子，68岁，曾参加过中国共产党，大革命高潮中退党，后来就任过甘肃省省长、陕西省省长、国民党中央宣传部部长、驻苏大使等。此四人平均年龄超过70岁，都是当时中国知名的人物，其中除了邵力子之外，都没有国民党的背景。

代表团除了颜、章、江、邵四老之外，还有李宗仁派往北平担任联络工作的

---

① 《中共中央关于对邵力子等代表团的谈话方针的指示（一）》，1949年2月7日。

黄启汉、刘仲华，负责联系南北通航的金山（著名演员、中共秘密党员）及四老的秘书等人。

经过双方的沟通，北平军管委主任叶剑英同意"上海人民和平代表团"北上，同时通知南京方面三条注意事项：（一）双方谈话要守秘密，非经许可不得向报界发表；（二）不准新闻记者随行；（三）以私人资格来平，不得代表政府。[①]

中共中央对"上海人民和平代表团"的到来十分重视。2月10日，就与邵力子等人谈话方针指示叶剑英等："谈话时应强调八条，特别是第一条。应痛斥蒋、宋、孔、陈四大家族祸国殃民。蒋、宋、孔、陈四大家族发动的和谈是美国指使的和平攻势，并无和平诚意。现在蒋介石、顾祝同、孙科等正在美国的策动下积极备战。中共向来是愿意和平的，战争是蒋、宋、孔、陈四大家族为首的国民党发动的。现在要和平，必须在八条的基础之上才有可能获得。中共正和各民主党派商量战犯名单及其他和谈有关问题。一俟准备就绪，即将通知对方，约定时间地点。你们诸位以私人资格来商谈，我们甚表欢迎。诸位的意见，均将转达党中央。惟国民党现已四分五裂，并无统一政府存在，将来究竟找何人谈判，却是颇为困难的问题（这时不胜感叹），此外对南北通船、通航、通邮、通电四项，你们应表关切。"[②]

"南京人民和平代表团"返回南京后，李宗仁曾起草了五点要求，要刘仲华带到上海，由即将北上的"上海人民和平代表团"转交中共方面。这五点要求是：

（一）政府同意通过政治方法解决一切国家问题；

（二）双方立即组织正式代表团恢复和谈；

① 《叶剑英传》，当代中国出版社 2006 年版，第 250 页。
② 《中共中央关于和邵力子等人谈话方针的指示（二）》，1949 年月 2 月 10 日。

（三）和谈时期停止一切军事行动；

（四）今后国家建设应遵循下列原则：政治民主，经济平等，军队国家化，人民自由生活；

（五）今后外交方针应遵守平等互惠之原则。①

代表团出发前两天，李宗仁又要黄启汉带给毛泽东一封信，并口头向叶剑英或其他中共领导人转达六点意见：

（一）希望能实现全面和平，倘有局部人反对，再合力以政治军事力量对付之；（二）和谈以毛泽东提出的八项原则为基础，但战犯问题之处理，最好留待新政府成立之后；（三）绝不期望以外援进行内战，只要答应进行和谈，可作公开声明；（四）希望能及早派定代表，开始商讨和平方案；（五）对蒋介石本人，如认为他留在国内于和谈有碍，可提出使之出国；（六）对国际关系，希望中国成为美苏友好关系的桥梁，不希望依附一国反对另一国，美苏两国的友谊，均须争取。

李宗仁要黄启汉把这几条意见笔记下来，再三叮嘱务必传达勿误。②

2月13日，"上海人民和平代表团"从上海经青岛飞往北平，当天在青岛住一晚。据江庸回忆："我们飞到青岛，停下加油。才发现飞机的左翼坏了，不是为加油停下，一定会出危险。并且在青岛与北京联系，才晓得除我与颜、邵、章四人外，尚有十余人，都来与北京方面接过头。回电说要先开一名单来，俟许可后，方能起飞，因此耽搁了一天。"③14日下午，颜惠庆一行到达北平，下榻在当时北平最好的六国饭店。

---

① 李宗仁口述，唐德刚撰写：《李宗仁回忆录》，广西人民出版社1988年版，第658页。

② 黄启汉：《一九四九年"和谈"回忆》，《文史资料选辑》第67辑，第15—16页。

③ 江庸：《1949年和谈回忆录》，西柏坡纪念馆编：《西柏坡记忆》第二卷，中央文献出版社2010年版，第205页。

★ 新中国成立前的六国饭店

★ 北京六国饭店原址上的华风宾馆。六国饭店位于北京前门地区东交民巷，当时这一带是著名的使馆区。饭店由英国人于1905年建造，当初是英、法、美、德、日、俄六国合资，故名为六国饭店。饭店地上四层，地下一层，有客房200余套，是当时北京最高的洋楼之一，也是北京最好的饭店，成为各国公使、官员及上层人士住宿、餐饮、娱乐场所，也是达官贵人的聚会场所。新中国成立后，六国饭店更名为华风宾馆，成为外交部的招待所。1988年宾馆发生火灾，所有的建筑付之一炬，现在看到的华风宾馆是在原址上重建的，为三星级宾馆

"上海人民和平代表团"抵达北平的当天，中共中央就对"上海人民和平代表团"谈话方针致电叶剑英等：邵力子等到平后，对他们"招待要周到，谈话要恳切。谈话以叶剑英负主责。林彪、罗荣桓、董必武、聂荣臻等四人都应和他们见面"。如果他们愿意和在北平的民主人士谈话，应当允许和加以介绍。"傅作义、邓宝珊和他们见面，应允许。如果他们想单独谈，不愿我们的人参加，我们亦可不参加。""如他们要求到石家庄和中央的人见面商谈，你们应允许转达中央指示。""谈话时应强调八条，特别是第一条。"[1]

当天晚上，叶剑英单独接见了黄启汉，黄将李宗仁给毛泽东的信给了叶并请其转交，又将李宗仁的六点意见向叶作了转达。李宗仁给毛泽东的信，主要是表白南京方面希望早日和谈，实现和平愿望，并介绍四老前来代为请教等语，并无实质内容。

2月15日，叶剑英（据颜惠庆日记所载，代表团住在六国饭店的四层，叶住在饭店的三层）看望代表团的四老，并表示欢迎。下午，叶剑英设宴招待代表团成员。出席宴会的还有董必武、罗荣桓、聂荣臻、薄一波等中共高级干部；刚刚率部接受和平改编的国民党原华北"剿总"总司令傅作义及与傅关系密切的邓宝珊（华北"剿总"副总司令）等也被邀参加。叶剑英在与颜惠庆等人谈话时表示，中共是有和平诚意的，同时强调坚持八项条件的必要性，至于战犯名单并非不可改变，并以傅作义为例作了说明。颜惠庆等人表示，希望中共方面不要把他们当作和谈代表，他们真心想做共产党的朋友，也衷心希望共产党成功，但不要操之过急，调子不要唱得太高，并提出可否将战犯一事后移一点。章士钊还说，现在是楚汉相争，桂系正起着韩信那样的作用，韩信如果偏向项羽，则刘邦就不可成功，意即中共争取桂系实属必要。章甚至还暗示说，中共的所作所为，不要

---

[1] 《叶剑英传》，当代中国出版社2006年版，第522页。

让人害怕，不要逼走桂系，不要逼得美国武装日本来对付中共，进而引起外国干涉等。[1]

毛泽东对章士钊等人这种抬高桂系作用、惧怕帝国主义干涉的做法甚是不满。2 月 18 日和 19 日，中共中央又两度致电林彪、罗荣桓等，对如何与颜惠庆等人谈话提具体要求。

2 月 18 日，中共中央复电林彪、罗荣桓等人："我们的政策是要拉拢李、白、张、邵（张指张治中，邵指邵力子，引者）及上海资产阶级（颜惠庆、杜月笙等为代表），打击国民党死硬派，便利我们向南进军。但李宗仁在上任后的和平吹嘘和一月二十日以前蒋介石及 CC 系的和平攻势并无区别，故我们必须揭露和回击。此种和平攻势，今后还是一样，不管什么人，只要他是在作和平攻势，我们必须回击并粉碎之。但最近时期李、白等人的态度好了一点，我们亦可以考虑对他们缓和一点。但必要的批评还是不可少的，李、白还是应当列在战犯名单之内。一则因为桂系是坚决参加了内战的，不列李、白，显得不公道；二则列了李、白并不有碍和谈，不列李、白，则李、白反不便应付蒋党。"[2]

在 2 月 19 日的指示中，中共中央更是说得具体：

——在以后的谈话中，你们应痛骂美国帝国主义和日本帝国主义，特别是要当着章士钊的面骂日本，说如果美国人装备日本军队侵略中国，我们必须并完全有把握彻底干净消灭之。美国在中国的走狗必须肃清，决不许其存在。要当着邵力子、章士钊的面痛骂桂系，说桂系军队比蒋介石军队还要野蛮，白崇禧过去是主战最力的人，他是仅次于蒋、宋、孔、陈四大家族的战争罪犯，将来人民法庭

---

[1]　韩信夫、姜克夫主编：《中华民国史大事记》第十二卷，中华书局 2011 年版，第 8817 页。

[2]　中国人民解放军军事科学院编：《叶剑英年谱（1897—1986）》上，中央文献出版社 2007 年版，第 526 页。

审判难免被枪毙，李宗仁完全是骗子，他 1 月 27 日给毛主席的电报，以"千古罪人"威胁毛主席完全是做和平攻势。蒋系也是做和平攻势，但蒋系比桂系老实。蒋系始终是凶神恶煞，桂系昨天是凶神恶煞，今天是笑面虎。你们这样说目的是将邵力子、章士钊的法宝拆穿，但不要说得使邵力子、章士钊难堪就行。

——你们几个人的态度，林彪、聂荣臻要唱武戏，董必武要唱文戏，叶剑英以文为主，以武为辅。

——表示对江浙工商业的关心，我们希望不要任何破坏现象发生，南北应迅速通船、通航、通邮、通商。

——欢迎李济深、沈钧儒及原在北平的民主人士，颜惠庆、江庸、邵力子、章士钊不要参加，但请李济深、沈钧儒等吃饭则要（他们四人）参加。

——民主人士去访问南京四人事，要有一批左派表示激进态度。

——我们对桂系形式上要打，实际上要拉。上海四人回去时，中央将有几点意见托他们带回去。①

2 月 17 日上午，叶剑英约四老单独谈话。在与颜惠庆的谈话时，颜说，国家需要立即实现和平，如果中共准备进行和平谈判，就要尽快地讨论并采取一定的步骤、程序和方案。广播宣传和相互指责是无法实现和平的。②

在与江庸谈话时，江对叶说，和平是合乎全国人民愿望的，要打仗的不是共产党，而是蒋介石。今天蒋介石下台，李宗仁既有和平的要求，尽管他缺乏实力，共产党不妨答应。江请叶将这些话代为向毛泽东转达。③

---

① 《中共中央关于和邵力子等人谈话方针的指示（四）》，1949 年月 2 月 19 日。

② 颜惠庆：《颜惠庆自传——一位民国元老的历史记忆》，吴建雍、李宝臣、叶凤美译，商务印书馆 2003 年版，第 386 页。

③ 江庸：《1949 年和谈回忆录》，西柏坡纪念馆编：《西柏坡记忆》第二卷，中央文献出版社 2010 年版，第 205 页。

2月18日，董必武、林彪等人与颜惠庆等就全国和平问题交换看法，并根据中共中央的指示，由董必武唱文戏，林彪唱武戏。据颜惠庆日记所载："董先生表示赞成和平，但必须是真正的和平。林将军表示，他更赞成彻底的、百分之百的革命。显然，这些话的意思是，他们希望把革命进行到底，取得一个永久的和平。""我们的论点是，从历史上看，没有任何一次革命百分之百地达到了目的。在赞扬了他们的精神和勇气的同时，我们还指出，一般人民无法承受这样残酷、激烈的战争，因而，完全的革命无异于损害整个国家。作为大众和国家遭受苦难的见证人，我们这些长者不同意这样强硬的和为完美的和平付出的代价。"①

2月20日下午，林彪、罗荣桓等在北京饭店设宴招待北平民主人士380余人，颜惠庆等四老亦被邀请参加。林彪在致词中说："北平未经炮火而得解放，对人民是很好的，全国人民殷望和平，共产党对和平一片真诚，但对方依靠美帝，想作挣扎的企图是显明的。希望邵公等南返，向人民转达中共之意，一齐为永久的真和平努力。"②叶剑英说，和平、民主、统一，建设新中国，这是全国人民的共同愿望。实现这一伟大目标，基本上有两种方式。一种是天津方式，就是以人民的武装力量，粉碎负隅顽抗的反动军队，扫除和平民主统一的障碍，在这方面，中国人民解放军完全具有足够的力量，可以胜任愉快。另一种是北平方式，就是通过谈判，和平解决问题。叶剑英指出，从我们的愿望来说，希望用北平方式，可以减少人民的损失，但这取决于国民党是否以民族利益为重，以人民利益为重，改弦易辙，"放下屠刀，立地成佛"，傅作义将军能做到的事，别人也应该能做得到。③ 代表团的邵力子则表示："我是四位北来老人中的小兄弟，和平未能

① 颜惠庆：《颜惠庆自传——一位民国元老的历史记忆》，吴建雍、李宝臣、叶凤美译，商务印书馆2003年版，第389页。

② 张丰胄：《1949年国共和谈的有关史料》，《文史资料选辑》第32辑，第74页。

③ 黄启汉：《一九四九年"和谈"的回忆》，《文史资料选辑》第67辑，第17页。

早见是憾事，但和平是'野火烧不尽，春风吹又生'，希望和平障碍得以扫除。我此来不能代表任何方面，惟江南人民切盼和平，并且宁选北平式的和平，不选天津式的和平。一周来在平观光，觉得很好。这种力量，工作长久下去，一定成绩可观。"[1]

同日，毛泽东为中共中央起草致叶剑英并告林彪、罗荣桓、彭真电："请告颜、邵、章、江，毛主席欢迎他们来谈，时间二十二日或二十三日。"[2] 宴会结束前，叶剑英告诉黄启汉，毛泽东准备到石家庄接见四位代表，希望他和刘仲华二人中有一人陪同。

2月22日，应毛泽东的邀请，颜惠庆、邵力子、章士钊、江庸在刘仲华的陪同下，乘飞机到石家庄转往西柏坡，同行的还有傅作义和邓宝珊。毛泽东和周恩来当天就会见了颜惠庆等人。颜惠庆在日记中写道："晚饭后，毛泽东先生来到我们住处，一直呆到11点钟。我第一次亲眼见到他（石家庄宾馆挂有他的照片），他那愉快的精神给我留下了深刻的印象。他穿着一件普通的棉衣和肥大的裤子。他与我的同事们沉浸在许多往事的回忆中，特别是有关在重庆的日子。他的言谈十分幽默。由于刚见面，双方都没有过多地谈及我们此行的目的，但是，对毛先生给予我们这次陈述情况的机会，我们表达了谢意。""毛先生严厉地批评了国民党过去的所为，并表示中共愿意商谈和平，但是他认为双方在选择谈判代表时应该非常慎重。"[3]

2月23日，毛泽东和周恩来再次与颜惠庆等人作了长时间的谈话。毛泽东表

---

① 张丰胄：《1949年国共和谈的有关史料》，《文史资料选辑》第32辑，第74页。

② 中共中央文献研究室编：《毛泽东年谱（1893—1949）》（修订本）下卷，中央文献出版社2013年版，第461页。

③ 颜惠庆：《颜惠庆自传——一位民国元老的历史记忆》，吴建雍、李宝臣、叶凤美译，商务印书馆2003年版，第392页。

★ 西柏坡中共中央接待"上海人民和平代表团"旧址

示尊重人民对于和平的愿望,但提出和平的要求必须是真诚的而不是别有用心的。毛、周还解答了代表团提出的中共关于银行、工业等方面的政策。

2月24日,毛泽东同颜、章、江、邵举行非正式的谈判,达成八点秘密协定,这个协定只交给李宗仁。协定全文是:

一、谈判以中共与南京政府各派同数代表为之,地点在石家庄或北平。

二、谈判方式取绝对秘密及速议速决。

三、谈判以中共一月十四日声明及所提八条为基础,一经成立协议立即开始执行。其中有些部分须待联合政府办理者,在联合政府成立后执行之。

四、谈判协议发表后,南京政府团结力量与中共共同克服可能发生之困难。

五、迅速召集新政协成立民主联合政府。

六、南京政府参加新政协及参加联合政府之人选，由中共（包括民主人士）与南京政府商定之。

七、南方工商业按照原来环境，依据中共城市政策，充分保障实施。

八、有步骤地解决土地问题，一般先进行减租减息，后行分配土地。①

★ "上海人民和平代表团"离平返沪前夕，中共代表在北平与参加此次活动的全体人员合影。左起，前排：郭宗汾、董必武、邓宝珊、江庸、邵力子、章士钊、颜惠庆、叶剑英、林彪、傅作义、聂荣臻、薄一波、徐冰；后排：陈蔚文、刘仲华、戎子和、黄启汉、周北峰、焦实斋、金山、潘伯鹰、卢传铭、焦相宗、雷仲仁、张丰胄、陶铸、龚安庆、傅澍苍、顾乐郏

① 中共中央文献研究室编：《毛泽东年谱（1893—1949）》（修订本）下卷，中央文献出版社 2013 年版，第 463 页。

★ 原南京国民党政府总统府的会客室。1949 年 2 月 27 日，李宗仁在这里接见"上海人民和平代表团"的颜惠庆等人

当天下午，颜惠庆等人乘飞机回到北平。

2 月 27 日，"上海人民和平代表团"乘原机返回南京，将八点秘密协定交给了李宗仁。当天，颜惠庆等人发表书面谈话称："同人等此次以私人资格访问北平，历时两周，迭与中共领袖叶剑英、林彪、聂荣臻、董必武、罗荣桓、薄一波诸先生共同或个别洽谈，中间并应邀赴石家庄一行，承中共主席毛泽东先生与周恩来将军延见，就和平谈判问题广泛交换意见。同人等深觉和谈前途虽困难尚多，而希望甚大。此行任务可告终了，因即南旋，拟向李代总统报告后，再行返沪。在北平及石家庄时，对于便利南北人民之通航通邮诸项问题，均经于原则上商得同意，并承中共诸领袖恳挚款待，尤应附志感谢之意。"①

① 《颜惠庆等返抵南京》，《人民日报》1949 年 3 月 2 日。

国共谈判破裂后，章士钊、邵力子致书李宗仁说："犹记某等初次到平，中共领袖对于公之是否力能谋和，颇难释然。经某等再三譬说，以为和平本身有无穷民意为之后盾，即属一种不可侮之力量；加以中共在同一旗帜之下相与提携，双流会合，并于一响，应足以克服可能发生之困难而有余。中共同意此说，和平之门以启。"[①] 这说明，在李宗仁上台之初，中共中央对他有否有和谈诚意是怀疑的，经过四位老人的解释，才确定以李宗仁为和谈的对象。

这时，中共方面对李宗仁、白崇禧主张和谈的真正意图还不是十分了解，"上海人民和平代表团"返回上海、南京时，毛泽东托他们给李宗仁带几句话："南京要真正和谈，我希望派一个比较恰当的人来，这个人姓刘，叫刘仲容。他不是共产党员，是我们的朋友，又是你们的亲信，他来比较合适。"章士钊将毛泽东上述谈话转告了李宗仁。

刘仲容是湖南益阳人，1933年结识中共地下党员刘子华，"从此走上了与中国共产党密切合作的道路"。1935年，刘仲容被刘子华派到广西，了解李宗仁、白崇禧对抗日的态度，从事中共与桂系的联络工作。全民族抗战爆发后，李宗仁派刘仲容为广西驻延安的代表。1938年2月起，刘到白崇禧身边工作，先后任桂林行营参议、军训部参议、副参谋总长办公室参议、国防部参议等职。白对刘颇为赏识与信任，曾让其住进自己的公馆，充当白家"总管"。1947年3月，蒋介石根据特务的"举报"，要白崇禧逮捕刘仲容。因为刘深知白的许多内情，即被白派到上海照管其上学的子女，躲避了风头。刘在上海联系上了中共地下党负责人吴克坚，并与中共中央建立了联系。

李宗仁得知毛泽东同意刘仲容为联络人后，对刘说："颜惠庆带回毛先生的口

---

① 张丰胄：《1949年国共和谈的有关史料》，《文史资料选辑》第32辑，第87—88页。

信，欢迎你去，说你是'桂系的亲信，又是共产党的朋友'。我们认为你去北方是合适的。"随后，刘仲容前往武汉，白崇禧也同意派刘仲容去解放区，对他说："你跟我们十几年，是我们办外交的能手，相信你这一次一定不辱使命。"[1] 白还说上海一定有共产党的关系，让刘到上海去找。刘说在上海找不到，可以去香港找。

刘仲容到香港后，香港中共组织要他与上海的中共组织联系。随后刘回到了武汉，与白作了商量，白同意刘去上海。据刘仲容回忆："于是，我就到上海与党组织接上了头。约定，从河南沿平汉线，由信阳往北走，在信阳与遂平间，由解放军迎接。当时信阳、遂平间有四十里真空地带，张轸（时任国民党第五绥靖区司令兼河南省主席，引者）派兵往北送二十里，解放军从遂平往南迎二十里。由上海回到武汉后，上海党组织又打电话告诉我，说可以让我带电台、密码和译电员。并且把武汉地下党的关系也告诉了我，让我可到明德饭店，写组织交给的名字找党的武汉负责人。让我什么时候动身，可先告知武汉地下党，以便与解放区取得联系。"[2]

临行前，白崇禧找刘仲容谈了话，大意是：李宗仁代总统后，国共双方都表示愿意和平解决争端，和平气氛有了，下一步要看中共方面的实际行动，希望早日举行和平谈判；今后可以有一个"划江而治"的政治局面，希望中共军队不要渡过长江。白崇禧强调：国民党的主力虽然已被歼灭，但是还有强大的空军和数十艘军舰，如果中共硬要渡江，他们是会吃亏的。共产党既然表示愿意和谈，如果他们过了江，打乱了摊子，那就不好谈了。白还对刘说："见到毛先生时，你务必向他们陈明利害，把我这层意思同他们讲清楚。"他还交给刘一封致毛泽东和周

---

[1] 平杰三、罗青长：《真诚的朋友 智勇的战士——纪念刘仲容同志》，《人民日报》1990年4月5日。

[2] 《一九四九年国共和谈的一些情况——访问刘仲容同志谈话记录》，《党史资料通讯》1982年第7期。

恩来的亲笔信。①

　　3月初，刘仲容由汉口动身，白崇禧派装甲车送其到信阳，找到了张轸。白还亲自致电张轸，让他派兵护送刘北上。刘仲容经过遂平、许昌，前往郑州。中共中央对刘仲容的到来很重视，于3月21日致电中原局说："刘仲容到时，立即派妥人陪同乘车经徐州、济南、天津至北平市政府叶剑英市长处，愈快愈好，不要去石家庄。"②刘原计划去石家庄，因毛泽东已离开西柏坡到了北平，乃乘火车由郑州经徐州、济南，于3月28日到达北平。

　　当天晚上，刘仲容前往香山的双清别墅，向毛泽东介绍了李、白关于和谈的内心想法。刘仲容说，李、白虽然同是桂系，但必定各有不同。白崇禧的名堂要多一些。白崇禧关于和谈的条件是"划江而治"。白崇禧曾对刘仲容说："中共在华北，那里的群众都靠近共产党。我们在华中，民心在我们这边。中共在华北只有六十万军队，如果他们要过江，一是兵力不足，二是民心不会跟中共走。这两条，都为兵家所忌，是中共过江的不利条件，力劝中共，不要过江。"当刘把白的这番话转达给毛泽东之后，毛泽东说："你在白崇禧的身边，应当知道他的内心想法是怎样的。"刘说："白的后面主要是有美国人的支持，美国人叫白坚持'划江而治'。"③

　　对于白崇禧所说的解放军不要过江的意见，毛泽东明确指出："白先生要我们不过江，这是办不到的。""等我们过了江，江南的广大人民是拥护我们的，到那时候，共产党的力量就更强大了，这是白先生没有估计到的吧。"④

江山大势——1949年国共和平谈判

---

① 刘仲容：《回忆我在桂系工作时的几件事》，《文史资料选辑》第73辑，第48—49页。

② 中共中央文献研究室编：《毛泽东年谱（1893—1949）》（修订本）下卷，中央文献出版社2013年版，第470页。

③ 《一九四九年国共和谈的一些情况——访问刘仲容同志谈话记录》，《党史资料通讯》1982年第7期。

④ 刘仲容：《回忆我在桂系工作时的几件事》，《文史资料选辑》第73辑，第50页。

自从李宗仁上台之后，不断地提出要与中共方面和谈。中共方面的条件很明确，就是毛泽东1月14日提出的八项条件，而这八条，不论是蒋介石还是李宗仁、白崇禧，都认为是要南京政府投降。实际上，虽然一时间和谈成为南京的热门话题，但李宗仁和谈的企望无非是两个：一是与共产党划江而治，二是划江而治不成，就与共产党建立平起平坐的联合政府。

2月25日，李宗仁从桂林经长沙、汉口飞抵南京，并于当日召集会议，确定了如下与中共和谈的基本原则：（一）"和谈双方必须建筑在平等的基础上。共方不能以战胜者自居而迫我接受屈辱条件"；（二）"政府断不应接受由中共作为执政党之联合政府。政府为此应向共方提议划疆（江）而治"；（三）"中共所提八条要求，政府决不能全面接受，只有在两个政府共存的原则之下，以其为谈判基础"。① 上述这几条原则，也就是李宗仁和南京政府对于国共和谈的基本立场，而这几项原则与中共的八项条件相去甚远。到这时，李宗仁、白崇禧等人仍不愿接受国民党失败的事实，而企图搞一国两府，形成南北朝的局面，这显然不可能为中共方面所接受。

这年3月初，李宗仁曾与桂系重要干部，曾任南京政府国防部参谋次长的刘斐，有一段关于如何与共产党和谈的对话。李宗仁对刘斐说，他主和有三方面的有利条件：全国人民要和，立法院多数委员主张和；司徒雷登表示美国方面会支持他和，美国的态度会对局势产生很大影响；蒋介石也表示不妨碍他搞和谈。

刘斐问他："你想和到甚么样子呢？"

李说："现在正在研究，我想做到划江而治，共产党总满意了罢！？只要东南半壁得以保全，我们就有办法了。"

---

① 李宗仁口述，唐德刚撰写：《李宗仁回忆录》，广西人民出版社1988年版，第663页。

刘问:"若还不行怎么办呢?"

李说:"那以后再说嘛!"并反问刘:"你的看法呢?"

刘答:"划江而治是你的如意算盘。我估计在目前情况下是很难做到的。你是以主和上台的,离开和平就没有你的政治生命。因此,在有利的条件下要和,在不利的条件下也只有和。必须有坚决以和平始,以和平终的决心,并在行动上一反蒋介石之所为,才做得通,所以首先要你有决心。"

李颇为自信地说:"我有决心!"

刘问他:"将来即使条件谈得好,要签字履行,蒋也是会破坏的;若谈判的条件不好,他更会破坏。你处在蒋的势力笼罩下,他一个电话就可以使你成为阶下之囚,你不怕吗?"

李回答说:"和谈如果成功,我一定签字,我尽可能在这里(南京)签字;万一在这里受逼不能签,我就跑到桂林去签,他们就奈我不何了。你放心去谈判罢!我自有办法。只要把蒋搞倒了,共产党已取得这么多的地方,我想它一时也不能消化。如能确保东南半壁,至少是可以在平分秋色的基础上来组织民主联合政府的。"[①] 这一段对话,不难看出李宗仁关于和谈的愿景所在:如果做不到划江而治,也须在未来的联合政府中与共产党平起平坐。

在竞选副总统时,桂系三巨头之一的黄绍竑为李宗仁出谋划策,出力不小。蒋介石下野后,白崇禧将黄绍竑请到了汉口。有一日上午,黄找白面谈,白说,共军行动并不因老蒋下野而缓和。黄认为这是当然事情,并说,叫你派代表接头,指定的代表尚未派出,双方仍然是敌对的,决不能因为老蒋一走,和平就可以实现。黄问白到底是怎样的主意,白回答说:"如果迫我太甚,仍然还是打。你知

---

① 刘斐:《1949年北平和谈的片断》,《文史资料选辑》第32辑,第103页。

道我们以前是草鞋出身的，最后还可以上山打游击，同他们（指中共）拼一下。"黄听了白这番话，很不以为然，说道："打正规战已经输了，还打什么游击战？要知道人家是打游击战的老祖宗。"黄又说："全国人都希望和平，而蒋又屡战屡败，他才不得不暂时宣布下野，缓和一下人心，准备再战。这种用意难道你不知道吗？你一个月前主张和平，迫老蒋退回溪口，示意要下野。如果淮海战役是他胜利了，难道他真的下野不进而收拾我们吗？你怎能在一个月之间出尔反尔呢？"白听黄这么一说，也很生气，据黄绍竑后来回忆说，他与白之间"从来没有过这样的大争论"。最后还是白崇禧说："算了吧，谈旁的事好了。"①

可见，不论李宗仁还是白崇禧，虽然他们和平的声调很高，但其和平并非为国家社稷考虑，而是出于桂系的私利。所以，蒋介石还在台上之时，桂系用和平作为逼蒋介石下台的武器；蒋下台后，则用和平作为阻止共产党过长江、保住江南半壁江山的手段。

---

① 黄绍竑：《李宗仁代理总统的前前后后》，《文史资料选辑》第 60 辑，第 57—58 页。

和谈的启动与破裂

1949 年 3 月召开的中共七届二中全会确立了"不拒绝谈判，要求对方完全承认八条，不许讨价还价"的方针。这年 4 月 1 日，中共代表团与南京政府代表团在北平开始和平谈判，经过半个月的协商，中共代表团在尽可能地采纳南京政府代表团的意见之后，提出了《国内和平协定（最后修正案）》，并宣布 4 月 20 日为最后签字日期。然而，南京政府最后决定拒绝在协定上签字，人民解放军随即发起渡江战役，向广大未解放地区进军。

一、"要求南京政府向人民投降"

李宗仁 1 月 27 日致毛泽东电中，表示可以将中共八项条件作为谈判基础，蒋介石闻知，乃指使行政院院长孙科以文电未交国民党中央常委会和中央政治会议讨论为由，加以反对。按理，行政院是总统领导下的五院之一，自然应服从总统，而现在的总统已是李宗仁而不是蒋介石。然而孙科是蒋任命的，在竞选副总统时，李、孙两人曾明争暗斗，最后是孙科败北。现在李宗仁当上了代总统，变成自己的顶头上司，孙科自然不甘心听命于李，于是在李宗仁的文电发出之后，孙科带着内阁要员悄悄去了上海。

孙科和内阁要员去了上海，等于把行政院也搬走了。蒋介石一不做，二不休，

★ 1949 年 2 月 4 日,《大公报》报道孙科决定出走广州

与陈立夫、张群、黄少谷等人商量后,决定将国民党中央党部也迁去广州,以孤立李宗仁。2 月 1 日,国民党中央党部迁移到广州办公。

在南京政府的五院（即立法院、行政院、司法院、考试院、监察院）中,最重要的莫过于行政院。面对这种情况,李宗仁只得亲去上海,挽留孙科和内阁要员回到南京办公。2 月 1 日,李宗仁乘专机到上海。当日下午,在外滩中国银行四楼召集行政院院长孙科、副院长吴铁城,及其他内阁成员开会,劝请这些人早回南京,共撑危局。无奈孙科始终不为所动。说到最后,孙科说:一周以前,共军前锋已达浦镇,南京正在共军的远程大炮射程之内,为使政治重心不受军事上的威胁,行政院已决议 2 月 4 日迁往广州。①

内阁搬了,中央党部走了,蒋介石还不罢休,通过陈立夫拉拢立法委员去广州复会。凡愿去广州的立委,每人送船票一张,美元一百,到广州后,月给津贴港币三百元。于是,一些亲蒋的立委去了广州。好在多数立法委员留在南京或上海,以示对李宗仁主张和谈的支持。

2 月 14 日,李宗仁以代总统名义命令内阁迁回南京,可是孙科却在广州回答说,他有病在身,无法前往。

李宗仁请不动孙科,也就对与孙合作不抱任何希望,转而请何应钦、张治中、

---

① 程思远:《李宗仁先生晚年》,文史资料出版社 1980 年版,第 46 页。

翁文灏出面协助。孙科擅自将行政院迁到广州，确实于情于理都说不过去，在上海的立法委员电责孙科渎职，监察院在南京宣布复会，舆论对李的谋和表示同情，敦促行政院回宁办公。

2月20日，李宗仁以"南巡"为名突然飞抵广州，向孙科伸出合作之手。抵达广州机场时，孙科和陈立夫只得去机场迎接。当天晚上，李宗仁和孙科作竟夜之谈，要孙科将行政院和各机关立刻迁回南京。孙科仍旧以炮火之下不能办公的老调为托辞。李宗仁对孙说："哲生（孙科字哲生，引者）兄，抗战八年，哪一天我们不在敌人炮声隆隆之下办公呢？"孙科只得同意回返南京。①

2月21日晚，国民党中央常委会和中央政治委员会在广州召开联席会议，先由李宗仁介绍"上海人民和平代表团"北上的一些情况，然后由孙科报告国民党中常会对和议问题的意见，其要点是：一、应在平等地位上进行和谈，中共不能以战胜者自居；二、依照国际惯例，内战不存在战犯问题；三、关于将来举行和谈，对政治体制的谈判，不外下列范围：（一）联合政府形式；（二）邦联与联邦政府形式；（三）隔江分治形式。应排除联合政府这种形式。至于二、三两个方案，如果能够尽善尽美，都可以召致长治久安之局。②国民党中常会提出的这些和谈意见，实则是让国家处于分裂状态，显然与中共提出的八项条件相距甚远。由于李宗仁原本就是主张隔江而治的，所以对这些和议意见并无异议。

2月25日，李宗仁绕道桂林、武汉回到南京。三天后，孙科也灰溜溜地将行政院迁回了南京，而国民党中央党部则依旧拒绝北返。孙科回到南京后，许多人对孙科将行政院搬到广州十分不满，监察院则抓住他的二夫人蓝妮在上海的部分染料被南京政府"敌伪产业管理局"没收，孙科曾致函请求发还一事对其进行弹

---

① 李宗仁口述，唐德刚撰写：《李宗仁回忆录》，广西人民出版社1988年版，第660页。

② 程思远：《李宗仁先生晚年》，文史资料出版社1980年版，第55页。

劲。立法院本是孙科的大本营，孙本人是前立法院院长，但部分立法委员对孙科擅自将行政院搬到广州很有看法，准备于 3 月 8 日在院中对孙提出"质询"。孙科一看形势于己不利，就主动于 3 月 7 日晚到傅厚岗找李宗仁，提出辞职。3 月 8 日，孙科在总统府政务会议上正式提出辞呈。

孙科一走，就得赶紧找一人充当行政院院长，否则不成为政府。李宗仁看中了国民党元老、长期担任司法院院长的居正，白崇禧提议军人出身、时任国防部部长的何应钦，立法院院长童冠贤举荐顾孟馀。李宗仁和白崇禧经过商量，确定以顾孟馀为第一人选，何应钦为第二人选，居正为第三人选。

3 月 9 日，李宗仁派国民党中常委、立法委员范予遂去上海访顾孟馀，表示立法院一致对顾寄予厚望。范到上海见了顾后，顾认为蒋介石在幕后操纵，和不能和，战又战不过，表示不愿负此重任。

李宗仁决定请何应钦出马。1927 年 8 月桂系第一次倒蒋时，何与桂系有过合作历史，何与白崇禧的关系尤好。李让白崇禧和吴忠信前往上海劝请，被何拒绝。李宗仁于第二天亲去上海邀请，大有刘备三顾茅庐请诸葛亮辅佐之势。

李宗仁旧事重提，讲起 22 年前是如何合作的，对何说："历史现在正在重演。蒋先生二度下野，南京又已危如累卵。你能忍心看你以前的老同事今日独撑危局而无动于衷吗？"[1] 这样，终于把何应钦说动了，表示愿意帮忙，但又提出此事关系重大，须征得蒋介石的同意。

李宗仁立即打电话到溪口请示蒋介石。蒋在溪口那头说："请德邻兄自己安排吧。我是位退休之人，何能代作主张呢？"[2]

何应钦听了，更不敢就任。李宗仁派吴忠信去溪口说情。蒋终于同意了，给

---

[1][2] 李宗仁口述，唐德刚撰写：《李宗仁回忆录》，广西人民出版社 1988 年版，第 661 页。

何应钦打电话说："既然德邻想让你担任那个职务，接受下来吧。"①何应钦才敢答应出长行政院。但何终是蒋夹袋中的人物，立即将黄少谷拉来，充任行政院秘书长。黄是 CC 骨干，蒋之心腹，何应钦此举是表明自己愿意接受蒋介石的监督。

这时，张治中住在南京，时常听说桂系的人愤愤地发牢骚，说蒋表面上下野，实际上还在溪口指挥一切，连李宗仁也说："我们管不了，就交还给蒋吧！总统不过是代理，一走就可以了事的。"张治中了解到这些情况，对局势的发展很担忧，也认为只要蒋能出洋，国内的问题或许就好办了。张治中将此想法和李宗仁、张群、吴忠信说了，这几人都表示同意。

3 月 3 日，张治中和吴忠信乘飞机到宁波栎社机场，然后乘车到了溪口见蒋。略事寒暄后，蒋劈头第一句就说："你们的来意是要劝我出国的，昨天报纸已经登出来了！"

张治中和吴忠信大吃一惊，怎么会有这事？后来查询，是李宗仁对甘介侯说张、吴将去劝蒋出洋，由甘将消息透露给报社的。也不知桂系对此是有意还是无意，但此举弄得张、吴非常被动。

蒋介石接着又气愤地说："他们逼我下野是可以的，要逼我'亡命'就不行！下野后我就是一个普通国民，哪里都可以自由居住，何况是在我的家乡！"蒋介石的这几句话，就把张治中、吴忠信的嘴巴封住了。

张治中、吴忠信因被蒋发了一通脾气，不容易再开口，只得转弯抹角地绕到这个问题，委婉地劝蒋，认为他留在国内，无论对大局，对个人，均有损害。谈了几次，一触及本题，蒋就故意谈到别的问题上去。有时蒋愤愤地说："我是一定不会出国的！我是一定不会亡命的！我可以不做总统，但做个老百姓，总可以

---

① 李宗仁口述，唐德刚撰写：《李宗仁回忆录》，广西人民出版社 1988 年版，第 661 页。

★ 1949 年 3 月 11 日，《大公报》报道《南京组阁 溪口牵线　往返磋商人选粗定》

自由！"

到后来，蒋的态度有些缓和，对张治中、吴忠信说："如果要希望我出国，要好好地来！他们太不了解我的个性，竟想利用中外报纸对我施加压力，这是不可以的，我可以自动住到国内任何地方，即使到国外也可以，但绝对不能出之于逼迫。"到了这个地步，张治中、吴忠信也就不再勉强说下去。①

3 月 8 日，国民党中宣部副部长陶希圣在广州发表谈话称：蒋总统无复总统职之意，亦无赴广州和台湾的准备。算是对国内外关于蒋出洋问题的一个公开答复。

几经周折，李宗仁政府的新内阁终于组成了，其构成如下：行政院院长何应钦、副院长贾景德、内政部部长李汉魂（新任）、国防部部长徐永昌（旧任）、财政部部长刘攻芸（新任）、交通部部长端木杰（新任）、教育部部长杭立武（新任）、经济部部长孙越崎（新任）、司法行政部部长张知本（新任）、外交部部长傅秉常（新任）、蒙藏委员会委员长白云梯（旧任）、侨务委员会委员长戴愧生（旧任）、秘书长黄少谷。

3 月 12 日，李宗仁正式宣布何应钦为行政院院长。何为蒋介石嫡系，在黄埔系中是仅次于蒋的二号人物，中共方面对何应钦任行政院院长甚为不满。"上海人

---

① 《张治中回忆录》(下)，文史资料出版社 1985 年版，第 786—789 页。

民和平代表团"离开北平之后，尚留在北平从事联络工作的黄启汉得知这一情况，于 3 月 11 日致电李宗仁说："当兹和谈机会接近之际，行政院人选，各方甚注意，似宜以令争取和谈顺利进行者为第一前提，尤力避免引起误会，是为幸祷。"何是白崇禧推荐的人选，而李也认为何主阁对控制军队有利，乃于 16 日复电黄启汉解释说："今日揆诸国际国内、客观主观之形势，国共双方舍弭战谋和，别无其他途径。亦惟有循此努力，吾人庶可免为国家之罪人。故弟自主政之日起，切取决心争取和平，只以复杂因素作梗，若干措施未能顺利推行。但经月余来之努力，及大势所趋，和平民主之力量已逐渐有战胜封建死硬势力之倾向，如能继续扩大，和平前途绝对可以乐观。此次敬之（何应钦字敬之，引者）兄出组新阁，不特渠为一力主和平之人，且因其对黄埔系军人能加以控制，对于今后裁军工作即可望顺利进行。故实为现阶段一极适当之人选，亦足以增强和平民主之证。"①

3 月 23 日，何应钦宣誓就任行政院院长。24 日，何应钦召集行政院政务会议，讨论组织南京政府"和平商谈代表团"问题。由于中共方面事先已拒绝彭绍贤、钟天心为代表，而邵力子又不愿当首席代表，于是会议指定张治中为首席代表，黄绍竑、邵力子、章士钊、李蒸为代表，秘书长卢郁文，顾问屈武、李俊龙、金山、刘仲华。

3 月 19 日，周恩来让中共中央统战部秘书长齐燕铭到六国饭店与黄启汉见面，向黄透露中共方面不日即将宣布举行正式会谈，暗示可先对李宗仁打个招呼。第二天，黄通过长途电话把这一消息告诉了李宗仁，建议李在宣布和谈代表前先征得中共方面的同意，以免临时发生分歧，不好处理。李对此表示同意，并告诉黄，已内定张治中、邵力子、章士钊、黄绍竑、李蒸为和谈代表人选，以张治中

---

① 转引自杨奎松：《失去的机会？——抗战前后国共谈判实录》，新星出版社 2010 年版，第 331 页。

为首席代表。黄当天就将南京政府拟定的和谈代表名单抄送给齐燕铭转告中共中央，中共方面对此没有提出异议。[①]

就在李宗仁忙于组建行政院之时，中共方面召开了一次为即将成立的新中国作准备的重要会议，即中共七届二中全会。这次全会于3月5日至13日在西柏坡召开，出席会议的有中央委员34人、候补中央委员19人、列席人员11人，请假及工作离不开未能到会的中央委员10人、候补中央委员9人。这是新民主主义革命时期到会人数最多的一次中央全会，会议的主题是讨论党的工作重点由乡村转移到城市的问题，同时确定即将成立的新中国的大政方针。

对于与南京政府的谈判，毛泽东在全会第一天所做的报告中说："我们的方针是不拒绝谈判，要求对方完全承认八条，不许讨价还价。其交换条件是不打桂系和其他国民党主和派；一年左右也不去改编他们的军队；南京政府中的一部分人员允许其加入政治协商会议和联合政府；对上海和南方资产阶级的某些利益允许给以保护。这个谈判是全面性的，如能成功，对于我们向南方进军和占领南方各大城市将要减少许多阻碍，是有很大利益的。不能成功，则待进军以后各个地进行地方性的谈判。谈判的时间拟在三月下旬。我们希望四月或五月占领南京，然后在北平召集政治协商会议，成立联合政府，并定都北平。""我们不应当怕麻烦、图清静而不去接受这些谈判，我们也不应当糊里糊涂地

★ 中共七届二中全会通过的决议

一 江山大势——1949年国共和平谈判

① 黄启汉：《一九四九年"和谈"的回忆》，《文史资料选辑》第 67 辑，第 24 页。

★ 1949 年 3 月，中共七届二中全会在西柏坡召开

★ 中共七届二中全会会址

★ 1949 年 3 月 25 日《人民日报》关于中共七届二中全会的报道

去接受这些谈判。"① 中共中央的态度很明确，可以同南京政府谈判，也可以同国民党的某些地方政府谈判，同时允许南京政府内的一些人在接受条件的前提下参加即将召开的政治协商会议和即将成立的联合政府，这个前提是南京政府或国民党地方当局必须交出军队，解散政权。

3 月 23 日，毛泽东率中共中央领导机关和人民解放军总部离开西柏坡，于 25 日到达北平。

3 月 26 日，中共中央就与南京政府谈判问题作出决定：

（一）谈判开始时间：4 月 1 日。

（二）谈判地点：北平。

（三）派周恩来、林伯渠、林彪、叶剑英、李维汉为代表（4 月 1 日加派聂荣

① 《毛泽东选集》第四卷，人民出版社 1991 年版，第 1436 页。

★　香山双清别墅。当时之所以选择香山作为中共中央进驻北平前的过渡驻地，据杨尚昆回忆："1月中，我先后派李克农和范离去北平选址。中南海曾经是国民党华北'剿总'的驻地，地处闹市，安全警戒条件不成熟。他们和叶剑英、彭真同志商量后，建议先以离北平市区20公里的香山为中央机关的临时驻地。那里林木葱郁，环境幽静，又利于防空。中直机关共有工作人员5500多人，香山的慈幼院有一批现成的房屋可以利用，这个慈幼院是曾任北洋政府国务总理的熊希龄创办的，只要牵动一家，将房舍略加修缮，便可供中央机关使用。双清别墅是熊的住宅，可以供毛主席临时居住。2月底，克农同志来电，对香山驻地的安排提出一个方案：为了保密，对外称'劳动大学'。第一站称劳大的筹备处，设在市内弓弦胡同15号。第二站称劳大收发处，设在青龙桥。第三站称劳大招待所，就进入香山。中央机关分驻在香山，军委机关分驻在西山一带，中央警卫和公安部门分驻在西直门、颐和园至香山一带。工青妇等群众团体为了便于联系群众，驻在城内。"①

臻为代表），周恩来为首席代表。以1月14日毛泽东主席对时局的声明及其所提八项条件为双方谈判基础。

（四）将上列各项经广播电台即日通知南京政府，按照上述时间地点，派遣其代表团，携带为八项条件所需的必要材料，以利举行谈判。

———————————

① 《杨尚昆回忆录》，中央文献出版社2001年版，第286页。

3月28日，何应钦召集南京政府和谈代表张治中、黄绍竑、邵力子、章士钊、李蒸及翁文灏、彭昭贤、贺耀祖、黄少谷等人开会，对和谈问题进行研究，形成了一个腹案九条，作为代表团赴北平商谈的依据。这九条是：

（一）双方既确认以和平商谈解决国是为全国人民之要求，则双方所应商谈者，端在国家元气之如何保存，人民痛苦之如何解除，国家政策之如何拟订，及政治制度之如何建立，以谋长治久安，是以关于战争责任问题，不应再提。

（二）同意重订新宪法，此新宪法之起草，南京方面应有相当比例之人数参加。

（三）关于法统问题，与前项有连带关系，可合并商讨。

（四）双方军队应分期分年各就驻在区域自行整编，并应树立健全的军事制度，俾达成军队国家化之目的，至分期整编时及双方应保留之军队数字，另作商讨。

（五）"没收官僚资本"一节，原则同意，但须另行商订施行条例办理。

（六）"改革土地制度"一节，原则同意，但须另行商订施行条例办理。

（七）关于"废除卖国条约"一事，将来由政府根据国家独立自主之精神、平等互惠之原则，就过去对外签订条约加以审查，如有损害国家领土主权者，应予修改或废止。

（八）同意召开政治协商会议，并由该会产生联合政府，惟在该会议与联合政府中，我方与共方应以同等名额参加，其属于第三方面人士之名额，亦于双方区域中各占其半。

（九）代表团抵平后，即向中共提出双方应于正式商谈开始之前，就地停战，并参酌国防部所拟停战意见进行商谈。

对于以上九项，确定仅系商谈之预定腹案，并不书面提出。其内容亦仅为南京方面可能让步之原则性的限度，商谈时仍应逐条力争，不得已时方渐次让步，如中共要求超过以上各项限度，应由代表团随时电报南京请示核夺。

而南京政府国防部对国共停战协定最低限度的要求是：

（一）青岛及长江流域连接鄂西、陕西、绥远地区双方第一线部队，应即停止一切战斗行动，各守原防，停止前进，并不得向空隙发展。

（二）共军立即解除对新乡、安阳、太原、大同、榆林之包围封锁，准许国军采购粮食及生活必需品。

（三）国军海空军立即停止海上与空中之攻击行动，但空军之侦察及空中输送补给，海军之江海巡逻及对各海港之输送补给，不受限制。又国军为防卫长江及海上之袭击，如发现共军集结渡江材料及运兵船队时，得采取自卫行动。

（四）双方立即停止一切敌意宣传。

（五）双方对于间谍之防范及维持后方秩序之一切行动，不受限制。

（六）为免除误会与冲突，除另有协议者外，双方第一线交通通信之恢复，应俟另行协议，在停战期间暂不开放。

（七）关于双方俘虏之交换，另行协议。

南京政府关于和谈的九条"腹案"和停战的七条要求，表明李宗仁等人对现实缺乏清楚的认识，不承认国民党政治、军事的失败，企图即便达不到划江而治、搞南北朝的目的，也要在未来的联合政府中与共产党平起平坐。殊不知，三年前政治协商会议的时候，共产党希望建立联合政府，却遭到国民党方面的拒绝，非要用战争方式去消灭共产党。经过三年的战争，被消灭的不是共产党而是国民党，现在共产党高歌猛进、全国革命胜利指日可待，南京政府的这些要求自然是不切实际的幻想。

南京政府代表团动身前，张治中提出去溪口见一次蒋介石，得到了李宗仁的同意。张去看蒋的理由是：蒋虽退到溪口，但力量还在他手里，如果得不到他同意，即使商谈得到协议，也没有用；溪口一行，可以镇压一下京沪顽固分子的嚣张气焰。此外，代表中除了章士钊外，其余都是国民党党员，蒋是国民党总裁，向他请示是必要的，而且看蒋也是应该的。①

3 月 28 日，张治中致电蒋介石，将当面报告和谈腹案，蒋对张参与和谈很不满，对蒋经国说："他来不来无所谓。"②这话张治中自然没有听到。

29 日上午，张治中到了溪口，把南京方面的和谈"腹案"给蒋看了，蒋只是说："我没有什么意见。"又说："你这次担负的是一次最艰苦的任务，一切要当心！"此外便是泛泛而谈，并无具体内容，下午，张治中陪蒋介石从蒋母墓庐由山路边走边谈。蒋表示，他愿意和平，并愿终老还乡。张治中听了很高兴，问蒋此话可在报上发表？蒋模棱两可地回答："你斟酌吧。"张治中来不及"斟酌"，就把蒋的谈话

★ 1949 年 3 月 30 日，《辛报》报道《张治中飞溪口》

江山大势——1949年国共和平谈判

---

① 《张治中回忆录》(下)，文史资料出版社 1985 年版，第 796 页。

② 程思远：《李宗仁先生晚年》，文史资料出版社 1980 年版，第 69 页。

★ 原南京国民党政府总统府总统办公楼内的会客室。1946 年 7 月 1 日，蒋介石与周恩来曾在此进行会谈。1949 年 3 月 29 日晚，李宗仁在此同即将赴北平谈判的张治中等人交换意见

写成了新闻稿发表了。①

同一天，南京政府行政院召开临时政务会议，通过加派刘斐为和谈代表，并指派张治中为首席代表。李宗仁让刘斐为和谈代表，曾引起蒋氏父子的极度不满，说刘斐参与制订过三个年头的"剿共"作战计划（抗战后至 1948 年中，刘斐任国防部参谋次长，负责作战计划），而"李必欲其充当代表，简直不惜以我方的全部军事秘密计划与内容，贡献共党，以示其投诚之真意"。②

3 月 30 日，国民党在广州的中央执、监常委及中央政治委员举行谈话会，提

①《张治中回忆录》(下)，文史资料出版社 1985 年版，第 797 页。
②《蒋经国回忆录》，东方出版社 2011 年版，第 178 页。

出和谈代表到达北平后，应先提出双方立即无条件停战，和谈一切公开报道，和谈进行详情，应及时报告党的中央，谈判结果并应对党完成法定程序，和谈内容应坚持下列原则：（一）国体不容变革；（二）人民之自由生活方式必须保障；（三）宪法之修改必须依法定程度；（四）土地改革应首先遵行，但反对以暴力实行土地革命；（五）战争责任问题，应毋庸议。[①] 国民党中央的这些所谓和谈原则，如同痴人说梦，只能算是他们的一种自我安慰。

3月31日，南京政府代表团秘书长卢郁文率领电台报务员及译电人员等，乘中央航空公司的专机飞北平。当天下午，李宗仁举行茶会，招待留存南京的国民党中央常委，听取张治中报告到溪口见蒋介石的情况，阎锡山、白崇禧先后发言，都主张和谈期间应先订休战协议，双方停止军事行动，然后再谈和平条件。[②]

4月1日，南京政府代表团由首席代表张治中率领，乘中国航空公司的"天王号"专机北上，在青岛作短暂停留后，于下午到达北平。代表团离南京前发表谈话称："我们此次奉政府之命到北平和中共进行和平商谈，深感责任重大，实有'如临深渊、如履薄冰'的心情。我们也知道在和谈进程中，当不免遭遇若干困难，但是我们相信双方商谈，似无不可克服的难题。我们当谨慎地秉承政府旨意，以最大的诚意和中共方面进行商谈。希望能够获得协议，使真正的永久的和平得以早日实现，以慰全国同胞殷切的期望。甚望爱好和平的各界人士们，随时给我们指导、督促和支持。"[③]

---

①　中国国民党中央委员会党史委员会：《中华民国重要史料初编——对日抗战时期》第七编　战后中国（二），1981年编印，第941页。

②　黄旭初：《黄旭初回忆录：李宗仁、白崇禧与蒋介石的离合》，蔡登山编，译林出版社2019年版，第395页。

③　张丰胄：《1949年国共和谈的有关史料》，《文史资料选辑》第32辑，第80页。

★ 1949年4月1日，南京国民党政府和平谈判代表团到达北平。左起：刘斐、章士钊、张治中、黄绍竑、邵力子，右1为负责接待的齐燕铭

南京政府代表团成员是：首席代表张治中，代表邵力子、章士钊、黄绍竑、刘斐、李蒸；顾问屈武、刘仲华、李俊龙、金山；秘书长卢郁文，秘书余湛邦、张丰胄、潘伯鹰、严北溟、肖金平、陈树华、谢超、张月超、周光宇；副官张立钧、洪世瑞；随员杨公庶、雷锡章等。

在飞机临近北平的时候，代表团成员猜想，来机场迎接的，不是周恩来，也会是叶剑英。可是飞机停稳后走下来一看，停机坪里欢迎的人寥寥无几，其中仅有中共中央统战部副部长徐冰、北平市政府秘书长薛子正、北平警备司令程子华、中共代表团秘书长齐燕铭和第四野战军（即原东北野战军）参谋长刘亚楼。代表团下榻在六国饭店，刚到饭店大门，只见上面横挂一条"欢迎真和平、反对假和平"的标语。代表们自然明白其含意，假和平代表不受欢迎。张治中见状对屈武

★ 此次国共谈判期间，南京方面的代表住在六国饭店，中共方面的代表住在北京饭店。这是北京饭店网站上的老照片

★ 今北京饭店。该饭店创建于1900年。当时正处于八国联军入侵中国时期，两个法国人邦扎和佩拉蒂在现苏州胡同开办了一家3间门脸的小酒馆，这就是北京饭店的前身。第二年迁到现在东单东方新天地（原东单菜市场）隔壁，并挂上了"北京饭店"的招牌。后来，他们将饭店转让给一个名叫卢苏的意大利人经营。两年后卢苏根据饭店发展需要，便在王府井南口建起一座五层红砖楼（即现在的新大楼旧址）。1907年卢苏将饭店转卖给中法实业银行后，北京饭店又于1917年建起了7层法式洋楼，即现在的北京饭店B座（照片中的中楼）。此后北京饭店没有什么变化，直到1954年建成C座（照片中的西楼）。A座（东楼）于1974年落成，是当时首都最高的建筑

说："看来中共对我们的诚意是有所怀疑的。"[①] 他的这个判断是准确的，因为李宗仁和南京政府虽然派代表团前来谈判，但仍不愿完全接受中共提出的八项条件，而是企图保存国民党的军政势力，来个划江而治；如果这个目的实现不了，就通过谈判建立与共产党对等的联合政府。

当日晚，周恩来、林伯渠等中共代表来看望南京政府代表，然后举行宴会招待。饭后，周恩来、林伯渠邀张治中和邵力子谈话。一开始，周恩来就质问张治中："你为什么离开南京前去见蒋介石？"张治中没想到周恩来会问这个问题，正要解释，周恩来又说："你这种做法，完全是为了加强蒋的地位，起了混淆视听，破坏和谈的作用；同时也证明了蒋介石的所谓下野是假的，他在幕后操纵控制！"

张治中听了，感情上也有些激动，说明了去溪口的各种理由。他反复解释："我不能不去溪口。是我自己要去的。既不是蒋叫我去，也不是李宗仁要我去。我所以要去，一则想到蒋虽然下野，实力还是掌握在手上，我们虽然接受以毛主席所提八条作为和谈基础，但蒋究竟同意到何等程度，我不能不摸个底，才好进行商谈。二则蒋虽然不当总统，但还是国民党的总裁，我们六个代表中除章行老（即章士钊，引者）外，其余都是国民党员，也有义务去看望他。也不好全都去，我是首席代表，只好我去啰。三则近来京沪间一些人纷纷发表言论，提到很多主张，给和谈制造障碍，我去溪口并且在回南京后马上发表新闻，对这些人起到威慑的作用。蒋既然表示愿意和平，愿意终老是乡，一切交由李宗仁主持，这些人就不敢反对了。"

张治中的反复解释和补充，并没有使周恩来满意。周最后说："不管你怎样说，只能说明蒋介石还在发纵指示，说明你们不是真要和平，这种由蒋介石导演

---

① 刘仲容：《回忆我在桂系工作时的几件事》，《文史资料选辑》第73辑，第14页。

的假和平我们是不能接受的。"张感到反复解释无效，也就动了一点感情，引起双方的争执。

谈到和平问题。周恩来问："我们的广播你们听到了，你们带来了为实施八项条件所必需的材料吗？对和谈有何具体的意见？"张治中回答说："我们没有具体的方案，想听听你方的——当然这是以八项条件为基础。"周恩来说："这是前提，是没有疑义的。我们设想，采取今天这样个别对话的方式，充分听取你们的意见，如果可能，经过三四天的商谈后，然后在五日左右提出成熟的东西，让双方讨论。当然，你们也已意识到形势发展得很快，全国人民渴望和平，国际上除美帝及其追随者外，也都希望中国出现和平，这是不能再拖延的。"①

第二天，国共和谈代表进行个别交谈。周恩来同张治中谈，叶剑英同黄绍竑谈，林伯渠和章士钊谈，李维汉与邵力子谈，聂荣臻同李蒸谈，林彪同刘斐谈。双方争论的焦点是战犯问题。南京政府的"多数代表认为，我们是第二号战犯派来的，第二号战犯怎么能办第一号战犯呢？这件事根本办不通。纵然签了字，不仅南京不会同意，而且我们根本就回不了南京了"。章士钊对林伯渠说："如战犯问题不放松，则有两点顾虑。（一）在人情上说，此次六个代表，除本人之外，均属国民党，如果一定要抓蒋介石，等于让儿子签字杀老子，恐怕五个代表决不肯签字。（二）从利害观点讲，目前蒋介石尚有残余力量，美国和日本又窥视在侧，如逼得太紧，即是促成蒋系团结。"②

但是，中共在战犯问题上态度很坚决，并且只同意谈判期间军队暂不过江。为此，南京代表团电告南京政府：（一）和谈期间共军不渡江；（二）整军问题须放弃私人军队，编成人民军队，至于数字问题可从长商议；（三）与中共约定，在

---

① 余湛邦：《我所亲历的三次国共谈判》，中国社会科学出版社 2004 年版，第 105—106 页。
② 杨奎松：《失去的机会？——抗战前后国共谈判实录》，新星出版社 2010 年版，第 335 页。

和谈未完成前，所有内容，绝对保密。唯战犯问题中共毫不放松，并对张治中溪口之行极为不满，认为这显然证明蒋仍在幕后指挥。南京代表团经过会商，决定依据下述两点进一步与中共代表协商，即（一）战犯应受处罚，但不必正式提名，如赞成和平条款及对人民做有益贡献者，可以酌情减少或撤销，反之，再列为战犯不迟；（二）渡江问题可并入中共八项条件的第四条，签字后不必马上渡江，但亦不必拖至联合政府成立后。[1]

为了表明中共方面关于战犯问题的立场，4月2日，新华社发表傅作义通电。傅作义在通电中说："现在回忆既往，我感觉我最大的错误，就是执行了反动的戡乱政策。""北平的和平，就是遵从人民的意志与愿望，勇于自觉，勇于负责的认识和行动，符合于正确的政策，符合于毛泽东先生所提出的八项和平条件，这种和平是真正的和平。一切有爱国心的国民党军政人员，都应该深切检讨，勇于认错，以北平和平为开端，努力促使全国和平迅速实现，然后国家才能开始建设。""今后愿拥护中共毛主席的领导，实行新民主主义，和平建设新中国。"[2]

抗战胜利后，傅作义在内战问题上甚为积极，1946年9月，傅部半个月内占领了晋察冀解放区的卓资山、集宁、丰镇等城镇，而且还在他的机关报《奋斗日报》上发表致毛泽东的公开信，声称："我不相信这是一个军事上的胜利，因为诚如你们所说，本战区国军武器最劣，人数最少，战力最弱，而好战心理更不如你们，虽然失败，似乎是应该的。但我们没有失败，失败的却是你们，所以这不是一个军事上的胜利，而必须称之为人民意志上的胜利。"国民党的中央机关报《中央日报》还全文转载了这封信，使用的通栏标题是："傅长官作义致信毛泽东先生，希接受教训，放下武器，参加政府，促进宪政。"随后不久，傅部又占领了晋

---

① 杨奎松：《失去的机会？——抗战前后国共谈判实录》，新星出版社2010年版，第335页。

② 《傅作义将军通电　声明政治立场》，《人民日报》1949年4月3日。

察冀解放区的首府张家口。

平津战役发动前，傅作义还企图偷袭石家庄，进而袭击在西柏坡的中共中央领导机关。平津战役发动后，解放军先是通过新保安战役歼灭了傅赖以起家的第35军，解放了张家口，切断了傅西逃绥远老家之路，继而通过天津战役封堵死其南逃通道，这时，参加平津战役的东北野战军和华北军区野战军部队已有百万之众，将北平围得水泄不通。在这样的情况下，傅不得不与我平津前线指挥部接洽，通过谈判达成协议，傅部开出城外接受解放军的和平改编。在开始谈判之时，由于天津还没有解放，傅估计解放军打下天津怎么也得一个月时间，还提出军队改编成人民和平军，以及共产党让出南苑机场和成立联合政府的要求，但遭到平津前线指挥部的拒绝。随后，东北野战军只用了 29 个小时就解放了天津，傅才下决心同意签署《关于和平解决北平问题的决议》，同意所部接受改编。因为傅作义接受和平改编，使北平避免战火造成的损害，自是将功折罪，自然不再按照战犯处理。

新华社公开发表傅作义通电的同时，又发表了毛泽东给傅作义的复电。电文说："南京国民党反动政府发动反革命内战的政策，是完全错误的。数年来中国人民由于这种反革命内战所受的浩大灾难，这个政府必需负责。但是执行这个政策的国民党反动政府的文武官员，只要他们认清是非，翻然悔悟，出于真心实意，确有事实表现，因而有利于人民解放事业之推进，有利于用和平方法解决国内问题者，不问何人，我们均表欢迎。"[①] 中共中央的用意很清楚，国民党内的任何人只要遵照八项和平条件结束战争，就是将功折罪，就能获得谅解，即便此前列入战犯名单也可不按战犯处置，傅作义就是他们的榜样。

4 月 4 日，新华社发表毛泽东撰写的社论《南京政府向何处去？》，要求李宗

---

① 《毛主席电复傅作义》，《人民日报》1949 年 4 月 3 日。

仁等人放弃那些不切实际的幻想，下定接受八项条件的决心，并且明确表示，无论南京政府是否有接受八项条件的决心，人民解放军都要进军江南。社论强调指出："两条路摆在南京国民党政府及其军政人员的面前：一条是向蒋介石战犯集团及其主人美国帝国主义靠拢，这就是继续与人民为敌，而在人民解放战争中与蒋介石战犯集团同归于尽；一条是向人民靠拢，这就是与蒋介石战犯集团和美国帝国主义决裂，而在人民解放战争中立功赎罪，以求得人民的宽恕和谅解。任何第三条路是没有的。"

社论还说："人民解放军就要向江南进军了。这不是拿空话吓你们的，无论你们签订接受八项条件的协定也好，不签这个协定也好，人民解放军总是要前进的。""也许签订一个全面性协定对于南京方面和我们方面，都比较不签这个协定，来得稍微有利一些，所以我们还是争取签订这个协定。但是签订这个全面性协定，我们须得准备应付许多拖泥带水的事情。不签这个协定而去签订许多局部协定，对于我们要爽快得多。虽然如此，我们还是准备签订这个协定。南京政府及其代表团如果也愿意这样做，那么就得在这几天下决心，一切幻想和一切空话都应当抛弃了。"社论正告南京政府，是否签订这样的协定"选择的时间没有很多了，人民解放军就要进军了，一点游移的余地也没有了"。①

同一天，《人民日报》发表新华社《什么人应负战争责任？——日本投降以来大事月表》，并且在编者按中明确提出："当南京国民党反动卖国政府的和谈代表团来到北平，与中国共产党举行和平谈判的时候，全国人民最注意的一个问题，就是国民党反动卖国政府及其代表团对于战争的责任问题将取何种态度。南京的李宗仁何应钦政府虽然在口头上说愿以中共八项和平条件为谈判基础，在事实上

---

① 《南京政府向何处去？》，《人民日报》1949 年 4 月 5 日。

却至今拒绝与应对战争负最大责任的蒋介石反动集团和美国帝国主义政府决裂，至今还继续担任蒋介石反动集团和美国帝国主义政府的反革命工具，而这当然是与按照中共八项条件实现真和平的路线绝对不可调和的。"

该"大事月表"在提到以张治中为首席代表的南京政府代表团"于四月一日来平"时，特地强调："关于这个代表团，值得注意的是：第一，张治中于二十九日特奉李宗仁、何应钦之命飞往奉化见第一号战争罪犯人民公敌蒋介石，'请求指示'。第二，张治中代表团于四月一日来平，送行的南京六千爱国学生竟遭南京军警特务凶殴，死伤失踪两百余人。这两件事表明，迄今为止，国民党反动卖国政府只是想利用和谈抬高身价，保存反动势力，并没有悔祸自新，将功折罪，接受中共八项和平条件实现真正和平的任何诚意。"

4月6日，《人民日报》又发表社论《要求南京政府向人民投降》，强调"在今天的中国只有一种和平，这就是反革命分子从根本立场上向人民革命力量投降的和平"，"这种投降是有益于人民，有益于祖国的，是可以希望人民和祖国的宽恕的，比之拒绝向人民投降，继续无谓的挣扎，因而一个个被活捉，被审判，被惩办，当然要光荣得多"。[①]

二、和谈期间中共对李、白的争取

中共方面一方面指责南京方面"到今天为止，仍然是蒋介石和美国政府的工具"，敦促南京政府"向人民投降"；另一方面又对李宗仁和白崇禧采取尽可能争取的政策。3月30日，毛泽东为中共中央军委起草致刘伯承、邓小平等人电："白

---

① 《要求南京政府向人民投降》，《人民日报》1949年4月6日。

崇禧的代表（刘仲容）今日到北平，我们决定联合李、白反对蒋党，李、白对此计划已有初步认识，尚待我们深入工作。"毛泽东还交代刘、邓等人："决定要白让出花园以北地区，我军到信阳、武胜关附近时，如守敌南撤，则不要攻击或追击，让其退至花园（在汉口北，引者）及其以南，孝感、黄陂、黄安、阳逻、黄冈等地暂时不去占，待东北主力到达后，再通白崇禧连同汉口、汉阳等地一齐有秩序地让给我们。"①

4月2日晚上，周恩来在六国饭店接见黄启汉。周恩来先问黄对南京代表团来和谈有什么看法。黄认为他们既然同意在毛泽东提出的八项条件基础上来谈，照理，谈起来不应该有很大的困难，困难还是在将来实行的时候，可能会遇到很大阻力。周恩来很气愤地说："现在就是他们并没有接受八项原则为基础。根据这两天来和他们六个代表个别交换意见的情况看，除邵力子外，其余几个人都异口同声地说'惩治战犯'这一条不能接受。这是什么话呢？李宗仁不是公开宣布承认毛主席提出的八项原则为谈判基础的吗？怎么，代表团来了，又变了卦呢？"周恩来又说："还有，南京代表团到北平来之前，张治中还到溪口去向蒋介石请示，这就产生另一个问题，你们代表团究竟是代表南京还是代表溪口呢？这两个问题不解决，和谈怎么进行呢？"周恩来同意黄启汉回南京把这两个问题向李宗仁问个明白，并决定第二天就乘载代表团来北平的专机回去。②

4月3日上午，周恩来又在六国饭店单独接见黄启汉。周恩来说：蒋介石不顾全国人民要求和平、民主、统一的愿望，不顾中国共产党为防止内战的真诚努力，悍然发动全面内战，给人民带来了重大损失和痛苦。现在经过辽沈、平津、

---

① 中共中央文献研究室编：《毛泽东年谱（1893—1949）》（修订本）下卷，中央文献出版社2013年版，第472页。
② 黄启汉：《一九四九年"和谈"的回忆》，《文史资料选辑》第67辑，第26页。

213
第五章 和谈的启动与破裂

淮海三大战役的较量，蒋军主力部队已被歼灭殆尽，可以说，内战基本结束，剩下的不过是打扫战场而已。但为了尽快地收拾残局，早日开始和平建设，改善人民生活，在毛主席提出的八项原则基础上进行和谈，我们还是欢迎的。但南京来的代表团，却想对这八项原则讨价还价，这是我们不能容许的。本来，我们对蒋介石及其死党，就不存在任何幻想，倒是希望那些错跟蒋介石走的人，应该认清形势，猛醒回头了。

谈话中，周恩来要黄告诉李宗仁、白崇禧，对美国不要有幻想，对蒋不要有留恋和恐惧，应向人民靠拢。周恩来要黄转告李、白几点具体意见：（一）在和谈期间，人民解放军暂不渡过长江；但和谈后，谈成，解放军要渡江，谈不成，也要渡江；（二）白崇禧在武汉指挥的国民党军队，应先撤退到花园以南一线；（三）希望白在安徽让出安庆；（四）希望李宗仁在任何情况之下，都不要离开南京，能够争取更多的国民党军政人员同留在南京更好。考虑到李的安全，他可以调桂系部队一个师进驻南京保护，万一受蒋军攻击，只要守住一天，解放军就可以到来支援了。

黄启汉临行前，李济深和邵力子也先后到六国饭店来看黄启汉。李济深要黄告诉李宗仁，务必当机立断，同帝国主义和蒋介石决裂，向人民靠拢。只要他见诸行动，将来组织联合政府，毛泽东和其他民主党派负责人，都愿支持他担任联合政府副主席。至于白健生（白崇禧，字健生，引者），无非想带兵，联合政府成立了，还怕没有兵带吗？到时，我们也支持他。邵力子对黄说，他认定蒋介石为首的死硬派是没有希望的，只有希望桂系在武汉、南京、广西，局部接受和平解放，这对整个局面就可起推动作用，要黄把他的这个意思转告李、白。[1]

---

[1] 黄启汉：《一九四九年"和谈"的回忆》，《文史资料选辑》第67辑，第26—28页。

★ 双清别墅内的会客室

　　4月2日晚，毛泽东也在香山再次召见了刘仲容，要刘回到南京，向李、白转达中共方面的和平条件。大意是：（一）关于李宗仁的政治地位，可以暂时不动，还是当他的代总统，照样在南京发号施令。（二）关于桂系部队，只要不出击，中共也不动他，等到将来再具体商谈；至于蒋介石的嫡系部队，也是这样，如果他们不出击，不阻碍中共，由李宗仁做主，可以暂时保留他们的番号，听候协商处理。（三）关于国家统一问题，国共双方正式商谈时，如果李宗仁出席，他本人也亲自出席；如果李宗仁不愿来，由何应钦或白崇禧当代表也可以，中共方面则派周恩来、叶剑英、董必武参加，来个对等。谈判地点在北平，不能在南京。双方协商取得一致意见后，成立中央人民政府，到那时，南京政府的牌子就不要挂了。（四）现在双方已经开始和平谈判，美国和蒋介石反动派是不会甘心的，他们一定会插手破坏，希望李、白要拿定主意，不要上美帝国主义和蒋介石的大当。

毛泽东说："白崇禧是很喜欢带军队的，他的广西部队只有十来万人，数字不大，将来和谈成功，一旦成立中央人民政府，建立国防军时，我们可以请他继续带兵，请他指挥三十万军队，人尽其才，这对国家也有好处嘛。白先生要我们的军队不过江，这办不到。我们过江以后，如果他感到孤立，可以退到长沙再看情况，又不行，他还可以退到广西嘛。我们来一个君子协定，只要他不出击，我们三年不进广西，好不好？"①

为进一步争取白崇禧，4月4日，毛泽东在为中共中央军委起草致第四野战军第十二兵团负责人萧劲光、陈伯钧等的电报中指出："我们已和白崇禧代表刘仲容商定，黄冈、阳逻、仓子埠、黄陂、花园、孝感、汉川、蔡甸、黄陵矶之线及其以南地区我军暂不进占，使武汉不感震动，大商巨绅不致逃跑，将来我军进占该城及武汉地区时用和平接收办法，免遭破坏。""其余宜昌至武穴线上长江北岸要地，凡我军已占者照旧，凡我军未占者一律暂不进占，以利和平接收。""李宗仁代表黄启汉昨（江）日由北平返南京，除传达上项意旨外，并传达我方允许安庆方面桂军向南京或向武汉撤退。请刘（伯承）李（达）张（际春）即作准其撤退之部署，并令前线派人与守军试行联络。""总之，我方对桂系即应根据联桂反蒋方针开始着手采取具体步骤，由敌对关系改变为交朋友关系，对张轸亦是如此。"②

4月4日，白崇禧电告中共方面，提出在接受八项和平条件，并经双方协商在全国范围内完全实现这些条件的时间内，人民解放军应当停止前进。4月5日，毛泽东起草中共中央军委总参谋部作战部部长李涛复白崇禧电，指出白提出的此

---

① 刘仲容：《回忆我在桂系工作时的几件事》，《文史资料选辑》第73辑，第51—52页。
② 《毛泽东军事文集》第五卷，军事科学出版社、中央文献出版社1993年版，第528页。

种要求既"是不合理的"，也是"不可能的"，并且明确表示："白先生历次公开言论，我们均不能同意。"但是为着和李、白建立合作关系之目的，中共方面愿意立即实行下列各项处置："（甲）安庆及其以西直至黄冈（不含）之贵方部队，请迅即撤退，并限四月十日以前撤退完毕。（乙）黄冈、团风、仓子埠、黄陂、花园、孝感、汉川、蔡甸、黄陵矶一线及其以南地区，包括汉口在内，暂由贵部驻防，维持秩序。该线以北以东各地之贵部，望即向该线撤退。所有撤防各地，不得破坏。该线以西各地，暂维现状。（丙）整个华中问题的处置，听候双方代表团谈判解决。（丁）请通知安庆及花园等处贵部负责人员，如遇敝方前线将领派员出来联络，请予接洽，勿生误会。并希各该贵部派员至敝军前线司令部取联络。（戊）以上各点敝方业已通知各该地军事首长遵办，希望白先生亦通知贵部照办，并盼见复。"①

4月3日下午，黄启汉回南京。到傅厚岗李宗仁官邸汇报了南京政府代表团到北平后的情况，并将周恩来的话原原本本转告了李。李宗仁对黄的汇报听得很仔细，详细询问有关情况，又解释说，张治中去见蒋介石，是张自己要去的，他并不同意，但碍于情面，没有阻止。至于中共八项条件，他本人完全可以接受，反对"惩办战犯"这一条的，主要是蒋介石本人，并答应对这一条进一步表明态度。所以他主张要蒋介石到国外去走走，不要留在溪口碍事。但蒋坚决不肯出国，自然有他自己的打算。李答应对战犯问题当进一步表明态度，绝不使之影响和谈的进行。②

4月4日上午，按照李宗仁的安排，司徒雷登会晤了黄启汉，了解了北平和

① 中共中央文献研究室编：《毛泽东年谱（1893—1949）》（修订本）下卷，中央文献出版社2013年版，第476页。

② 黄启汉：《一九四九年"和谈"的回忆》，《文史资料选辑》第67辑，第28页。

平解放后和国共和谈的一些情况。司徒雷登表示，美国在此次国共和谈问题上不插手干预，但希望看到通过双方努力，谈出一个结果来。

4月5日上午，黄启汉乘飞机去汉口见白崇禧，转达了周恩来的意见。白对桂军退到花园口以南表示同意，但不愿让出安庆。白又反复强调解放军不要过江，以长江为界，划江而治，如此事情就好办了。[①] 在中国共产党已明确提出不管谈得成谈不成，都必须过江的情况下，白崇禧的言行表明，和谈只不过是他阻止人民解放军过江的借口。

同一天，刘仲容与民主党派代表朱蕴山、李济深的代表李民欣一同回到南京。刘仲容见到了李宗仁，通报了毛泽东对李、白提出的希望与安排。

黄启汉、刘仲容回南京后，李宗仁和谈的情绪比较高，为了进一步表示谋和诚意，4月7日，李宗仁给毛泽东发了一封电报。电报是由张治中转交的，其中说："张长官文白兄转润之先生有道：自宗仁主政以来，排除万难，决心谋和，悱恻之忱，谅贵党、各位民主人士所共亮察。今届和谈伊始，政府代表既已遵邀莅平，协谈问题亦已采纳贵方所提八条为基础，宗仁懔于战祸之惨酷，苍生之憔悴，更鉴于人类历史演成之错误，因以虑及和谈困难之焦点，愿秉己饥己溺之怀，更作进一步之表示：凡所谓历史错误足以妨碍和平如所谓战犯者，纵有汤镬之刑，宗仁一身欣然受之而不辞。至立国大计，决遵孙总理之不朽遗嘱，与贵党携手，并与各民主人士共负努力建设新中国之使命。况复世界风云，日益诡谲，国共合作，尤为迫切。如彼此同守此义，其他问题便可迎刃而解。宗仁何求，今日所冀，惟化干戈为玉帛，登斯民于衽席，耿耿此心，有如白水。特电布悃，诸希亮察。弟李宗仁卯阳印。"

---

① 黄启汉：《一九四九年"和谈"的回忆》，《文史资料选辑》第67辑，第32页。

第二天，毛泽东复电李宗仁："南京李德邻先生勋鉴：卯阳电悉。中国共产党对时局主张，具见本年一月十四日声明。贵方既然同意以八项条件为谈判基础，则根据此八项原则以求具体实现，自不难获得正确之解决。战犯问题，亦是如此。总以是否有利于中国人民解放事业之推进，是否有利于用和平方法解决国内问题为标准，在此标准下，我们准备采取宽大的政策。本日与张文白先生晤谈时，即曾以此意告之。为着中国人民的解放和中华民族的独立，为着早日结束战争，恢复和平，以利在全国范围内开始生产建设的伟大工作，使国家和人民稳步地进入富强康乐之境，贵我双方亟宜早日成立和平协定。中国共产党甚愿与国内一切爱国分子携手合作，为此项伟大目标而奋斗。毛泽东一九四九年四月八日。"[1]

毛泽东的复电其实已是十分明白地表示，对于南京政府方面最关注的战犯问题，是有商量余地的。

4月9日，白崇禧与黄启汉从武汉到了南京。刘仲容对白说，中共方面提出不但政治要过江，军事也要过江，而且很快就要过江。白说："他们一定要过江，那仗就非打下去不可了，这还谈什么？他们还有什么别的意见？"刘仲容将毛泽东的那番话作了转达，并特别提到将来成立人民政府毛泽东对他的人事安排问题。白却说："对我个人出处，现在不是我考虑的时候。目前要紧的是，共产党如果有和平的诚意，就立即停止军事行动，不要过江。能让步的我们可以尽量让步，不能让步的绝对不能让步，过江问题为一切问题的前提，中共如在目前'战斗过江'，和谈的决裂，那就不可避免。"

4月10日，时任中共中央外事组副主任的王炳南从北平打电话到南京，要刘仲容回到北平。得到李宗仁的同意后，4月12日，刘仲容乘准备接回南京汇报谈

---

① 《关于具体实现八项原则毛主席电复李宗仁》，《人民日报》1949 年 4 月 10 日。

判情况的黄绍竑、屈武的专机到达北平，然后到香山向毛泽东汇报了南京之行的情况。刘说，白崇禧顽固地坚持反对解放军渡江，已经没有什么争取希望，李宗仁则还有争取的可能性。毛泽东说，中共中央已决定解放军4月20日渡江，希望李宗仁在解放军渡江后不要离开南京，如果李认为南京不安全，可以飞来北平，中共方面对待以贵宾款待，那时和谈仍可继续进行。①

三、"人民解放军必须渡江"

从4月8日起，毛泽东在香山分别会见了南京政府代表团的六位代表和秘书长。第一天是张治中；第二天是邵力子与章士钊；第三天是黄绍竑与刘斐；第四天是李蒸与卢郁文。毛泽东在与张治中（周恩来参加）的谈话中，主要谈及了以下几点：

一是关于战犯问题。张治中一再说蒋介石已经下台，一切交由李宗仁主持，并且明确表示愿意和平，愿意终老故乡，终身不担任国家职务，为了便于和谈进行，希望战犯问题不要写入和平协定条文。毛泽东对此表示可予考虑宽大处理。

二是关于组建联合政府问题。张治中提到重庆政治协商会议的政治民主化原则及当时达成协议的具体方案，如按此办理，国民政府当将权力移交给新政府。毛泽东表示："联合政府还不知何时成立，或许要两三个月都说不定。在这段时间，南京政府应当照常行使职权，不要散掉了，不要大家都跑了。"

三是关于今后建设问题。张治中表示国民党执政二十多年，没能遵循孙中山先生遗教进行建设，愧对国家人民。今后是你们执政了，你们怎样做，责任是重

---

① 刘仲容：《回忆我在桂系工作时的几件事》，《文史资料选辑》第73辑，第54页、第56页。

★ 香山来青轩。位于双清别墅右侧一百来米，中共中央进驻香山后，刘少奇、周恩来、朱德、任弼时等中共中央书记处书记居住于此

大的。毛泽东说："今后，我们大家来做的，大家合作做的，当然最重要的是共同一致来结束战争，恢复和平，以利在全国范围开展伟大的生产建设，使国家人民稳定地进入富强康乐之境。"①

另据《中国共产党史稿（1921—1949）》第五卷所载，在谈话中，毛、周的意见主要为以下几点："（一）战犯问题，可以不在和平协定条款中提名，可以不提蒋介石三个字，对南京代表团的处境、困难表示理解，并同意将此问题拖到最后办。（二）改编军队问题，所有国民党军队的数额、番号、官长均可照旧不动，驻地问题可以研究。（三）渡江问题，是否签字后马上渡江，也可以商量。

① 余湛邦：《我所亲历的三次国共谈判》，中国社会科学出版社 2004 年版，第 108—109 页。

（四）南京政府在和谈至新政协开会，即到联合政府成立前这一段时间内，都要继续负责，不要散了。（五）和谈方案正在草拟，拿出方案正式谈判时，两小时内便可解决问题。将来签字时，如李宗仁、何应钦、于右任、居正、张群等都来参加最好。"[①]

据台北出版的《"总统"蒋公大事长编初稿》，南京方面接到的毛泽东谈话要点是："（一）战犯在条约中，不举其名，但仍要有追究责任字样。（二）签约时须李宗仁、何应钦、于右任、居正、童冠贤、吴忠信等皆到北平参加。（三）改编军队，可缓谈。（四）共军必须过江，其时期在签字后实行，或经过若干时日后再过江。（五）联合政府之成立，必须有相当时间，甚至须经四五个月之久；在此期间，南京政府仍可维持现状，行使职权，免致社会秩序紊乱。"

经过与中共领导人的接触，南京政府代表团对谈判的前景颇为乐观，认为在战犯名单、军队整编、解放军渡江、南京政府过渡等问题，已与中共方面达成了妥协，只要中共拿出方案，经代表团讨论后，即可派人回南京请李宗仁等一同来北平签字。[②]

可是，情况并非南京政府代表们想象的那样简单。北平和谈启动后，蒋介石没有放松对南京政府的幕后控制。4月6日，蒋经国奉蒋介石之命，向在广州的国民党中央党部转达了两点补充指示："（一）和谈必须先订停战协定；（二）共军何日渡江，则和谈何日停止，其破坏责任应由共方负之。"[③]

4月7日，国民党在广州召开中央常务委员会第一八一次会议，由何应钦报告北平和谈经过，并通过《关于和谈问题之决议案》，决定了和谈五原则，由何应

① 沙健孙主编：《中国共产党史稿（1921—1949）》第五卷，中央文献出版社2006年版，第493页。

② 韩信夫、姜克夫主编：《中华民国史大事记》第十二卷，中华书局2011年版，第8872—8873页。

③ 《蒋经国回忆录》，东方出版社2011年版，第180页。

钦于 4 月 9 日转告张治中。这五项原则是：（一）为表示谋和诚意，取信国人，在和谈开始时，双方下令停战，部队各守原防。共军在和谈期间，如实行渡江，即表示无谋和诚意，政府应即召回代表，并宣告和谈破裂之责任属于共党。（二）为保持国家独立自主之精神，出践履联合国宪章所赋予之责任，对于向往以国际合作、维护世界和平为目的之外交政策，应予维持。（三）为切实维护人民之自由生活方式，应停止所有施用暴力之政策，对于人民之自由权利及其生命财产，应依法予以保障。（四）双方军队应在平等条约之下，各就防区，自行整编，其整编方案，必须有互相尊重、同时实行之保证。（五）政府之组织形式及其构成分子，以确能保证上列第二、三、四各项原则之实施为条件。[①]这五项原则与中共方面提出的和谈八项条件，可以说是南辕北辙。

4 月 8 日，国民党中央常务委员会决议设立和谈问题特种委员会（又称指导委员会、决策委员会），依据中央常务委员会决定之原则，协助政府负责处理和谈有关问题，以李宗仁、何应钦、于右任、居正、孙科、张群、吴铁城、吴忠信、朱家骅、徐永昌、童冠贤等 11 人为委员，由李、何召集。

12 日，和谈问题特种委员会在南京作出了五项决议，对代表团报告的毛泽东谈话作出回应：（一）战争责任问题，可依据代表团所谈原则处理；（二）所邀南京参加签字各位，届时再作决定；（三）签约后驻军，第一期最好各驻原地；（四）新政协及联合政府事，等中共提出方案后再行研究；（五）渡江问题应严加拒绝。[②]

收到何应钦转达的五项决议之后，南京政府代表团立即进行了讨论。代表团内部认为，渡江问题大家都已向中共方面作了承诺，现在怎能出尔反尔加以反对。

① 《蒋经国回忆录》，东方出版社 2011 年版，第 181 页。
② 韩信夫、姜克夫主编：《中华民国史大事记》第十二卷，中华书局 2011 年版，第 8873 页。

有的代表主张打电报给南京，告诉他们不但拒绝渡江不可能，即使要求缓渡也很难；也有的代表说，如果中共大军在签字后即渡江，那南京政府还怎么能行使职权，只有两条路可走，一条是彻底靠近中共，与主战派开火，另一条是因此宣告和谈破裂；有的说，过去李宗仁没有力量，因高唱和平而增加了力量，因此之故，如缓渡江，给李宗仁一些时日，使其政治力量继续增加而扩大，对李宗仁、对中共、对人民均有利；也有的说，二三月恐怕不能增加南京的力量，相反的是会加强溪口的力量，为人民计，还是中共马上渡江的好。① 经过一番讨论，代表团决定由章士钊出面设法与毛泽东通融，要求中共考虑在签订和平协定后能暂缓渡江。

可是，还没等章士钊去同毛泽东通融，毛泽东已作出决定：双方应立即进入正式谈判，不论谈判成败与否，人民解放军都将马上渡江。

4月13日晨，毛泽东就国共代表团和平谈判进入正式阶段问题，函告周恩来："今日下午双方代表团应举行一次正式会议。在此会议上，宣布从今（十三）日起，结束非正式谈判阶段，进入正式谈判阶段，其时间为十三日至十七日，共五天。在此会议上，大略解释协定草案的要点，并征求他们的意见。""另向张治中表示，四月十七日必须决定问题。十八日以后，不论谈判成败，人民解放军必须渡江。他们派回南京的人，十四日上午去，十五日下午必须回来。南京四要员（李、于、居、童，不要张群）如愿来平，十五日至迟十六日必须到达，十七日必须举行签字式。""应争取南京代表团六人都同意签字。如果李、何、白不愿签字，只要他们自己愿签，亦可签字。签字后他们不能回去，叫他们全体留平。如他们因南京不同意签字而不敢签，并有些人要回去，则必须争取张、邵、章三代表及四个顾问留在北平。"②

---

① 杨奎松：《失去的机会？——抗战前后国共谈判实录》，新星出版社2010年版，第341—342页。

② 中央档案馆编：《中共中央文件选集》第18册，中共中央党校出版社1992年版，第222—223页。

接到毛泽东此信后，周恩来于 13 日上午将中共方面预先起草好的《国内和平协定草案》一份，交给南京政府代表团，并通知本日晚 9 时举行正式会谈。

协定草案共八条二十四款。其主要内容是：

第一条第一款，为着分清是非，判明责任，中国共产党代表团与南京国民政府代表团双方（以下简称双方）确认，对于发动及执行此次反动的国内战争应负责任的南京国民政府方面的首要及重要战争罪犯，原则上必须予以惩办。但得依照下列情形分别处理：第一项，一切战犯，不问何人，如能认清是非，翻然悔悟，出于真心实意，确有事实表现，因而有利于中国人民解放事业之推进，有利于用和平方法解决国内问题者，准予取消战犯罪名，给以宽大待遇。第二项，一切战犯，不问何人，凡属怙恶不悛，阻碍人民解放事业之推进，不利于用和平方法解决国内问题，或竟策动叛乱者，应予从严惩办。其率队叛乱者，应由中国人民革命军事委员会负责予以讨平。

第二条第三款，双方确认，南京国民政府于 1946 年 11 月召开的"国民代表大会"所通过的《中华民国宪法》，是违背人民意志的，应予废除。第二条第四款，《中华民国宪法》废除后，中国国家及人民所当遵循的根本法，应依新的政治协商会议及民主联合政府的决议处理之。

第三条第五款，双方确认，南京国民政府的一切法统都是违背民主原则，应予废除。第三条第六款，在人民解放军到达和接收的地区及在民主联合政府成立以后，应即建立人民的民主的法统，并废止一切反动法令。

第四条第七款，双方确认，南京国民政府所属的一切武装力量（一切陆军、海军、空军、宪兵部队、交通警察部队、地方部队，一切军事机关、学校、工厂及后方勤务机构等），均应依照民主原则实行改编为人民解放军，并改隶属中国人民革命军事委员会的统辖和指挥之下。在国内和平协定签字之后，应立即成立一个在人民革命军事委员会领导之下的全国性的整编委员会，负责此项改编工作。第四条第十款，在国内和平协定签字之后，南京国民政府所属任何武装力量，如有对改编计划抗不执行者，中国人民革命军事委员会有权命令南京国民政府协助人民解放军强制执行，以保证改编计划的彻底实施。

第五条第十一款，双方同意，凡属南京国民政府统治时期倚仗政治特权及豪门势力而获得或侵占的官僚资本企业（包括银行、工厂、矿山、船舶、公司、商店等）及财产，应没收为国家所有。

第六条第十六款，双方确认，全中国农村中的封建的土地所有权制度，应有步骤地实行改革。在人民解放军到达后，一般地先行减租减息，后行分配土地。

第七条第十八款，双方同意，在南京国民政府统治时期所订立的一切外交条约、协定及其他公开的或秘密的外交文件及档案，均应由南京国民政府交给民主联合政府，并由民主联合政府予以审查。其中，凡对于中国人民及国家不利，尤其是有出卖国家权利的性质者，应分别情形，予以废除，或修改，或重订。

第八条第十九款，双方同意，在国内和平协定签字之后，民主联合政府成立之前，南京国民政府及其院、部、会等项机构，应暂予保留，向中国人民革命军事委员会负责，并接受其领导；除处理日常工作外，应协助人民解放军办理各地的接收和移交事项。待民主联合政府成立之后，南京国民政府即向民主联合政府移交，并宣告自己的结束。第八条第二十三款，在南京国民政府代表团签字于国内和平协定并由南京国民政府付诸实施后，中国共产党代表团愿意负责向新的政治协商会议的筹备委员会提议南京国民政府得派遣爱国分子若干人为代表，出席新的政治协商会议；在取得新的政治协商会议筹备委员会批准后，南京国民政府的代表即可出席新的政治协商会议。第八条第二十四款，在南京国民政府业已派遣代表出席新的政治协商会议以后，中国共产党方面愿意负责向新的政治协商会议提议：在民主联合政府中应包括南京国民政府方面的若干爱国分子，以利合作。

很显然，中共中央是要将革命进行到底的，至于这种革命如何进行，当然可以用和平与战争两种方式。此前的 4 月 11 日，中共中央军委在给渡江战役总前委的指示中明确提出："现南京主和派（李宗仁，何应钦，张治中，邵力子，于右任，居正，童冠贤，及行政、立法、监察三院大多数）正在团结自己准备和我们签订和平协定，共同反对蒋介石为首的主战派。此种协定，实际上是投降性质，准备于十五日或十六日签字。签字后两天（即十八日）公布。公布后，对于主战派及江南敌军，估计必起大的瓦解作用。"①

张治中拿到《国内和平协定草案》后，立即召集代表、秘书长、顾问开会。张治中一口气将草案读完后，第一个感觉草案充满了降书和罪状的语气，第二感觉是"完了，和是不可能了"。代表团多数成员也有这种感觉。张治中在其回忆录中说："实在说，这个草案在国民党顽固分子看来，不啻'招降书''判决状'，和他们那种'划江而治''平等的和平'的主观幻想固然相差十万八千里，即就我想象中的条款来说，也实在觉得'苛刻'些。固然，和谈是以毛先生元月十四日所提的八项做基础，而且我事前也明知这次和谈成功的可能性太小，但是由于自己主观上对和平的痴心梦想所驱使，仍然期望'奇迹'一旦会出现。现在是完了，在我当时尚且认为'苛刻'些的条款，在国民党反动派又岂有接受的可能？"② 不过，事已至此，代表们也只好逐字逐句地研究下去。

晚上 9 时，双方在中南海的勤政殿举行第一次正式会议。会议并无固定程序，在双方首席代表同意会议开始后，首先由周恩来对草案作长篇说明。周恩来说：

这次南京国民政府代表团到北平来，我们经过十二天的非正式的谈判，各方

---

① 中央档案馆编：《中共中央文件选集》第 18 册，中共中央党校出版社 1992 年版，第 219 页。

② 《张治中回忆录》（下），文史资料出版社 1985 年版，第 804—805 页。

交换了意见。从今天起，已经进到正式谈判的阶段。在正式谈判开始以前，我们已经于昨天晚上把《国内和平协定草案》送给张先生。草案的主要意思，在过去十二天非正式的商谈中，大致都已经谈过，并且充分地交换了意见。在交换意见过程中，开始有很大的距离，经过十二天的商谈后，曾经把许多有距离的意见，得到了以张治中先生为首的六位代表的同意，有了同一的理解，因此我们觉得很高兴。并且南京代表团已经声明，中国共产党毛主席在今年一月十四日所发表的声明中的八项主张，已经经过李德邻先生在南京发表声明，同意以这八项主张为基本条件来谈判，也就是以八项条件为谈判的基础；同时南京代表团有这个声明，在八项基础条件下，并没有一个具体的答案提出，愿意由我们方面——中共代表团提出实现八项基础条件的具体方案。因此中共代表团就起草这一个草案，送达南京代表团。这个草案，是根据中共毛主席在一月十四日所提的八项条件为基础而草拟的。

对于协定草案序言中的战争责任问题。周恩来说，首先，在这个协定草案中，我们认为必须先叙述历史的责任。因为不如此，就无以使全中国人民、全世界爱好和平的人士知道我们根据什么而提出这一个协定。周恩来说，这次空前规模的为全国人民所反对的反革命战争，是南京国民政府发动的，事实是很清楚的，战争的全部责任，应该由南京国民政府担负。因为这是一个历史性的协定，是保证今后国内和平的一个文件，所以必须在条款的前文里明确这个责任。

接着，周恩来对协定草案的条文逐一作了说明。

关于惩办战犯问题。周恩来说，在惩办原则之下，也就是在南京国民政府的李德邻先生所承认的原则之下，经过南京代表团再三说明的，而且得到中共毛泽东主席同意的宽大办法原则下，所拟订出来的两项具体办法，分别情况，予以办理。这一点，在我们方面，也就是中共代表团方面，认为异常宽大的，这里面的宽大不限于任何人。当然，办法尽管宽大，但是执行一定要严格；在原则上不能动摇这个规定。就是一切战犯，不问任何人，必须他能"认清是非，翻然悔悟，出于真心实意，确有事实表现，因而有利于中国人民解放事业之推进，有利于用和平方法解决国内问题者"，才能取消战犯罪名，给以宽大待遇。周恩来说，惩办战犯是异常重大的问题，事前也曾尽量采纳南京代表团诸位先生的意见，是必须要做到的。

关于废除伪宪法和废除伪法统问题。周恩来说，这两条，我们认为在李德邻先生已经同意了毛泽东主席所提八项主张的原则下，已经没有任何争执，也毋须再加解释了。因为这不是我们中共今日如此主张，就在伪国民大会违背政治协商会议的决议召开时，各民主党派都已经一致反对，乃至于国民党的一部分爱国人士也是一样反对，所以由此而产生的伪宪法，全国人民当然不会承认；因此而产

★ 此次国共北平和平谈判在中南海的勤政殿举行，这是周恩来在发言

生的选举的结果，全国人民也已经表示不承认。这种不承认，在各种的人民运动中已经表示过。因此，伪宪法、伪法统之必须废除，这是已经毋庸置疑的事情，也就应该于条文中明确规定。

关于依据民主原则改编一切反动军队问题。周恩来说，我们今天都希望获得永久的和平，就必须消灭反动军队。如何消灭它？有两种方式：一种是以武力消灭武力，这就是过去和现在所进行的革命战争。另一种方式，就是以和平的方法改编一切反动军队，使它不再能使国家蒙受变乱的灾害。这种方式，是以民主的方法来改编，使它变成人民的军队，也就是国家的军队；在军队里实行广大的民主，在民主的基础上集中指挥；使军队为人民所有，不再为私人所有，不再为封建力量所有，不再为帝国主义侵略的工具。这种军队，是全国人民所需要的，因为它再没有派系性，没有封建性，没有买办性，相反地，它可以保护人民，可以作为国防的力量，使国内不再发生内战。这就是我们所坚持的，也就是已经得到南京李德邻先生同意的一条原则。

关于没收官僚资本。周恩来说，这一条的精神也是得到南京代表团的同意写出的。现在是更具体地指出，凡是在官僚资本中，是在南京国民政府统治时期倚仗政治特权及豪门势力而获得或侵占的才没收。至于在南京国民政府统治以前，及虽为统治时期而为不大的企业，进行生产已久，对国计民生没有害处的，并不没收。这是我们顾虑到社会生产之处。不过如果系众所公认的官僚资本企业财产合乎这条各款规定的，就是移到国外去，也得没收。

关于改革土地制度问题。周恩来说，这一点，我们不仅在原则上规定了在解放军到达的地区，先行减租减息，再行分地，就是在解放军还没有到达的地区，也一样要实行土地改革。要南京国民政府所属的地方政府负责保护农民群众的组织和活动，等到解放军到了，也要分期进行。就是先来减租减息，再来分配土地。

关于废除卖国条约问题。周恩来说，这一条也有原则的规定，使得将来联合政府根据这个原则审查国民政府统治时期的一切条约，尤其要审查对国家和人民不利，有出卖国家权利性质的条约，分别废除、修正，或者重订。

对于召开没有反动分子参加的政治协商会议，成立民主联合政府，接收南京国民政府及其所属各级政府的一切权力的问题。周恩来说，这一条是一个程序问题，必须明确规定。因为在和平协定签订之后，新的政治协商会议召开和联合政府成立之前，还有一段相当的时期。即使不长，也有几个月。在这个时期，我们不能使全国陷入无主的状态，更不能使全国陷入纷乱的状态，所以我们规定在和平协定签字之后，民主联合政府成立之前，南京政府还要暂时维持下去，尤其它的首脑部分——府、院、部、会等机构，应该保留到联合政府成立以后，实行交代，宣告自己的结束。国民政府和它所属政府的一切权力必须接收，同时在接收中，乃至于在将来全国范围内，我们应该对国民政府所属的广大的公教人员负责，有如要向国民政府所属的军队官兵负责一样。要使这些工作人员中的爱国分子、有用人才，都给他们民主的领导和适当的工作岗位。

周恩来最后说，如果上述这些和平条款都能实现，我们相信国内的和平就有了永久的保证，南京政府代表团及南京政府中的爱国分子，努力于这个全国人民的共同希求的和平事业，当然可以得到人民的谅解，也可以得到人民的赞许。在这种情形之下，中共代表团愿意在这里提出保证，当新的政治协商会议召开时，以及在筹备开幕时，接受南京爱国分子的参加，同时也参加联合政府。根据我们的解释，我们觉得这样的一个协定草案，一定可以得到南京代表团的同意。同时在这十二天非正式的和谈中，在个人的接触中，我们觉得南京代表团的意见和我们是有距离的；但是我们都具有和平的愿望，由于这个愿望，把它具体化的时候，只能做到我们现在所提出的结论。只有这一种结论，才能使全国人民相信今后和平有了保障，也就是南京代表团在过去十二天中所接谈的、所希望的和平真正得到实现。[①]

接着由张治中发言。张对草案提出了不少建议和意见，主要是战犯问题不要写进条文；军队改编第一阶段由南京政府自行整理，自行改编；联合政府成立之前，南京政府还应继续行使职权等。

张治中说：刚才周恩来先生这番话说得很详细。国民政府派遣我们这个代表团到北平来同中国共产党进行和平商谈，承蒙以周恩来先生为首的中共代表团，与我们作很多次数的交换意见，特别也承蒙中国共产党主席毛先生与我们各代表个别交换意见，我们各代表同人感觉很兴奋。同时代表团这一向受到贵方十二分周到的接待，我们不但感谢，内心还甚觉不安，首先要代表我们全体同人在这里向中共代表团表示感谢和敬意。

接着，张治中说明了南京代表团对协定草案的意见。

关于《国内和平协定草案》前文说及的战争责任问题。张治中说，我们很了解过去这一个战争的责任问题，更明白前文中所指出的两点意义。在此我愿意向中共代表团申明：对于自己的错误，我们今日诚意承认；对于我们的失败，也有勇气来承认。所以协定草案前文中指出的我们因错误致遭遇失败，我们决不作任何掩饰。不过，在前文里有若干过于刺激的字句，我们希望在精神和内容能酌加删节。

对于协定草案第一条关于战争责任问题。张治中说，本来在多少次交换意见中，我已一再希望不要作成一个条文。我和毛先生见面时，毛先生已表示很大让步态度，但我还是坚持这一项最好不要列成条文，如果要列成条文，也应该只说：

---

① 金冲及主编，中共中央文献研究室编：《周恩来传（1898—1949）》，人民出版社、中央文献出版社 1995 年版，第 755—757 页；《张治中回忆录》下，文史资料出版社 1985 年版，第 805—816 页。

凡今后拥护和平的，可以给予宽大待遇，有谁背叛和平，才应追究。现在这个协定草案第一条所列第一款一、二两项，大致上和我们的意见相符，今天我们代表团同人不想再为这问题而僵持，同时我们也很了解周恩来先生和其他五位先生尤其是毛先生对我们的让步。

关于宪法问题和第三条关于法统问题。张治中说，这两条南京代表团没有多大不同的意见，不过认为在文字表现上，似宜删改。举一个例，譬如第三款："双方确认南京国民政府于中华民国三十五年十一月召开的'国民代表大会'所通过的《中华民国宪法》，是违背人民意志的，应予废除"，我们认为"应予废除"是目的，"违背人民意志"是理由，依条款惯例说，理由无须列入。

关于军队改编问题。张治中说，最重要的是整编委员会问题。第一阶段的改编计划是集中整理，不是改编，负责机构用整编委员会名义好，还是用另一个名义如监察委员会或监督、视察、督导委员会这类名义好？第二阶段着手分区改编，自可以用整编委员会或军事委员会名义。联合政府成立后有军事机构，当然会讨论到军队改编问题。对于协议草案中提出的"整编委员会要在人民革命军事委员会领导下成立"，张治中表示"有值得考虑的地方"，认为民主联合政府没有成立以前，军队的集中整理，当然还是由南京政府负责任；联合政府成立后应由这个政府下的军事机构来掌管这一事项，而且是全国军队一律的整编改编，而人民革命军事委员会本来是中共的军事机构。张治中还认为，协议草案中"对改编计划抗不执行者，中国人民革命军事委员会有权命令南京国民政府协助人民解放军强制执行"，文字上表现得太严重，刺激性也太大，这样一来，无异南京国民政府成为人民革命军事委员会底下一个机构。这对国家的体制以及对一般人民的观感都很不好。

关于协定草案第五条没收官僚资本，第六条改革土地制度，第七条废除卖国条约。张治中说，这些条款我们认为在若干处文字上或太重，意思上或有些抵触，建议作文字上的修改删节，原则上我们没有不同意的。没收官僚资本，改革土地制度，原是我们国民党执政二十多年来早就应该做的事。本党第一次全国代表大会（中共党员曾经参加）所制定的政纲政策如果实施，我们也不致有今天这样地步，现在中共提出这样条款，我们只有惭愧，决无反对之意。

关于协定草案第八条关于召开政协会议、成立民主联合政府。张治中说，这一条很重要，我们也很了解中共方面所表示的很好意思。不过，有些字眼同样太重，有些文字同样嫌重复些。对于政权接收问题，协议草案第十九款规定："双方同意，在《国内和平协定》签字之后，民主联合政府成立之前，南京国民政府及其府、院、部委会等项机构，应暂予保留，向中国人民革命军事委员会负责，并接受其领导，除处理日常工作外，应协助人民解放军办理各地的接收和移交事项。待民主联合政府成立之后，南京国民政府即向民主联合政府移交，并宣告自己的结束。"张治中认为这一款的规定"成问题"，如果是南京政府要向人民革命军事委员会负责并接受其领导，人民革命军事委员会变成了南京的太上政府了，这点"不相宜"。在南京代表团看来，他们是来谈判的，不是来投降的，南京政府在联合政府成立之前，应该继续行使职权，将来联合政府成立了，再将南京政府的政权和军队向联合政权移交，而不是向中共及其领导的人民革命军事委员会移交。也就是说，到这时，南京政府包括南京政府代表团诸人，他们所希望的是与中共谈判建立联合政府，由国民党一党执政变成与共产党联合执政，这当然是中共不能接受的。

张治中最后说，我今天固然代表我们政府和中共商谈和平，同时个人一向也是中国共产党的朋友，至少不是中国共产党的反对者。这次中共在战争中的胜利，可说已到了一个圆满的地步，如果现在这个明智的和平政策能贯彻下去，那么，中共就不仅是军事的胜利者，而且是政治上的大大的成功者。我今天在中共代表团诸位先生面前，不想说什么恭维的话，但我愿唤起各位先生的注意，今后国家的责任，是落到了你们的肩膀上。国民党的政权当然是完了，今后的国民党或者再经过一番改造后，作中共一个友党。目前则我们以至诚至敬之心，希望中共能从此领导国家，达到独立、自由和民主的目标，并建设国家，臻于富强康乐之境。就是我们代表团同人向中共代表团同人所想表示的一点小小意见和希望。①

晚上 11 时 15 分，双方第一次会议结束。

这时，中共中央和毛泽东对谈判的进展情况是比较满意的，但对于南京方面能否接受这样的协定并无把握。4 月 14 日，毛泽东为中共中央军委起草致渡江战役总前委并告第二、第三野战军电说："昨（十三）日起谈判已至正式阶段，我方协定草案已交张治中代表团，并由双方代表团开了一次正式会议。张治中等表示原则上接受我方草案，仅在个别问题上有意见。惟南京李、何、白、顾（即顾祝同，时任南京政府国防部参谋总长，引者）等是否能拒绝美蒋干涉（此种干涉现已加紧）愿意接受，则尚无把握。我们现要李、何、于右任、居正、童冠贤等五人来北平共商。如彼等不来，则由张治中派人回南京征求意见。如南京根本拒绝不愿签字，则争取张治中代表团签字，然后由我军渡江，威迫南京批准。如南京因受美蒋胁迫不敢批准，并逃往桂林，则将协定公布，号召一切国民党主和派分子（单南京立法院即有一百多个立法委员认为无论如何要和，并谓非共军渡江不能解决问题）拥护协定的执行。万一连张治中也不敢签字，则其曲在彼，我方可将协定草案公布，争取人民及国民党中主和分子及爱国分子的同情，对我军南进，

① 《张治中回忆录》（下），文史资料出版社 1985 年版，第 805—822 页。

甚为有利。"①

4月14日，南京政府代表团抓紧时间研究和平协定草案，提出了四十多处修改意见，形成了一个修正案。主要点是词句力求缓和，避免刺激，目的是希望能为南京方面所接受，使和平不受破坏。南京政府代表团研究后认为，国民党失败是肯定了的，既然如此，何必拖累国家和人民？中共方面的胜利，也是必然的，如果能促成和平解决，减少国家元气凋丧，避免人民生命财产的损失，不是更好？所以对于中共提出的和平草案，并未提出过多的异议，只是提出取消"惩办战争罪犯""废除伪法统"这类标题和"反动""叛乱"之类具有刺激性的文字。

通过来北平后十几天的接触了解，南京政府代表团对中共方面提出的《国内

★ 和谈期间，南京政府代表团内部在开会

---

① 中共中央文献研究室编：《毛泽东年谱（1893—1949）》（修订本）下卷，中央文献出版社2013年版，第481—482页。

和平协定草案》总的意见是，中共方面的条件比较宽大，在国民党全盘皆输的情况下，应当承认自己失败，现在有这样一个结局已经不错了，应当接受中共的条件。刘斐说：过去我们是南京政府的代表团，与中共交涉，今后我们是中共的代表团了，要去说服南京了。只怕是这样做毫无希望。章士钊说：过去中共新华社发出八条的电报，内有十六个伪字，南京都答应了，今天一个伪字也没有，如果南京反不答应，那就是有精神病。张治中表示，中共的条件恐怕只能接受了。连日之所以争论不休，实在因为两种东西在束缚自己：（一）我们是代表，一切须听命于政府，我们个人的意见，受政府权力的束缚；（二）我们是国民党员，国民党不行，集一切坏事之大成，但可惜我们未脱党，今日的政府又是国民党的政府，因此我们的意见又受国民党的束缚。在此双重的束缚下，自然甚为矛盾与苦闷。邵力子说：今日已是所谓宪政时期，我们是代表政府，代表人民，不是代表国民党；"清党"（1927 年四一二反革命政变后，国民党内开展清除共产党人、国民党左派和其他进步分子的运动，时称"清党"。在"清党"中，大批共产党员和进步人士遭受国民党反动派的屠杀与迫害，引者）以来，国民党越弄越不像样，连民族主义都不许讲，而要讲宗族主义了，将总理遗训抛得一干二净。今日之下，要我代表国民党，这点我不能承认。可见此时的国民党是何等的丧失民心。

当天晚上，张治中将南京代表团的修正草案面交了周恩来，两人作了长谈。

第二天，双方代表又分别进行交谈，南京政府代表团"希望能找到一线解决的希望，但进展殊少"[①]。晚上 7 时，周恩来同张治中会面，把最后定稿的《国内和平协定》送交南京代表团。这个定稿与原草案的不同之处在于：

在第一条第一款关于战争性质问题的表述中，去掉了"反动的"三字；关于

---

① 《张治中回忆录》(下)，文史资料出版社 1985 年版，第 824 页。

战争罪犯，去掉了"首要及重要"的表述。

原草案第二条第三款规定伪宪法"是违背人民意志的，应予废除"，定稿删除了"是违背人民意志的"字样。第三条第五款关于"南京国民政府的一切法统都是违背民主原则，应予废除"，定稿删除了"都是违背民主原则"字样。

原草案第四条第七款规定南京国民政府所属的一切武装力量"均应依照民主原则实行改编为人民解放军，并改隶属中国人民革命军事委员会的统辖和指挥之下。在国内和平协定签字之后，应立即成立一个在人民革命军事委员会领导之下的全国性的整编委员会，负责此项改编工作"。定稿修改为南京国民政府所属的一切武装力量"均应依照民主原则实行改编为人民解放军。在国内和平协定签字之后，应立即成立一个全国性的整编委员会，负责此项改编工作"。

原草案第四条第十款"在国内和平协定签字之后，南京国民政府所属任何武装力量，如有对改编计划抗不执行者，中国人民革命军事委员会有权命令南京国民政府协助人民解放军强制执行"。定稿修改为"在国内和平协定签字之后，南京国民政府所属任何武装力量，如有对改编计划抗不执行者，南京国民政府应协助人民解放军强制执行，以保证改编计划的彻底实施"。

原草案第八条第十九款规定"在国内和平协定签字之后，民主联合政府成立之前，南京国民政府及其院、部、会等项机构，应暂予保留，向中国人民革命军事委员会负责，并接受其领导；除处理日常工作外，应协助人民解放军办理各地的接收和移交事项"。定稿修改为"在国内和平协定签字之后，民主联合政府成立之前，南京国民政府及其院、部、会等项机构，应暂行使职权，但必须与中国人民革命军事委员会协商处理，并协助人民解放军办理各地的接收和移交事项"。

晚9时，国共和谈代表举行正式会议，先由周恩来把定稿修正之点，亦即接受南京代表团所提修正之点加以说明。最后再三说明，这是不可变动的定稿，在本月 20 日以前，如果南京政府同意就签字，否则就马上过江。周恩来说：在这两天接谈中，中共代表团尽可能吸收南京政府代表团许多意见，就是说凡是与推进和平事业有利，与中国人民解放有利的意见，我们尽量采纳。换句话说，就是在某些大问题上，凡我们觉得应该求得妥协的，总尽量妥协，所以今日提出的这最后定稿，较上次的草案已有若干修正。

对于南京代表团十分关心的中国人民革命军事委员会的权力问题。周恩来说，经过我们的考虑，觉得为使和平事业能实现，我们愿意让步，在联合政府成立前，双方成立的机构，还是用一种合作的办法，南京国民政府暂时行使职权，一直到自己宣告结束之时，也就是联合政府成立以后，同时与人民革命军事委员会合作协商，以解决过渡时期一切问题。在军事方面，成立整编委员会，依照定案上所规定情形办理，上面不再冠以人民革命军事委员会统率和指挥字样。这是我们一个重大让步，是为使得南京代表团向今日南京政府负责人李德邻先生、何敬之先生说服时有很多便利，俾和平能早日实现。军事整编委员会双方合作、政权方面则互相协商解决。这样的重大让步，我想南京代表团方面也会体谅得到。

周恩来同时强调，关于军队改编程序和人民解放军开往江南接收一部分地方政权之事，中共方面决不能让步，若让步就失掉了毛泽东所提八项条款的基本精神。人民解放军要接收一部分地方政权和改编国民政府所统率的军队，这两者不可分。至于划分时期我们不会急躁，急躁反会发生错误，招致乱子，所以我们对军队改编要分期而且分区，初期设想只能在江、浙、皖、湘、鄂、赣、陕、陇东这些地区先接收，其他地区则后一步。联合政府大概可在接收中或接收后成立，或还早一点，只要不出别的乱子。这是我们必须坚持的不能让步的最主要的两点。

周恩来说，关于重要事项方面，南京代表团提出的对协定草案的修正意见，凡是我们能接受的都接受了，譬如前文有些带刺激性的字眼像"反动分子"等形容词，我们通通去掉了，"背叛"改成"违背"，以便能为南京政府所接受。关于战犯问题，周恩来说，这条内容很重要，曾经为此在谈判初期争执很久，初稿已把战犯名单去掉，"元凶巨恶"不提起，这次文白先生再要求把"首要次要"字样也去掉，我们考虑"元凶巨恶"既可不提，这点当然再让步，接受文白先生的意见，这样南京方面也好接受些。第四条把人民革命军事委员会统率和指挥整编委员会这点也去掉了。国民政府一切武力改编为人民解放军，也不由人民革命军事委员会统率指挥。实际上改编为人民解放军是联合政府成立后的事，应有一个时间，但我们也可以不写。第四条的最后一段，我们把"人民革命军事委员会"去掉，改成"国民政府协助人民解放军强制执行以保证改编计划的彻底实施"。对于南京代表团曾提出的南京政府的政权和军队接收问题，周恩来说，关于接收国民政府所管辖地方一切权力，改为由当地军事管制委员会与地方政府负责。总括《国内和平协定》全文的修改，我们总是尽量求取原则上的同意，与实施技术上的合理，以便利和平事业的推行，也便利南京代表团好说服南京政府，使协定能很快签字。

周恩来指出：这个《国内和平协定》，当然是中共代表团最后的定案，现在提交南京国民政府代表团，我们期待南京代表团同意这个协定，接受这个协定，签字在协定上，使全国人民所热望所关切的伟大和平事业，能在我们双方代表团合作如同一家人的精神上搞好。我们负了历史的使命，全国人民看着我们，全世界爱好和平的人士看着我们，我相信南京代表团诸位先生也和我们具有同样的认识。

接着，周恩来强调，人民解放军必须渡江接收。他说：人民解放军没有宣布过停战。南京国民政府曾经要求停战议和，我们没有同意；我们只同意这个协定签订之后永无内战，也就是在和平协定签字之日，就对全国人民宣告永远不再有内战。我们双方代表团应该有这个勇气，以全权代表的资格，宣布不容许再有内战。我们今天正式地告诉文白先生，请南京代表团回去南京的先生转告李德邻先生和何敬之先生，我们只能约束到本月 20 日为止，到那时还不能获得协议签字，那我们就只有渡江，不能再拖延到 20 日以后了。周恩来还说，南京国民政府对于中共代表团所提这一个和平协定定案的回答，我们愿意等到 20 日。当然，我们很愿意以双方的努力，促成和平协定的签字，所以在和平商谈开始我们就表示过，希望李德邻先生、何敬之先生、于右任先生、居觉生先生、童冠贤先生五位，到北平来参加签字，使得中国早日变成和平的国度。我们非常热烈地期待这一个日子的来到。①

周恩来讲完后，张治中觉得对协定本身没有再讨价还价的必要，只谈了自己的一点意见与感想，并声明第二天即派人到南京请示再作答复。张说，刚才听到恩来先生对这个文件的解释，对于我们所提的修正意见。有许多是接受了。诚如恩来先生刚才所说的，譬如在前文里头，文字上有修改的地方。第一条"首要及次要"字样也删去了。在第四、第八两条内，关于"中国人民革命军事委员会"的地位和关系，也接受了我们的意见改变了。其他关于文字方面，也有很多接受了我们的意见。据恩来先生说，修改的一共有二十多处。这一点，我们代表团同人是完全了解的。当然，刚才恩来先生说，有些地方是不能变动的。譬如说，军队改编的原则问题、军队接收地方政权的问题，都是不能变动的。我们的政府正等待着我们代表团的报告，这次会议之后，我们还是继续研究，准备把我们的意见报告政府，请示它作最后的决定，然后再来答复中共代表团。

张治中说，国共两党的斗争，到今天可以说是告一个结束了。谁胜谁败，谁

---

① 金冲及主编，中共中央文献研究室编：《周恩来传（1898—1949）》，人民出版社、中央文献出版社 1995 年版，第 757—759 页；《张治中回忆录》（下），文史资料出版社 1985 年版，第 825—842 页。

得谁失，谁是谁非，当然有事实作证明，将来也自有历史作评判。不过要打个比方来说，我想国共两党之争，好比是兄弟之争。我们同是中国人，同是一个民族，俗语说"便宜不出外"，今天谁吃了亏，谁讨了便宜，那是不必太认真的。国共两党等于兄弟一样，大哥管家管不好，让给弟弟管，没有关系，"便宜不出外"。做大哥的人，不但对于弟弟的能干，有这个能耐来担当重责大任，表示敬重，表示高兴，而且要格外地帮助他，使他做得好，做得比哥哥好。表示我当不好，你来当，希望你当得好，一定当得好。这不仅是站在兄弟的立场应该如此，就光是基于人类之爱、同胞之爱、民族之爱，也应该如此。

张治中接着说，我们在同一民族里，在兄弟手足里，出来很好的兄弟，能够有这一个能耐，有这一个魄力，来把家当好，使全国人民得到解放，使国家得到独立自由，使邻家看得起我们，这是一家子的光荣，也是做哥哥的光荣。过去做哥哥的虽有错误，自己感到惭愧，但是自己的弟弟能够担当起来，把家当好，自己也实在觉得光荣。

对于张治中在发言中将国共两党比喻为"兄弟"关系，周恩来没有予以认同，在张发言后，周恩来接着讲了如下的话：

刚才文白先生说的几句话，我不能不辩白一下。就是对于"兄弟"的比喻。假使文白先生说双方的关系等于兄弟一样，是指两个代表团的立场，那么我们都是为和平而努力的，我们很愿意接受。过去大家虽有不对，今后大家仍可以一道合作。但是如果拿过去国民党二十多年来，尤其最近二年又九个半月的蒋介石的朝廷来说，这就不是兄弟之争，而是革命与反革命之争，孙中山先生当年革命的时候，对清那拉氏进行的斗争，就不是兄弟之争；对袁世凯的讨伐，就不是兄弟之争；对曹、吴（即曹锟、吴佩孚，引者）的声讨，就不是兄弟之争；而都是革命与反革命之争。如果说是兄弟之争，孙中山先生是不会同意的。对于这一点，中国共产党不能不表示它的严肃性。①

会议结束后，南京政府代表团经过郑重的研究，认为这个定稿已经接受了代表团所提的修正意见四十余处的半数，特别是关于战争罪犯一项，删去了"元凶巨恶""首要次要"字样；把南京政府和所属军队置于人民革命军事委员会指挥统辖之下一句也改换了，让步是很大的。从全文看，尽管条件过高些，如果能了然于"战败求和""天下为公"的道理，不囿于一党一派的私利，以国家元气、人民生命财产为重，那么，能毅然接受。代表团一致表示，接受《国内和平协定（最后修正案）》，推定黄绍竑和屈武第二天带文件回南京，劝李、白接受。

四、南京政府拒签《国内和平协定》

平心而论，李宗仁对和谈还是抱有希望的，虽然他的期许与共产党允许的程度有很大的距离。但李宗仁此时实际上是光杆司令，外受蒋介石牵制，内有白崇禧反对，终使他动弹不得。对此，张治中有一段客观的评价。张说："实在说，李的主和，虽然目的在倒蒋，要是不问动机如何，他到底是想和的；可惜溺于一派一系的私利和个人权位，无定见，无担当，到了重要关头，不能作出勇敢果断的行动。"② 地质学者丁文江当年曾对李、白作过这样的评价："李宗仁比较忠厚，没有一句假话；白崇禧相当狡黠，没有一句真话。"③

3月31日晚，李宗仁在总统府设宴给以张治中为首的和平代表团送行后，立即召开何应钦、白崇禧、顾祝同、林蔚等人参加的军事会议。讨论三个问题。一

---

① 中共中央党史研究室科研管理部编：《周恩来世纪行》，中共党史出版社1998年版，第172—173页；《张治中回忆录》(下)，文史资料出版社1985年版，第841—842页。

② 《张治中回忆录》(下)，文史资料出版社1985年版，第800页。

③ 《钱昌照回忆录》，东方出版社2011年版，第26页。

是加强长江的防务，会议责成京沪杭警备总司令部及华中军政长官公署（原华中"剿总"）命令各部队严密防范解放军南渡。二是将驻在新疆的10万国民党军大部东调（后因新疆警备司令陶峙岳的反对而作罢）。三是10个美械师的分配，白崇禧提出要4个美械师的装备，顾祝同提出须由国防部按实际情况，统筹配发，白和顾为此而发生争吵。何应钦出面说，此事尚需他仔细研究，再请示李代总统决定，争吵才算平息下来。

虽然李宗仁曾表示为了和平，"纵有汤镬之刑"也会"一身欣然受之而不辞"，愿与中共携手"共负努力建设新中国之使命"，但李背后有蒋介石等国民党顽固派的牵制，而桂系内部意见也不统一，特别是白崇禧不愿接受中共方面向他表示的诚意，仍梦想划江而治。自从形成新桂系以来，便有了李（宗仁）、白（崇禧）、黄（绍竑）体制，后来黄（绍竑）脱离桂系，形成新的李、白、黄（旭初）体制，但黄旭初长期待在广西经营桂的老巢，所以在桂系内部李宗仁并不能独断专行，很大程度要看白崇禧的脸色。白崇禧自视甚高，他原来之所以大唱和平高调，目的是逼蒋介石下野交权，由桂系独享蒋留下的江山。现在蒋介石已经下野，而桂系的基本力量尚存，还有与中共一决高低的本钱。因此，在他看来，蒋下台后的和平，就是桂系与中共平起平坐，江南半壁江山应归桂系所有，犯不着向中共方面俯首称臣。

4月9日晚，李宗仁、白崇禧、夏威、李品仙等桂系主要干部召开密会，讨论时局问题。讨论来讨论去，是白崇禧抱怨李宗仁当的是空头代总统，没有实权，桂系要有作为，非要蒋介石进一步交权不可。结果，会议"一致认为，蒋在幕后控制南京政府，和战都无希望。衡量当前局势，蒋、李只能有一人主政，如果蒋不出国，李就应当辞去代总统"。4月12日，李宗仁致函蒋介石说：如果蒋不采取适当步骤以终止其自身造成的混乱形势，他准备急流勇退，以谢国人，并派居正和阎锡山赴溪口同蒋介石面谈。4月13日，居、阎从溪口返回，"所得蒋的答复，完全不着边际"①。在这期间，刘仲容、朱蕴山（中国国民党革命委员会中央常委兼组织部部长）等人多次做白的工作，但白"始终坚持要以长江为界，组织联合政府，实行南北分治"，并且"不考虑桂系单独行动的问题了，口口声声要'全面和谈''全面和平'"。②

白崇禧在桂系中有发言权，对李宗仁也很有影响力。白持这样的态度，蒋氏集团的实权人物又有许多反对和谈，蒋介石本人更是居中破坏，《国内和平协定（最后修正案）》的命运就可想而知了。

4月15日的会议结束后，南京政府代表团决定派黄绍竑、屈武携《国内和平协定（最后修正案）》回南京汇报谈判情况，争取李、白在协定上签字。周恩来得知黄绍竑和屈武被南京政府代表团推定为回南京的人选后，于16日凌晨2点在六国饭店接见了黄绍竑，勉励黄努力完成这个任务。黄对李、白是很了解的，乃说："照我看至多是五十对五十的希望，或者还要少一些，我总努力去进行就是了。"③

4月16日上午，黄绍竑坐汽车到西苑机场。这时，周恩来和国共双方的其他代表都来机场相送，大家都把希望寄托在黄绍竑、屈武身上。周恩来面嘱黄、屈，要

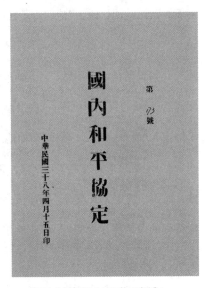

★《国内和平协定（最后修正案）》

① 程思远：《李宗仁先生晚年》，文史资料出版社1980年版，第74页。
② 黄启汉：《一九四九年"和谈"回忆》，《文史资料选辑》第67辑，第35页。
③ 黄绍竑：《李宗仁代理总统的前前后后》，《文史资料选辑》第60辑，第65页。

他们明确告诉李宗仁、何应钦，希望他们在《国内和平协定（最后修正案）》上签字，自拿主张，不要请示蒋介石。① 为了促使桂系果断作出实现和平的决定，表明中共方面对尽早实现国内和平的诚意，周恩来特地指示有关部门，将1947年莱芜战役中俘虏的桂军第46军第188师师长、白崇禧的外甥海竞强送到北平，与黄绍竑同机回到南京。

下午2点多，飞机到达南京，何应钦、白崇禧、张群、夏威、李品仙、程思远、黄启汉等都到机场迎接，谁都希望黄绍竑带回的是符合自己胃口的和平协定。黄绍竑从机场径直到了李宗仁的官邸，李宗仁、何应钦和桂系在宁的重要干部都来了。当天下午4点多，就在李的官邸召开了一个小型报告会，由黄绍竑简略地介绍了北平会谈的情形，并将带回的《国内和平协定（最后修正案）》交给众人阅看。黄绍竑回忆说："他们听了我的报告和看了文件，大家都默然久之。何应钦说，这个重大文件要拿回行政院开会研究讨论才好答复，好在距离答复期限还有几天。我看当场情形不妙，不但何应钦、白崇禧的神色不好，就是李宗仁也默默无言。"② 黄启汉则回忆说："白崇禧一面听黄的讲话，一面翻阅黄带来的《国内和平协定》。他看完之后，怒气冲冲地对黄绍竑说：'亏难你，像这样的条件也带得回来！'他站起来向外走了。李宗仁则默不作声。"③ 屈武也回忆说："大家看了文件，面面相觑，无人发言，情绪极为低沉。后来还是白崇禧打破了沉寂，说：'这样苛刻的条件能接受吗？'何应钦接着说：'问题重大，行政院要进行研究。'李宗仁和黄旭初一言未发，大家垂头丧气地散了。"④

4月17日，何应钦说，这么重大的问题须请示蒋介石，李宗仁只得同意。何

① 韩信夫、姜克夫主编：《中华民国史大事记》第十二卷，中华书局2011年版，第8876页。
② 黄绍竑：《李宗仁代理总统的前前后后》，《文史资料选辑》第60辑，第65页、第66页。
③ 黄启汉：《一九四九年"和谈"的回忆》，《文史资料选辑》第67辑，第36页。
④ 屈武：《在历史转折的年代里》，《文史资料选辑》第73辑，第16页。

请张群携《国内和平协定（最后修正案）》去溪口。蒋看完之后，破口大骂："文白无能，丧权辱国。"① 蒋介石主张一面速提对案交共产党，一面拒绝其条件。蒋在当天的日记中写道："共党对政府代表所提修正条件二十四条款，真是无条件的投降处分之条件。""黄绍竑、邵力子等居然接受传达，是诚无耻之极者所为，可痛！余主张一方面速提对案交共党，一方面拒绝其条件。"②

4月18日，蒋介石拟出了他的所谓对案：（甲）提出具体相对条件复之；（乙）不提出对案，仅以不能接受其所提条件而愿先订停战协定，以表示和谈之诚意。如其在此和谈期间，进攻渡江，则其战争之责任，应由共产党负之；（丙）用党部名义驳斥其条件之前文，与消灭行宪政府而实行其共产专制政府，比之捷克与波兰政府犹不如也之意，以昭告中外。③

同一天下午，李宗仁召集黄绍竑、白崇禧、李品仙、黄旭初、夏威、程思远、邱昌渭、韦永成等桂系重要干部在傅厚岗官邸开会，研究《国内和平协定（最后修正案）》。黄绍竑说："有人认为《国内和平协定》是无条件投降的条件，这就看我们从什么角度来对待它。当前在军事上既不能保持均势，从而在政治上也不可能取得绝对的平等地位。吾人迫于形势，绝不能同蒋介石共呼吸、同命运，蒋介石还可以退守台湾，苟延残喘，我们形格势禁，没有别的道路可走，只有和局才足以自保。"

黄绍竑接着说："如果德公同意签字这一协定，则将来可选为联合政府的副主席，即广西部队亦因此得到安全的保障，共方已同意健生所率领的部队可以继续留驻武汉，也可以开到两广去，两广在一年内将不实行军事管制和土地改革。这些条件对我们是十分有利的，也是非常宽大的。"

① 余湛邦：《我所亲历的三次国共谈判》，中国社会科学出版社2004年版，第118页。
②③ 《蒋经国回忆录》，东方出版社2011年版，第185页。

说到这里，李宗仁插话说："我对个人问题无所谓，而惟有为绝大多数人的利益着想，我是为和平而上台的，如果求和不成，那就应该去职，以谢国人。所以我们现在要谈的应以大局为重，以国家前途为重。"

白崇禧因其"划江而治"的计划将彻底破灭，竭力反对《国内和平协定（最后修正案）》，指责代表团没有坚持立场。又说，至于两广在近期内不致有大的变动，那也不过是时间迟早问题。这种和局，如同吃鸡一样，好的部分先吃，其余的鸡头、鸡脚也要吃光。①

参加会议的桂系要人中，李宗仁、黄旭初、夏威在和战间动摇，黄绍竑主张和平，但手头没有力量，反对和平的白崇禧、李品仙掌握了桂系军队，是实权派。所以白崇禧的态度实际决定了桂系的命运。会上，黄绍竑又讲了一些和平重要性的话，但白崇禧已根本听不进去，未等黄讲完就不耐烦地走了。会议议而不决，不欢而散。

同一天，南京政府代表团致电李宗仁、何应钦，提出："和谈至此阶段，万无游移可能"，"如待共军行动后，补签协定，屈辱更大，大局更难收拾"。希望李、何能够当机立断，或者亲自前来北平。②

4月19日上午，何应钦召开行政院秘密会议，李宗仁也出席了会议。参加会议的还有从广州赶来的国民党中央党部秘书长吴铁城，刚逃到南京的太原绥靖公署主任阎锡山，参谋总长顾祝同，行政院秘书长黄少谷，以及行政院的几名部长。会议开始前，由何应钦讲了几句开场白，继由黄绍竑作关于北平和平谈判经过的报告。黄讲了大约一个小时，最后说："代表团的全体代表认为，中共这个条款与1月14日提出的和平谈判八项条件，没有什么出入，李代总统以前也发表声明，

---

① 程思远：《李宗仁先生晚年》，文史资料出版社1980年版，第76页。

② 韩信夫、姜克夫主编：《中华民国史大事记》第十二卷，中华书局2011年版，第8879页。

承认中共提出的和平谈判八项条件，所以全体代表认为中共提出的和平条款是可以接受的。"

黄讲完后，由吴铁城代表国民党中央党部发言。吴说，中央常务委员会是党的最高决策机关，中常会并未承认中共提出的八项和平谈判条件，李代总统的声明，也只是说可以商谈，并不是完全承认。又说，和谈代表团应随时请示中央，怎能匆忙认可，完全接受。吴铁城早年在日本明治大学攻读过法律，尤对废除伪宪法和伪法统最有意见，说宪法是国家的根本大法，法统是实行宪法的象征，如果连这都废除了，中国将成为什么样的国家？讲来讲去，实际上就是否定国内和平协定。

接着黄少谷发言，逐条对《国内和平协定》进行驳斥，表示万万不能接受。顾祝同把解放军调动的情况介绍了一番，然而煞有介事地说，解放军正在部署渡江，中共决无和谈诚意。

阎锡山是顽固的反共分子。解放军包围太原后，他曾有一次拿起桌上装有毒药的小瓶对一批来采访的中外记者说："我决心死守太原，与城共存亡。太原如果不守，我就和这些小瓶同归于尽。"由此博得了"守城名将"的美称。可在太原破城之际，他将梁化之任命为代理山西省政府主席，留下守城，自己以开会为名悄悄地跑到了南京。会上，何应钦问阎对和平协定有什么意见。阎说，这个条款实质上是难以完全接受的，即使接受了，以后也很难解决问题。这几句话，起了重要的导向作用。

和谈前，李宗仁是曾公开接受中共八项和平条件的，现在反对这个和平协定，自食其言，无诚无信；赞同协定，则不但要使他个人和桂系利益受损，而且还要与国民党内的顽固派发生冲突，把他轰下台，甚至还有性命之虞，南京是蒋介石特务的天下。这种矛盾心情，使他在会上呆若木鸡，一言未发。

最后，何应钦宣布：这个和平条款是不能接受的，由行政院作答复。[1]

和平之门，就这样被国民党顽固派关闭了。

散会后，黄绍竑给张治中打了一个电话。张接电话后，问南京情形怎么样。黄说，详细情形不便在电话中谈，行政院在今日或明日将有书面答复，到时你就知道了。张治中听了，说了几声："呵，呵，呵!"已经知晓了南京政府的态度，感到事态已经无法挽回了。

20 日中午，李宗仁、黄绍竑、程思远三人在傅厚岗李宗仁官邸吃饭，彼此心情自不待言，纵有千言万语，也无从说起。饭后，黄绍竑给张治中打长途电话，完后对李宗仁说："张文白要我通知德公，中共中央拒绝延期签字的要求，决定今夜发出进军江南的命令。"[2]

20 日深夜，南京政府以李宗仁、何应钦的名义，复电南京政府和谈代表团，内称："所谓和平协定，实际为欲政府承认中共以武力征服全中国。政府军队，固等于全部缴械投降；即全国各城市乡村，亦将因中共军之普遍开进，原有之社会组织与人民生活方式，亦将依中共之意旨而彻底改变。如此，势必激起军民之愤怒。若中共部队向各地开进，中共人员向各地渗透，其必然遭遇军民抗拒，殆为不可避免之事实，结果战火与屠杀即将遍及全国之每一城市与乡村，人民之痛苦愈益加深，国家之损失愈益增重，势所必然，无待深论。事果演变不幸至此，则谋和适以制造乱源，弭战反而扩大战祸，岂忠于谋国爱护人民者所宜出此，以忍出此? 总之，吾人如真能体认全国人民渴望和平，共同具有谋和之诚意，则必须消除一切敌对与报复之心理，根据事实，适应环境，共策合理有效之方法，以达到彻底消弭战争获致真正永久和平之目的。因之，政府除此次中共所提之《国内

---

① 黄绍竑：《李宗仁代理总统的前前后后》，《文史资料选辑》第 60 辑，第 67—68 页。

② 程思远：《李宗仁先生晚年》，文史资料出版社 1980 年版，第 77 页。

★ 南京傅厚岗的李宗仁官邸旧址，现在是一家民办幼儿园。这是南京闹市区一条比较僻静的街道，路面不宽，两旁没有高大的建筑，没有车水马龙的热闹，也几乎没有游客问津。然而在当年李宗仁代理中华民国总统时，这里曾是达官贵人云集之地

和平协定》表示上述原则之意见外，仍希望中共方面，确认人民利益高于一切之原则，对此项协定之基本精神与内容，重新予以考虑。"①

就这样，南京政府明确无误表示拒绝接受和平协定，南京政府代表团立即将复电抄送中共方面。

同一天，国民党中央常务委员会通过《中国国民党对于中国共产党所谓"国内和平协定"之声明》，认为"中共所提八条廿四款，按其内容，完全失去协议和平条款的性质，直是对我中华民国全国人民与政府为残酷之处分与宰割"，表示拒

———

① 《张治中回忆录》(下)，文史资料出版社 1985 年版，第 846 页。

绝接受《国内和平协定》。①

当天晚上，人民解放军第三野战军第七、第九两个兵团组成的中央突击集团，首先在枞阳至裕溪口段突破国民党军防线。

4月21日，中国人民革命军事委员会主席毛泽东、中国人民解放军总司令朱德发布《向全国进军命令》，指出："由中国共产党的代表团和南京国民党政府的代表团经过长时间的谈判所拟定的国内和平协定，已被南京国民党政府所拒绝。""拒绝这个协定，就是表示国民党反动派决心将他们发动的反革命战争打到底。拒绝这个协定，就是表示国民党反动派在今年一月一日所提议的和平谈判，不过是企图阻止人民解放军向前推进，以便反动派获得喘息时间，然后卷土重来，扑灭革命势力。拒绝这个协定，就是表示南京李宗仁政府所谓承认中共八个和平条件以为谈判基础是完全虚伪的。"毛泽东、朱德命令人民解放军："奋勇前进，坚决、彻底、干净、全部地歼灭中国境内一切敢于抵抗的国民党反动派，解放全国人民，保卫中国领土主权的独立和完整。"②

就在毛泽东、朱德发布《向全国进军的命令》的当天，第二、第三野战军百万大军在西起九江东北的湖口，东至江苏江阴，长达500公里的战线上，强渡长江，向江南国民党统治区进军。南京城里已经能听到解放军隆隆的炮声了。

4月21日，南京和谈代表团接到李宗仁、何应钦电报，说将派专机来北平接代表团回去，要张治中告之日期。张治中等人天真地认为，既然谈判破裂，代表团已无继续留在北平的必要。一面复电南京，一面转告中共方面，南京飞机将23

① 中国国民党中央委员会党史委员会：《中华民国重要史料初编——对日抗战时期》第七编 战后中国（二），1981年编印，第949页。

② 《毛泽东选集》第四卷，人民出版社1991年版，第1449—1450页、第1451页。

★ 1949 年 4 月 23 日，毛泽东、朱德发布向全国进军的命令，命令人民解放军奋勇前进，坚决、彻底、干净、全部地歼灭敌人

日来平，代表团定 24 日回南京。

周恩来得知后，当天来看张治中和代表团其他人员。周恩来对张治中说，随着形势的转移，仍有恢复和谈的可能；即使全面的和平办不到，也可能出现局部的和平，这个协定还是用得着的。张治中还是强调回去"复命"的理由。周恩来恳切地说，现在的形势，你们不论回到南京、上海或广州，国民党的特务分子是不会有利于你们的。①张治中听后十分感动。

经过激烈的思想斗争，张治中和其他谈判代表同意留在北平。张治中的家属也在上海地下党的安排下送来了北平。在南京的黄绍竑则于 4 月 21 日以身体不适、不愿作任何政治活动为由，向李宗仁、何应钦提出辞去和谈代表职务，然后乘机经广州赴香港。9 月 1 日，黄绍竑等 44 人在香港发表声明拥护中共领导，随

---

① 《张治中回忆录》(下)，文史资料出版社 1985 年版，第 847 页。

后赴北平参加中国人民政治协商会议。就这样，南京政府谈判代表团的成员都见证了新中国的诞生。一个谈判代表团的成员都留在了谈判的另一方，这创造了人类谈判史上的一个奇迹。

结束语

人们常说，历史不允许假说。因为既然成为历史，就是已经发生过的事情，时光无法倒流。但是，人们在回顾历史时又喜欢提出各种各样的假设。比如，如果1945年抗日战争胜利之时，国民党内的蒋介石集团能够顺应国人对和平的诉求，能够以对国家和民族负责的态度实现国家民主化，建立真正民主联合政府，而不是以内战的方式回应人们对和平民主的期待，国民党或许不至于后来遭受惨败。又比如，如果1949年的这次国共谈判中，以李宗仁为代表的南京政府，能够摒弃派系利益，以对历史负责的态度，勇敢地承认国民党的失败，接受中共提出的和平谈判的八项条件，果断地在《国内和平协定（最后修正案）》上签字，战争就可以提前结束，国民党的军政要员也会有个比较体面的安排，不至于偏居台湾一隅或流落海外，当然也不存在时至今日还没有解决的台湾问题。可惜，国民党内的当权派囿于个人与小团体的私利，没有抓住历史的机遇。

中共中央与李宗仁、白崇禧等人联系和北平和谈的过程中，其实在不断地释放善意。比如，对于八项条件中南京方面最为纠结的第一条惩办战争罪犯，中共方面一再表示，这些被列为战犯的军政要员，只要翻然悔悟，不再与人民为敌，做出对国家民族人民有益的事情，并非不可以从战犯名单中移出，而且还可以做出适当的安排。

这方面典型的代表就是傅作义。在全面内战过程中，傅可谓是蒋介石反共内战的急先锋。抗战一胜利，傅就遵照蒋介石的旨意，沿来绥铁路推进，连续侵占解放区军民从日军手中解放的武川、卓资山、陶林、清水河、凉城、集宁、丰镇、兴和、尚义等城和绥东、绥南广大地区，为此受到蒋介石的特别嘉奖。全面内战爆发后，傅又积极向解放区大举进攻，本人也由第十二战区司令长官升至"华北'剿匪'总司令部"总司令，成为国民党在华北地区的最高军政长官，这在杂牌军出身（傅原本是阎锡山的部属，后来逐渐脱离晋系自成体系）的将领中甚为罕见，在中共方面公布的战犯名单中位列第31号。但傅能够顺应时代大潮，在历史的关键时刻站到人民方面，为北平和平解放作了贡献，使北平这个千年古都避免了战火，因而取得了人民的谅解，不但不再作为战犯处理，反而后来在人民政府中担任了重要职务。

毛泽东在给傅作义公开复电中讲得很清楚，曾执行蒋介石反革命内战的国民党文武官员，"只要他们认清是非，翻然悔悟，出于真心实意，确有事实表现，因而有利于人民解放事业之推进，有利于用和平方法解决国内问题者，不问何人，我们均表欢迎"。① 双方谈判代表达成的《国内和平协定（最后修正案）》关于战犯问题，一方面强调"对于发动及执行此次国内战争应负责任的南京国民政府方面的战争罪犯，原则上必须予以惩办"；另一方面又明确表示"一切战犯，不问何人，如能认清是非，翻然悔悟，出于真心实意，确有事实表现，因而有利于中国人民解放事业之推进，有利于用和平方法解决国内问题者，准予取消战犯罪名，给以宽大待遇"。② 这里的"不问何人"，已经十分宽泛，自然也可以包括名列战犯第一名的蒋介石，南京政府方面不可能不清楚这一点。因此，在北平和谈时，看似中共方面对八项条件"不许讨价还价"，但实际上还是具有很大的灵活性。

---

① 《毛主席电复傅作义》，《人民日报》1949 年 4 月 3 日。

② 《国内和平协定（最后修正案）全文》，《人民日报》1949 年 4 月 22 日。

问题的关键在于：不论是蒋介石还是李宗仁、白崇禧、何应钦等人，把个人利益置于国家民族利益之上，在不应该发动战争的时候非要打内战，在战争失败的时候没有勇气承认和接受这种失败，企图与胜利的一方讨价还价，不切实际地希冀保住在江南半壁河山的统治。如果按照南京政府的企图，人民解放军不过江，江南国民党的党政军机构原封不动，国民党政府的各项政策也不做任何根本性的改变，那就成了实际上的南北朝，将严重地影响中国的统一。国民党领导人和南京政府的统治者对中共方面惩办战犯的纠结，恰恰说明他们心中只有个人名誉地位，只有个人利益，甚至为了个人地位得失而不顾国家的统一。

　　抗日战争胜利之后，中国共产党一直在努力争取和平。胡乔木曾回忆："那个时候，我们党要下决心立即面对两个破裂（即同美国破裂、同国民党破裂）并不是一件容易的事情。1950年派遣志愿军入朝作战，毛主席思考了三天三夜，最后才下了决心。这个情况传播很广，大家都知道。人们不大知道的是1946年年中我们准备同国民党彻底破裂，毛主席也反复思考了很长时间才下了决心。"[①] 当然，内战是否能避免，国共两党的关系最终是否破裂，决定权不在于共产党而在国民党。

　　当时，蒋介石高估了自己的力量，以为可以通过战争解决共产党问题，但他发动内战首先违背了民意，也使他失去了民心，这就从根本上决定了他在这场战争中不可能取得最后的胜利。国民党军队的广大官兵不愿意参加内战，大量的国民党军队起义、投诚、接受和平改编，在战场上被歼灭的国民党军队被毙伤者比例并不高，以全面内战第一年为最高，也不到40%，更多是投降被俘者。这说明广大官兵不愿为蒋介石的内战卖命，国民党军队的士气由此可见一斑。

---

① 《胡乔木回忆毛泽东》，人民出版社1994年版，第431页。

国民党内部从来没有真正统一过，相反是派系丛生、尔虞我诈、互相拆台，前线将领也没有整体观念和大局意识，相互之间没有协同合作精神，以保存自己实力为原则，甚至对友邻部队见死不救，军队数量虽然庞大但形不成合力。国民党虽然名义上统治了大半个中国，但历来没有健全的组织，也从来没有什么有效的管理，其基层治理能力十分薄弱，没有强大的社会动员能力，以至于征兵都不得不用拉壮丁这种极易引起人怨的愚笨之策。在战略上，蒋介石贪恋的是城镇和交通线的占领，结果造成分兵把守兵力分散，在人民解放军的集中优势兵力、各个歼灭敌人的战略战术面前，其优势兵力在具体的战役战斗中变成劣势。如此等等，蒋介石哪有不败之理。

随着抗战的胜利，蒋介石个人的威望达到了顶点。历史本来给蒋介石很好的机遇，如果顺应时代潮流和人民呼声，放弃内战政策，开启政治民主化，他本人和国民党的历史命运就会迥然不同。可惜，他逆历史潮流，忤人民意愿，坚持独裁内战，其结果是只用了两年多的时间，军队精锐损失殆尽，统治土崩瓦解，不得不宣布"引退"。在这样的情况下，如果他抱着对历史和人民负责的态度，勇敢地承认失败，果断地接受共产党提出的八项条件，人民就能够少遭受一些战乱，国家就能够早一点实现统一，可是他没有这样做，而是在背后操纵南京政府，破坏和平谈判，影响南京政府最后拒绝在《国内和平协定（最后修正案）》上签字，从而成为历史的罪人。

历史把李宗仁推向了前台。为了拱倒蒋介石，以李宗仁、白崇禧为首领的桂系大打和平牌。然而在倒蒋的目的实现之后，却不愿意看到人民解放军的力量已经远远超过国民党军的现实，以为桂系军队的主力在解放战争中还没有遭受歼灭性打击，手上还有几十万军队，有与共产党讨价还价的本钱。因此，他们虽然也鼓吹和平，也派人从不同的渠道与中共方面联络，但目的是阻止人民解放军过长江，实现划江而治的图谋。此时，中共已经明确提出"打过长江去，解放全中国"的口号，这就表明未来解放全中国的过程中，可以采取天津方式、北平方式和绥远方式，但不管哪种方式，人民解放军都要渡过长江，国民党军要么被消灭，要么就是接受改编，在中国这块土地上，必须结束国民党反动派的统治，不能再有一支属于国民党的军队，不能再有一套国民党领导的政权机关。因此，桂系的一些人抱着划江而治的图谋来与中共方面谋和并进行和谈，与蒋介石的求和一样，都不是为了真和平，中共方面岂能不明白其和平意图所在，又岂可允许这样的图谋得逞。

在桂系的组织架构中，李宗仁虽然处于龙头老大的地位，但受制于有"小诸葛"之称的白崇禧，桂系的武装力量也主要掌握在白崇禧手中。白崇禧虽然懂得一点军事，但缺乏政治远见，而且自恋自己的军事能力，以为即便不能通过和谈阻止解放军渡江，但凭借桂系以及他能掌控的军队，能够抵挡解放军的进攻，保住其中南的地盘。可是，蒋介石的中央军人数远远多于桂系，其作战能力也未必在桂系军队之下，在与人民解放军作战中都连遭失败，而桂系的这点武装力量怎能抵挡解放军的步伐，这说明桂系领导人特别是白崇禧对自己对中共都缺乏清醒的认识。

中国有句古话："识时务者为俊杰"。其实所谓"识时务"，就是要认清时代大潮，顺应民意，正确认识自己与他人特别是自己的对手。为了争取李宗仁和白崇禧，中共中央对其采取与蒋介石区别对待的政策。针对白崇禧喜欢带兵的特点，毛泽东还明确表示中央人民政府成立后，他可以继续带兵，带的兵甚至还可以比他现在的广西部队还多，应该说这对白来说是相当优厚的待遇了。可惜，李、白也没有抓住历史赋予的机遇，白也枉称为"小诸葛"。南京政府拒签《国内和平协定（最后修正案）》、人民解放军发动渡江后，在衡宝战役歼灭了桂系的主力，随后进军广西，1949 年 12 月 11 日，红旗插上了中越边境要塞镇南关（今友谊关），宣告广西全境解放，桂系从此成为一个历史名词。

由于南京政府拒签《国内和平协定（最后修正案）》，人民解放军按照预定的计划发动渡江战役，只得用战争的方式实现解放全中国的目标。但这次北平和谈对瓦解国民党、争取局部地区的和平解放仍有重要意义。当时，国民党的反动统治正处于总崩溃的前夕，内部四分五裂，人心涣散，纷纷寻找出路，通过这次谈判和双方代表达成的《国内和平协定（最后修正案）》，使许多国民党军政人员看到，虽然过去曾参加过反共内战，但只要真正做到翻然醒悟，毅然站到人民方面，就可以按照既往不咎的原则得到宽大的处理，这对于推动未解放地区国民党军政人员的起义投诚起到了重要的作用。在南京政府拒签《国内和平协定（最后修正案）》后，毛泽东、朱德发布的《向全国进军命令》中仍明确指出："向任何国民党地方政府和地方军事集团宣布国内和平协定的最后修正案。对于凡愿停止战争、用和平方法解决问题者，你们即可照此最后修正案的大意和他们签订地方性的协定。"[①] 在渡江战役之后解放的地区，有不少省份按照这个协定得以和平解放，如湖南、新疆、绥远、西康、云南等。

通过这次北平和谈，进一步明确了战争的责任问题，使全国人民进一步知晓了中国共产党对和平的态度。三大战役之后，人民解放军兵强马壮、士气高昂，国民党军剩下的那点残兵败将，根本无力阻挡人民解放军向广大未解放地区的进军，但为了表明和平的诚意，在蒋介石和南京政府公开求和的情况下，中共方面仍同意与之进行谈判，并且作为胜利的一方，在谈判过程中仍作了一些顾及南京方面的让步，比如惩办战犯的问题，说明中国共产党始终是爱好和平的，发动战

---

① 《毛泽东选集》第四卷，人民出版社 1991 年版，第 1451 页。

争、要继续坚持战争的不是共产党而是国民党。在败局已定的情况下南京政府仍然拒绝和平，那中国共产党也就只能用革命战争的方式，完成解放全中国、统一全中国的任务。

图书在版编目(CIP)数据

江山大势：1949年国共和平谈判/罗平汉著.—
上海：学林出版社，2023
ISBN 978-7-5486-1972-7

Ⅰ.①江… Ⅱ.①罗… Ⅲ.①国共谈判(1945-1947)
-史料 Ⅳ.①K266.06

中国国家版本馆 CIP 数据核字(2023)第 210206 号

责任编辑 胡雅君 陈天慧
特约审读 虞信棠 王瑞祥 陆秉熙
技术编辑 徐雅清 王佳天
装帧设计 今亮后声

江山大势
——1949年国共和平谈判
罗平汉 著

出 版 学林出版社
      (201101 上海市闵行区号景路 159 弄 C 座)
发 行 上海人民出版社发行中心
      (201101 上海市闵行区号景路 159 弄 C 座)
印 刷 上海盛通时代印刷有限公司
开 本 720×1000 1/16
印 张 17
字 数 23 万
版 次 2023 年 12 月第 1 版
印 次 2023 年 12 月第 1 次印刷
ISBN 978-7-5486-1972-7/K·237
定 价 68.00 元

(如发生印刷、装订质量问题，读者可向工厂调换)